Œuvres de François Garagnon

Aux éditions Monte-Cristo :

JADE ET LES SACRÉS MYSTÈRES DE LA VIE *(illustr. de l'auteur)*

BRÉVIAIRE DE L'HOMME D'ACTION

PHILOSOPHIE DU QUOTIDIEN

BUSINESS IS BUSINESS (Anthologie humoristique)
(illustr. de Henri Roumat)

ITINÉRAIRE D'UN SIMPLE
SUIVI DE LE VAGABOND-DIEU
(illustr. de Nino Musio)

NOUVELLES DE LA VIE SUR TERRE
1. DES GENS EXTRAORDINAIRES
2. DES CHOSES FORT BIZARRES
(illustr. de Nino Musio)

JOUCHKA ET LES INSTANTS D'ÉTERNITÉ

LE LIVRE DE BEL AMOUR ET DE SAINTE-ESPÉRANCE

LE LIVRE D'HONNEUR ET DE FIDÉLITÉ

LE LIVRE DES QUESTIONS ESSENTIELLES

L'HOMME QUI CHERCHAIT LA BEAUTÉ
DERRIÈRE L'APPARENCE DES CHOSES (Roman)

PETIT TRÉSOR *(illustr. de Mary Evely)*

N'OUBLIE PAS DE CROIRE ET D'OSER

LES MERVEILLEUSES MÈRES VEILLEUSES

LA MISE EN LUMIÈRE

LA VÉRITÉ SORT TOUJOURS DE LA BOUCHE DES ENFANTS
(illustr. de Samuel Bruder)

Albums illustrés :

LE PAYS DE L'AUTRE CÔTÉ DE L'ARC-EN-CIEL
(en collaboration avec Sylvie Rossignol)

MADEMOISELLE LA BOÎTE À TRÉSORS
(en collaboration avec Sylvie Rossignol)

SECRET D'AMOUR
(en collaboration avec Sarah Emmanuelle Burg)

LUMIÈRE DU MONDE
(en collaboration avec Samuel Bruder)

Aux éditions Dervy :

LA RACE DES SAMOURAÏS
(Essai sur l'éthique chevaleresque dans la civilisation japonaise)

Biographie de l'auteur :

FRANÇOIS GARAGNON, UNE ŒUVRE À LA SPIRITUALITÉ ENSOLEILLÉE
(par Sonia Dumesnil, Éd. Monte-Cristo)

BOSCODON
AOÛT 2008

JOY
ET LA DIVINE QUÊTE
DU BONHEUR

« JOY ET LA DIVINE QUÊTE DU BONHEUR »
est également disponible dans sa version luxe sous étui-fourreau pelliculé, 320 pages, format 17 x 21 cm prix 25 € ISBN : 2-909403-44-0

TEXTE INTÉGRAL

48, rue des Marquisats, Annecy

ISBN : 2-909403-49-1

Pour une découverte perpétuellement actualisée de notre fonds éditorial, consultez régulièrement notre site internet : www.monte-cristo-editions.com

FRANÇOIS GARAGNON

JOY ET LA DIVINE QUÊTE DU BONHEUR

3ème ÉDITION

Monte-Cristo

Au temps des troubadours, la joy designait l'exaltation de l'énergie vitale et était une condition du salut. Dans cette acception ancienne, la joy est à rapprocher de l'enthousiasme (littéralement : Dieu en soi) dont le sens étymologique désigne l'exaltation produite par l'inspiration divine. Ne dit-on pas « exulter de joie » ?
Chacun reconnaîtra dans les présentes aventures et mésaventures de Joy les circonvolutions de la joie dans les destinées humaines : présence à la fois vulnérable et persévérante, sans cesse attendue et sans cesse menacée, tout à la fois choyée et incomprise, désertant ses territoires familiers sans laisser de trace, et capable de revenir dans toute la jeunesse de sa vitalité conquérante alors qu'on la croyait définitivement perdue. Ingénue séductrice tergiversant entre l'esquive et la promesse, elle est cette petite fille espiègle pleine de gravité et de rêves qui symbolise toute la jeunesse du monde !

À Jouchka,
qui a le cœur assez virtuose pour faire jouer la
musique du bonheur dans la petite vie
de tous les jours.

À mes quatre fils,
afin que dans les fluctuations de ce monde,
leur cœur reste fixé là où se trouvent les vraies joies.

À tous ceux
qui cherchent passionnément à concilier
le désir de bonheur et le devoir de conscience.

« Je cherche l'enfance du monde, là où tout est jeu avec presque rien, là où tout est grâce avec presque tout ».

François Garagnon

Les deux joies

Il y a la joie qui vient du dehors
et il y a celle qui vient du dedans.
Je voudrais que les deux soient tiennes
Qu'elles remplissent les heures de ton jour
et les jours de ta vie ;
Car lorsque les deux se rencontrent
et s'unissent,
Il y a un tel chant d'allégresse que ni le
chant de l'alouette
ni celui du rossignol
ne peuvent s'y comparer.
Mais si une seule devait t'appartenir,
Si pour toi je devais choisir,
Je choisirais la joie qui vient du dedans.

Parce que la joie qui vient du dehors est
comme le soleil qui se lève le matin et qui,
le soir, se couche.
Comme l'arc-en-ciel qui paraît et disparaît.
Comme la chaleur de l'été qui vient
et se retire.
Comme le vent qui souffle et passe.

Comme le feu qui brûle puis s'éteint…
Trop éphémère, trop fugitive…
J'aime les joies du dehors.
Je n'en renie aucune.
Toutes, elles sont venues dans ma vie
quand il le fallait…
Mais j'ai besoin de quelque chose qui dure,
De quelque chose qui n'a pas de fin,
Qui ne peut pas finir.
Et la joie du dedans ne peut pas finir.
Elle est comme une rivière tranquille,
toujours la même,
toujours présente.
Elle est comme le rocher,
comme le ciel et la terre qui ne peuvent
ni changer ni passer.
Je la trouve aux heures de silence,
aux heures d'abandon.
Son chant m'arrive au travers
de ma tristesse et de ma fatigue ;
Elle ne m'a jamais quitté.
C'est Dieu – c'est le chant de Dieu en moi,
cette force tranquille qui dirige les mondes
et qui conduit les hommes
Et qui n'a pas de fin, qui ne peut pas finir.

Il y a la joie qui vient du dedans
et il y a celle qui vient du dehors.
Je voudrais que les deux soient tiennes.
Qu'elles remplissent les heures de ton jour
et les jours de ta vie ;
Mais si une seule devait t'appartenir,
Si pour toi je devais choisir,
Je choisirais la joie qui vient du dedans.

Le Lézard

[Note biographique - On sait peu de choses de l'auteur des « Deux Joies », poème devenu un classique dans les milieux scouts en Suisse dès les années 1950 et qui a été traduit, ainsi que d'autres poèmes, dans de nombreuses langues. Derrière ce surnom « Le Lézard », une exilée russe de mère moscovite et de père helvétique, arrivée en Suisse romande à l'âge de neuf ans et qui, après un diplôme de l'École secondaire, fit plusieurs métiers avant de devenir bibliothécaire à l'Institut de Botanique. Elle se rapprocha du mouvement des Éclaireuses pour lequel elle consacra une ardeur sans faille durant treize années avant de se vouer à la transmission des valeurs dans le cadre de sa propre famille. On trouve ses écrits dans un livre désormais rare, « Le Livre de Lézard » publié en trois tomes chez Georg éditeur à Genève. Le totem « Le Lézard » lui avait été attribué parce qu'elle était attirée par la chaleur du soleil comme par celle des relations humaines, et qu'elle se tenait toujours légèrement en retrait pour mieux contempler le monde et la nature et chanter les merveilles de la création.]

1 .

L'homme qui dormait dans les arbres

Une petite plume blanche tombée du ciel dessina une arabesque harmonieuse au milieu de la cour, comme si un ange venait apposer sa signature sur la beauté de l'aube afin d'y convier les bienfaits de la Providence. Le clocher de Saint Germain sembla choisir cet instant pour faire retentir l'angélus du matin. Dans la cour déserte, on entendait juste un claquement mat et irrégulier comme le bruit d'une main incertaine sur le plat de la paume : une fillette s'exerçait à passer à cloche-pied de terre à ciel, en poussant un galet ovale sur une marelle improvisée à la craie. La petite plume effleura la joue de l'enfant, sembla hésiter un instant sur la suite de sa trajectoire et finit par se percher de manière instable sur son épaule, comme si elle tentait maladroitement d'y trouver refuge. À la fois surprise et charmée, l'enfant s'immobilisa sur un pied, s'empara de la plume avec une infinie délicatesse comme elle l'eut fait d'un papillon et alla s'asseoir sur un banc, tout à la contemplation de la petite plume soyeuse dont elle promena la partie duveteuse sur le dos de sa main.

Un curieux froufroutement, tout à la fois léger et insistant, vint la distraire de sa rêverie. La fillette tendit l'oreille et s'approcha avec curiosité de l'endroit d'où le silence sortait tout chiffonné. Elle scruta d'abord le ciel avant de lancer son regard à l'assaut de la frondaison d'un grand marronnier. Au milieu du feuillage, à distance respectable du sol, se balançait ce qu'elle prit d'abord pour la toile d'un parachute et qui n'était rien d'autre qu'un hamac duquel essayait d'émerger un passager de la nuit un brin échevelé et encore passablement pris dans les filets du sommeil, tant ses gestes étaient approximatifs et désordonnés.

— Ben, en voilà un drôle d'oiseau ! ne put s'empêcher de lancer à haute voix la fillette en mettant les mains sur les hanches et en bombant la poitrine, à la manière d'un gardien de square flairant une entorse au règlement.

À cette interpellation, le propriétaire du hamac se pencha par-dessus bord, puis après s'être appliqué à corriger un dangereux mouvement de roulis, offrit un ample sourire à cette gamine de Paris, si subrepticement présente sous l'arbre où il avait élu domicile pour la nuit. Après s'être désempêtré de ses étoffes, il dégringola de son nid de branche en branche avec la stupéfiante vélocité d'un primate du zoo de Vincennes. Il avait passé la nuit dans cet auguste marronnier, au sortir de la cour de Rohan – oasis de silence au cœur du quartier Latin. Une fois au sol, il s'ébroua, épousseta ses vêtements pour parfaire son allure, sortit de sa poche une galette de feutre auquel il donna, en quelques coups de poing et de paume énergiques, la forme approximative d'un chapeau. Il plaça comiquement ledit galurin au sommet de sa chevelure éparse, pour le plaisir de le retirer en une courbette amusante de jeune page, jambe droite tendue en avant, main gauche derrière le dos. Cette galanterie surannée honorait la princesse qu'était supposée incarner la gamine en socquettes blanches, laquelle observait avec un petit sourire médusé cette scène pleine de théâtralité dont elle était la spectatrice à la fois unique et ravie.

— De quelle famille d'oiseaux fais-tu partie ? demanda-t-elle avec aplomb. Je crois n'en avoir pas encore vu qui te ressemble !

— Pardi, c'est normal ! Je suis ce qu'on pourrait appeler un oiseau migrateur. Je viens de très loin, d'un pays où il y a plus d'arbres et de silence que par ici, crois-moi ! J'ai eu un mal fou à trouver un marronnier de cette envergure, mais celui-ci est très beau et j'en ai fait immédiatement mon ami.

— Alors, tu es un explorateur ! Tu aimes donc voyager ?

— Peut-être bien, peut-être pas, je ne sais trop. Voyager est à la fois une richesse et une complication. On découvre le vaste monde, donc on y gagne. Mais on délaisse son petit monde, donc on y perd.

— Laisser son petit monde ? Tu veux dire : le premier cercle, le plus près de ton centre ? Alors, ce n'est pas bien. Il ne faut jamais s'éloigner de soi-même. Ça fait mal !

Elle prit une moue renfrognée, avant d'ajouter avec une insistance chargée d'hésitation :

— Et… Qu'est-ce qui te monte au cœur au moment de t'endormir ? De la louange ou de la peine ? Quel est le chant qui te vient ?

En guise de réponse, il fouilla dans sa poche et en sortit une flûte en bois blond, très simple et très belle. Il commença à jouer un air nostalgique à la manière d'un chant d'exil, tout en gardant un sourire léger au bord des lèvres. On eut dit qu'il ne parvenait pas à se départir de ce sourire à fossettes. Même dans les instants de gravité.

— C'est beau ! fit la petite. Alors si j'ai bien compris, tu ne chantes pas, tu te laisses en-chanter ! Je veux dire que tu réveilles en toi quelque chose qui chante, c'est ça ?

— Bien dit ! Oui, oui ! c'est exactement cela ! fit le jeune homme avec une jubilation subite. Ce n'est pas moi qui chante, ça chante en moi, et je me sers de ce petit morceau de bois percé pour le sortir en musique…

— Elle est belle, ta petite musique intérieure ! Tu as beaucoup souffert ?

— Pourquoi me demandes-tu cela ? dit-il avec une gravité un peu décontenancée.

— Je ne sais pas… J'ai l'impression que… plus on connaît le vide, et plus on respire la plénitude !

— La plénitude ?

— Oui, tu sais : quand on savoure vraiment, et que tout a un sens, tout ! Même la souffrance !

— Alors, cela a un peu à voir avec le bonheur ? Cela tombe bien ! J'ai fait tout ce chemin pour le chercher !

— Quoi : le bonheur ?

— Oh-ooh ! C'est une très longue histoire, tu sais. Juste avant d'arriver ici, figure-toi que j'étais dans le désert… Mais laisse-moi un peu le temps d'atterrir, veux-tu ?

L'oiseau migrateur prit le temps de se débarbouiller à la fontaine de pierre qui ornait un coin de la cour et poussa un profond soupir de contentement en découvrant les premiers rayons du soleil qui astiquaient le pavé. Il se mit à virevolter sur le premier espace nettoyé par la lumière du matin, comme un danseur l'eut fait dans le faisceau rond projeté sur la scène. Puis il se prit à cheminer côte à côte avec cette drôle de gamine qui jouait à la marelle à sept heures du matin et qui se murmurait des histoires en caressant rêveusement le dos de sa main avec une plume de tourterelle. Ils débouchèrent par un porche boulevard Saint-Germain, et se mêlèrent au courant précipité des Parisiens lancés à toute vitesse vers leur lieu de travail.

— Tu n'veux pas prendre un p'tit déjeuner de silence avec moi ? demanda la fillette.

— Tu parles drôlement. Enfin, je veux dire : pas comme les gens d'ici ! Tu fais beaucoup de mystères, on dirait...

— C'est parce que je suis étrangère !

— Étrangère ?

— Ben oui ! Étrangère au monde, à tout ça... dit-elle en haussant les épaules et en balayant d'un geste distrait toute l'agitation environnante. Et toi, tu es moine, berger ? Ou bien poète peut-être ?

— Moi, c'est Sagamore. Enchanté, comme tu l'as dit ! Et je n'ai pas l'impression d'être autre chose que moi-même !

— Sagamore ? C'est ton vrai nom ? C'est vraiment très beau ! Ça sonne comme un clan de chevaliers sur un champ de batailles ! Alors, tu es un cavalier héroïque, un charmeur d'étoiles, un ouvrier du paradis... enfin un truc comme ça, non ?

— Ah ! Ah ! Ah ! Tu as raison : c'est sûrement quelque chose comme ça !

— Et puis d'abord, qu'est-ce que tu fais dans les arbres ? Tu prends l'air du temps, tu rafistoles les nuages tordus, ou quoi ?

— Pourquoi donc tiens-tu tellement à savoir d'où je viens et qui je suis ?

— Parce qu'on voit bien que tu n'es pas du pays ! Tu as un regard qui a soif. Tu me fais penser à un petit oiseau égaré qui vient se percher sur le bord du bassin pour boire, quand il n'y a plus personne sur la place... Viens avec moi. Je vais t'amener à la Maison du silence-qui-parle. Tu vas voir : c'est tout à fait l'endroit qu'il faut pour ceux qui ont soif.

2.

La maison du silence-qui-parle

La fillette entraîna Sagamore dans une grande église à peu près déserte. Le jeune homme fut très impressionné. De toute sa vie, il n'était entré dans un endroit aussi haut, où chaque pas résonne et où la lumière entre par des lucarnes tout en hauteur et merveilleusement colorées.

— C'est très beau ici, fit-il admiratif.

— C'est Ciel et Cie ! répondit la petite. Enfin, en général, on appelle ce lieu une église…

— Mais pourquoi, se hasarda-t-il à demander, pourquoi le plafond est-il si haut et plein de courbes, et tout étoilé comme un ciel de nuit ?

— Justement, chuchota la fillette, c'est pour

laisser résonner le silence !

— …Alors, c'est ça, le silence qui parle ! C'est l'écho de ta voix !

— Tu rigoles ou quoi ? C'est pas pour répéter les âneries de ceux qui causent, c'est vraiment du silence qui parle !

— Ah! Ah ! Ah ! Tu es une drôlesse, toi ! Et comment veux-tu que le silence parle, puisque justement…

— En langue de moine, cela s'appelle *lectio divina* !

— Parce que tu es moine ? demanda Sagamore.

— Un p'tit peu ! Alors, je t'explique : tu vois, ça, c'est le grand livre sacré. Et la *lectio divina*, ça veut dire que tu viens avec ton cœur grand ouvert, tu ouvres ce livre au hasard, et tu laisses remonter la Parole dans ton âme. Il faut vraiment attendre d'être tout encombré de silence : alors, tu te sens vibrer, c'est sur les cordes de l'âme que ça joue. Pour animer la petite musique intérieure. À ce moment-là, les mots que tu découvres sont exactement la réponse aux questions que tu te poses… ou même que tu as oublié de te poser. Pas mal, non ? En plus, ça marche à tous les coups ! …Enfin, parfois, c'est pas exactement la réponse qui arrive. C'est juste une courte échelle pour t'aider à passer le mur de tes questions. Ça revient au même : après, tu continues ton chemin tout tranquillement, tout guilleret, parce que tu as goûté à la parole savoureuse. Ça ressemble à une promenade en forêt : c'est très mystérieux, et plus tu t'aventures au fin fond, plus tu as des chances de découvrir le filet d'eau pure. Mais attention : au lieu de chercher à avoir le dernier mot, il vaut mieux chercher à ouvrir le tout premier silence ! Imagine que tu sois en plein hiver et qu'en ouvrant cette porte – la porte du silence –, tu débouches directement sur le printemps ! Eh bien c'est exactement comme cela que ça se passe ! Au lieu de parler à tort et à travers, tu laisses parler le silence au fond de toi. Tu te laisses guider, quoi ! Et tu n'es plus jamais seul, je te promets, plus jamais ! C'est comme une petite voix intérieure : si tu ne fais pas le silence en toi, tu ne peux pas l'entendre… Justement : elle est le silence qui parle.

— Une voix de petite fille comme la tienne ?

— Si tu veux ! Mais en moins bavard, tout de même !

— Dis-moi, qui est-ce, l'homme représenté là-bas, sur les deux planches croisées ?

— Quelqu'un de ma famille !

— Comment ça, de ta famille ? Il a l'air mort, non ?

— Un p'tit peu, mais ce n'est pas tout à fait vrai. En fait, c'est le Maître du silence-qui-parle. Il passe son temps à tresser de l'éternité avec des p'tits bouts d'instants qu'on laisserait facilement de côté si ça ne tenait qu'à nous. Mais heureusement, ça tient à bien autre chose ! C'est chic, tu ne trouves pas ?

Elle se savait en lisière d'un grand mystère et baissa le regard, cherchant un chemin de traverse pour mener son interlocuteur au but qu'elle s'était assignée.

— Parfois, une simple parole suffit. Une toute petite parole de rien du tout. Une goutte d'eau sur la graine, et quelque chose sort de rien pour rejoindre le grand tout de la vie. Moi, c'était même pas un mot. C'était un silence. Mais pas n'importe quel silence ! Un silence comme je n'avais jamais entendu, qui donne vraiment envie d'être en vie, et même plus : d'être fou d'amour ! C'est quoi, ton amour fou à toi ?

Sagamore continuait de contempler la croix avec un air un peu ébahi. La fillette lui lança le regard préoccupé qu'aurait eu une mère à l'égard d'un enfant trop naïf. Elle s'approcha de lui, et reprit sur un ton de confidence :

— Tu n'as pas l'air bien renseigné. Tu sais : il ne faut pas se fier aux apparences. Quand tu ressortiras dans la rue, tu verras toutes sortes de gens qui courent dans tous les sens, qui ont l'air très occupés, et tout et tout. Eh bien souvent, ils font semblant de vivre, mais ce n'est même pas vrai... Ils se donnent des airs, mais en fait, c'est comme des enfants égarés : ils ne savent pas vraiment où ils vont ni qui ils sont. Ils sont à l'extérieur.

— Comment peux-tu dire des choses pareilles ?!

— C'est simple, s'ils étaient à l'intérieur, ils cesseraient de courir, tu n'crois pas ? Tu sais, je fais des collections de réponses. C'est une occupation très amusante, parce que tu poses toujours la même question, mais tu ne reçois jamais la même réponse. D'ailleurs, je crois que je vais changer de collection !

— Ta collection de réponses est déjà complète ?

— Non, justement. C'est impossible, parce qu'en fait, derrière chaque réponse, il y a une ombre : l'ombre de la question suivante. C'est sans fin, tu comprends ! La nouvelle collection que je fais, c'est une collection de sourires. Là, c'est sûr, il n'y a pas d'ombres ; il n'y a que de la lumière. Ça m'a pris une fois dans la rue, comme ça, je me suis rendu compte que derrière les visages fermés, il y a des cœurs qui ne demandent qu'à s'ouvrir. Et un sourire, c'est comme une porte qui s'ouvre. Tout soudain, j'ai trouvé le monde tellement magnifique que j'ai souri au premier passant venu. Eh bien, tu sais quoi ? Il m'a souri à son tour. Et le monde est devenu encore plus magnifique ! Alors, j'ai continué à sourire à un autre inconnu, puis à un autre, et à un autre encore. Et à chaque fois, c'est comme si je mettais le contact et que j'allumais une nouvelle petite lumière. J'avais l'impression, en continuant comme ça, de pouvoir éclairer le monde entier à tous les étages ! Dans ces moments, je ressens un amour fou et ça me traverse comme une douce violence.

— C'est beau, une collection de sourires ! Mais tu les ranges où, toutes ces pièces de collection ?

— Dans mon cœur, pardi ! Tu connais une autre place, toi ? À chaque fois qu'on m'offre un sourire, ça papillonne au-dedans de moi, je me sens vaste et belle comme une plaine de blé en plein été, toute courtisée de coquelicots, de grillons et d'azur ! En plus, c'est drôlement utile, comme collection ! Parce que si tu attrapes un rhume, il faut te soigner ; tandis que si tu attrapes un sourire et que tu en prends soin, eh bien tu es immunisé contre la mauvaise humeur. Et c'est tant mieux, parce que la mauvaise humeur est un virus terrible qui se propage à toute vitesse, et qui donne naissance à toutes sortes de maladies. Ça finit par tuer l'esprit d'émerveillement : si tu n'as plus de lumière dans le regard, c'est un peu comme si tu n'avais plus de vie.

— Attends, ça signifie quoi au juste : prendre soin d'un sourire ?

— Ça veut dire que tu le reçois quand on te le donne. Tu le reçois comme un ami. Et tu souris à ton tour pour dire merci ! Comme ça, cela fait un cercle parfait, et le monde, quand tu le touches, a un son de cristal ! C'est tellement pur que le moindre souffle est comme une caresse de bonheur…

— Eh ben dis donc ! Tu parles comme quelqu'un qui a beaucoup vécu !

— Mais j'ai beaucoup vécu ! Enfin, pas en longueur d'années, mais en hauteur d'amour. Tout ce que je vis, je le vis très fort. Ça crépite beaucoup à l'intérieur !

— On dirait que tu as presque plus de sagesse que les grandes personnes !

— Ah non ! Je n'ai pas envie de devenir une grande personne ! Ça sert à quoi d'être grand, si on est personne ? Je préfère être un petit quelqu'un !... Je vais te dire : j'ai juste envie d'être en vie. J'aimerais même que ce soit mon métier ! Tu sais, une grande personne, elle demande toujours dans quelle classe tu es. Moi, je suis un p'tit peu insolente, alors je lui retourne la question : « Et toi, dans quelle espérance tu es ? ». Parce que la vraie classe supérieure, c'est l'espérance, non ? Seulement voilà : la grande personne raisonnable persiste à dire qu'elle a autre chose à *faire*, et c'est vraiment très difficile de lui faire comprendre qu'il y a quelqu'un d'autre à *être*. L'espérance : c'est la question principale, tu ne crois pas ?

— Excuse-moi, mais je ne suis pas sûr de parfaitement comprendre tout ce que tu racontes ! Tu parles en vieux français ou en français contemporain ?

— Si tu ne sais pas quelle est ton espérance, à quoi ça sert d'avancer ? Tu ne peux pas aller bien loin ! C'est bizarre, les gens, ils ont peur de perdre la tête. Mais ils n'ont jamais peur de perdre le cœur, alors que c'est surtout ça qui menace… Écoute, je vais essayer de t'expliquer. Les gens se donnent beaucoup de mal pour être tout le temps en prise, pour décider de tout, pour ne pas se laisser faire. Bilan ? Leur énergie, à force de la dépenser, au bout d'un moment elle finit par s'user. Alors, comme pour une pile, il faut la recharger, autrement ils finissent par s'épuiser complètement. Maintenant, tu es libre de te brancher sur l'énergie divine : on appelle ça « avoir la foi ». Y a pas de compteur, c'est gratis pro Deo ! En plus, si tu es relié au soleil de Dieu, tu es sûr de ne jamais disjoncter ! Impossible de te retrouver dans le noir, tu comprends ? Tu disposes toujours d'une réserve d'énergie illimitée, parce que la lumière de Dieu, c'est du super choix haut de gamme ! Tu as des années-lumière devant toi, alors forcément, l'avenir c'est pas nuages sombres et tout le tralala, c'est du paradis en préparation !

Sagamore demeura bouche bée. La gamine reprit avec un brin d'insolence :

— Alors, signor Sagamore, on phosphore sur mes métaphores ?… Oh ! Tu n'es pas d'ici, ça se voit bien, mais si tu restes un peu, tu trouveras souvent des trucs tordus ou pas du bon côté, et beaucoup de portes fermées…

— Des portes fermées ?

— Ben oui, verrouillées, quoi ! Et tu finiras comme moi par chercher des clés !

— Et pour quoi faire, dis-moi ?

— Pour ouvrir le monde, pardi ! Parce que t'as peut-être pas remarqué, mais le monde est fermé. C'est pour ça qu'il ne tourne pas rond ! Parfois, on a l'impression d'un monde qui se joue à guichets fermés, comme au théâtre, comme si toutes les places étaient déjà prises et que l'on ne pouvait plus accueillir les nouveaux arrivants, même pas sur les strapontins !... Y'a plein de portes verrouillées comme des coffres-forts, et pas assez de fenêtres ouvertes. On se verrouille du regard, on fait comme si on ne voyait pas, comme si on n'était pas concerné. On se fabrique sa p'tite vie. On s'expose pas. Et forcément, on finit par étouffer, par manquer d'air et de lumière. C'est comme si t'étais dans une pièce et que tu n'ouvrais jamais les fenêtres. Au bout d'un moment, l'air est – comment on dit, déjà ? – vicié. Enfin : c'est irrespirable ! Il faut s'ouvrir, tu comprends ?

— ...Dis-moi, les autres statues, sur le côté, c'est aussi des gens de ta famille ?

— Ouais ! Tiens, là, c'est la p'tite Thérèse

de l'enfant Jésus. Elle est drôlement belle, tu ne trouves pas ? J'aimerais bien lui ressembler, plus tard. C'est une grande sœur, et puis c'est une sacrée sainte, aussi.

— C'est quoi, une sainte ?

— Ben justement, c'est ceux qui… qui s'ouvrent au monde pour que le monde s'ouvre ! Ils ont des clés pour ouvrir les portes, quoi… Je veux dire : pour ouvrir les portes qui donnent sur l'infini, et même sur l'éternité !

— Alors, toi aussi tu es une sainte ?

— Un p'tit peu ! Mais c'est un sacré boulot, tu sais ! En fait, il y a un seul endroit qui est vraiment ouvert à tous et vingt-quatre heures sur vingt-quatre, tous les jours de l'année et même de l'éternité : c'est le cœur de Dieu. Je t'expliquerai une autre fois ! Maintenant, viens, on va remettre un pied dehors dans le monde, d'accord ?

Sagamore considérait avec une perplexité presque comique cette fillette traversée à la fois de mystères et de certitudes, d'enfance et de sagesse, de pertinence et d'impertinence. Elle était comme une fontaine : ses paroles coulaient de source, et Sagamore la buvait des yeux. Du reste, tout dans cet enfant était transparence, même le regard qu'elle portait sur vous et qui, aurait-on dit, regardait au travers, transperçait le miroir de l'apparence pour aller au fin fond. Et sa petite voix veloutée à la diction un peu chantante captivait l'oreille et vous projetait à toute lumière dans l'un de ces arrière-pays intacts au parfum de noisette, de silence brûlant et de grandes vacances.

Sur le parvis de l'église, Sagamore arrêta doucement la fillette par l'épaule :

— Dis-moi, toi qui fais collection de réponses, je peux te poser une question ?

— Normalement, c'est moi qui les pose, mais dis toujours !

— Le bonheur, sais-tu où il se trouve ?

— Hmm ! fit la fillette avec délectation comme si on venait de lui proposer un chou à la crème... Alors toi, j'ai vraiment envie que tu sois mon ami !

— ...Tu n'as pas répondu : le bonheur, on le trouve où, à ton avis ?

— Tu es drôle, toi ! Tu voudrais peut-être que je te dise : la troisième rue à droite en sortant du métro ! Le bonheur ? Ben pardi : il se trouve là où on le laisse entrer ! C'est comme le soleil... Si tu ouvres ta fenêtre, pfft ! la lumière vient d'un coup tout inonder à l'intérieur !… Tiens, tu as remarqué les vitraux dans l'église ? C'est magnifique, pas vrai ? Des couleurs comme ça, il n'y a que l'arc-en-ciel qui peut faire concurrence ! Et encore… Lui, il ne dure que quelques instants. Alors que les vitraux, grosso modo c'est pour l'éternité ! Eh bien, tout éternels qu'ils sont, les vitraux, si tu les regardes à présent de l'extérieur, tu ne les remarques même pas, tellement ils sont gris et moches ! C'est au-dedans que l'on perçoit la vérité radieuse, multicolore. Les gens, c'est un peu pareil : si tu t'arrêtes à l'extérieur, si tu les croises sans véritablement les regarder, tu remarques même pas la couleur qu'ils ont en eux. Pour les voir dans l'éclat de leur beauté, dans leur pleine lumière, t'as pas le choix : il faut les percevoir de l'intérieur !

— Attends : une personne, ça n'est pas une église, tout de même !

— Moi, je trouve que si ! Dedans, y a plein de choses sacrées, comme dans une église. Toi, par exemple, j'ai tout de suite vu que tu avais du soleil derrière les carreaux, enfin je veux dire : derrière le vitrail de tes yeux.

— Ah ! Ah ! Ah ! Le soleil, il est tout en haut dans le ciel ! J'aurais du mal à le garder à l'intérieur de moi ! Ce serait sûrement une brûlante expérience !

— Justement, c'est ça qui est bien : quand on peut pas tout garder à l'intérieur de soi, quand ça déborde ou quand ça brûle ! Dans ton paysage intérieur, le soleil c'est l'amour. Et l'amour, comme dit Frère Théophane, c'est ce qui permet de passer du dehors au dedans. Quand tu aimes, tu es beau et éclairé, parce que tu es du bon côté du vitrail, le côté où tu vois la vie en pleine lumière et tout en couleurs. Tandis que si tu te disputes avec ceux que tu aimes, eh bien cela change le goût des choses. Il y a de la saveur qui s'en va…

— Tu es une drôle de créature ! Tu dessines les mots avec des images. Tu me fais penser à ces à-coups de ciel bleu qui arrivent à l'improviste et qui dissipent les tourments du ciel qu'on croit installés pour toujours ! On dirait que tu as déjà sur toi des clés que les grandes personnes mettent toute la vie à trouver…

— Normal : j'ai des vraies clés qui ouvrent. Pas des passe-partout !

— J'aimerais bien te revoir. Mais je ne connais même pas ton nom !

— C'est pas bien grave, tu sais. Moi non plus, je ne sais pas exactement qui tu es, mais je me souviendrai de ton regard. Je saurai le reconnaître parmi des milliers de milliers. Et ça suffira pour qu'on se retrouve. Si tu me perds un jour, tu n'as qu'à filer à la Maison du silence-qui-parle. Tu finiras bien par me voir apparaître ! Mon nom, c'est Joy, et celui que t'as vu sur la croix tout à l'heure, c'est Jésus-Christ le Magnifique ! Bon, il faut que j'y aille maintenant : bonne et heureuse journée !

3 .

Vous avez trouvé votre bonheur ?

Sagamore se montrait troublé par les instants qu'il venait de partager.

— Autant de vérités sortant d'une aussi petite créature, je ne sais pas comment c'est possible ! se dit-il.

Il s'interrogeait sur le facétieux concours de circonstances qui l'avait conduit à croiser le regard de cette gamine des rues qui avait les pieds dans le caniveau mais qui parlait le langage des étoiles et des sources. Oui, curieusement le langage de cette enfant était d'eau et de lumière : il était à la fois rafraîchissant et lumineux. Sagamore se souvint que dans son pays, on dit que les songes et les signes parlent à travers des messagers, et que les vérités transitent toujours par les lèvres de l'innocence. Il savait aussi que la vie n'est que rencontre, et que certaines rencontres sont pareilles au parfum délicat des roses, certains soirs d'été : aussi évanescentes que tenaces, aussi éphémères qu'inoubliables. Sagamore avait découvert ainsi cette vérité très étrange : c'est que des poussières d'instants, apparemment légères et pourtant subtiles comme ailes de papillons, laissent dans l'âme une empreinte plus persistante que des moments majestueux et immuables comme des montagnes. Il ignorait encore que les jours qui allaient s'offrir à lui comme des *présents*, viendraient donner à sa vie toute sa densité dramatique et irremplaçable.

Pour l'heure, il n'oubliait pas la raison qui l'avait conduit à quitter son pays, les siens et tout ce qu'il aimait. Il avait décidé de partir à la recherche du bonheur. Non pas qu'il fut malheureux là où il vivait. Mais il ressentait l'ardent désir de marcher sans trop savoir à la recherche d'un bout du monde. De s'aventurer de long en large, et surtout en hauteur et en profondeur. Comme s'il devait partir à la recherche d'un trésor, et ne revenir auprès des siens qu'après l'avoir découvert. Il lui fallait dialoguer aux quatre vents, se frotter au sable du désert, à l'écume du grand large et au soleil ardent. Il lui fallait éprouver le vide pour mieux saisir la plénitude, se gorger de silence pour mieux s'épanouir, puis se mêler aux foules innombrables pour mieux comprendre le sens des allers et des venues, du recto et du verso, de l'accueil et de l'indifférence, du donner et du prendre. Finir par éprouver jusqu'à la morsure la nostalgie du retour quand le cœur a froid.

Et le bonheur semble toujours si éloigné de soi, qu'il avait naturellement parcouru beaucoup de distance pour arriver ici, dans ce pays dont on lui avait tant vanté la douceur de vivre, et qui ne ressemblait en rien à ce qu'il avait imaginé. Mais on attend toujours autre chose que ce qu'il nous est donné de vivre, de voir ou de partager. Paris était assurément une ville fascinante, pleine de monde, de bruit, de vitrines fastueusement décorées – tout le contraire de l'humble décor qui faisait jusqu'à présent son quotidien champêtre. Les femmes étaient belles, les hommes bien habillés, et de magnifiques automobiles circulaient en tous sens, dans un ballet parfaitement orchestré, avec mouvements, arrêts, contournements et, de temps à autre, joyeux concerts de klaxons. Cet allant ininterrompu se traduisait par une manière presque comique d'être sempiternellement affairé. Comme si chacun avait un rôle et jouait un jeu, dont lui, le petit seigneur des ruisseaux et des sources, ignorait les règles et le but. Tout lui était étonnement : en particulier ce train habile comme un ver de terre qu'on appelait métro. Il aimait cette odeur âcre, mélange improbable de rail, de caoutchouc, de tabac froid, d'odeur humaine et de machine, ce passage sous les tunnels, qui eux-mêmes passaient sous la ville, sous le fleuve-Seine, sous les monuments. Une sorte de double vie se superposait : une dessus, une dessous.

C'était la ville foisonnante par excellence, celle des destins qui se superposent, celle des gens qui se croisent sans se regarder et qui, comme par miracle, finissent çà et là par se rencontrer. Ville anonyme où il paraît nécessaire de jouer des coudes pour s'assurer la précision de sa trajectoire et où la précipitation, que manifeste le déséquilibre du corps vers l'avant, semble naturelle aux gens d'ici.

Et puis, un beau jour – c'est-à-dire un jour où notre regard est éclairé –, la Providence fait des siennes : une petite fille vient vous déjucher de vos certitudes pour vous conduire l'air de rien dans la Maison du silence-qui-parle. C'est un peu comme une plongée dans les profondeurs, ou comme une découverte des couches archéologiques successives… pour parvenir à un monde très ancien, un âge d'or oublié, celui de l'enfance éternelle. Jusqu'à ce que l'émotion de la beauté vous imprègne tout entier, et que votre cœur se sente envahi par un appel irrésistible. L'enfance réapparaît en vous comme une strate d'un autre âge, un socle fondateur de votre géologie intérieure : en un instant, vous avez le sentiment de remonter à l'enfance du monde, là où tout est jeu avec presque rien, là où tout est grâce avec presque tout. Alors, vous ne savez plus si cette ville est menaçante ou amie, si les gens sont seigneurs ou serviteurs, s'ils ont le cœur comblé ou en fuite, si la vie d'ici est absurde ou contient des secrets grands comme le ciel, grands comme les yeux de cette petite fille qui s'approche de vous et ouvre son regard comme une délivrance, comme un silence qui en dit long, comme un passage vers une révélation. Et qui vous parle une langue que comprennent même les étrangers, même les assoiffés, et surtout les âmes ardentes en quête du bonheur : le langage du cœur. Comme si cette petite Joy était une créature bénéfique, élue pour détenir la clé des très précieux trésors de la vie.

Sagamore ressentait cette ivresse légère du convalescent en liberté. Ses pas le conduisirent dans un dédale de ruelles aux devantures anciennes. Soudain, il s'arrêta net comme on le fait en découvrant une coïncidence saisissante : il se trouvait devant la vitrine d'une vieille boutique semblable en tous points à une échoppe de son enfance. L'intrusion familière de ses souvenirs était si spontanée et se superposait avec une telle justesse à cet instant, qu'il ne put s'empêcher de pousser la porte de ce lieu, comme si c'était de la porte même de son enfance qu'il s'agissait. Selon le même rituel que celui qui l'accueillait autrefois, une petite clochette tinta pour saluer son arrivée. Toutefois, à la place de la vieille commerçante au chignon blanc à laquelle il était habitué, apparut une jeune femme avenante et sobre, pourvue d'un très beau regard, qui lui souhaita la bienvenue et lui demanda d'emblée s'il souhaitait de l'aide.

Sagamore se montra un peu interloqué par cette prévenance inhabituelle et à la fois si évidente, car au fond : qui n'a pas besoin d'aide ? Mais il lui sembla qu'en pareil endroit, la réponse correcte était :

— Je vous remercie, vraiment. Mais je voulais juste regarder !

— Avec plaisir ! répondit la maîtresse des lieux avec beaucoup de sincérité, et Sagamore remarqua que son sourire était vrai – c'est-à-dire qu'il en émanait vraiment de la lumière.

C'est seulement à cet instant que le jeune homme se demanda ce qu'il pouvait y avoir dans une aussi jolie échoppe tenue par une jeune femme aussi heureuse d'être là. Il s'emplit de l'atmosphère du lieu et y reconnut l'odeur caractéristique des vieux livres, du papier qui a connu le froid et le chaud entre ses deux couvertures, et la poussière, et l'humidité, et le soleil et la nuit, et la secrète espérance des lecteurs, et leur regard luisant de désir ou de chagrin. Il caressa distraitement le dos de quelques volumes en cuir vieilli, puis ouvrit quelques ouvrages au hasard. En réalité, il n'était pas prédisposé à conduire ses yeux à la lecture ;

il s'emplissait plutôt du pouvoir des réminiscences olfactives. Sans trop savoir pourquoi, il se souvint de ce que son père lui avait dit lorsqu'ils se promenaient au milieu de ses somptueuses allées de roses : « Ce que l'on fait, le faire bien. Et demeurer dans la constance de l'attention juste. » Un peu plus tard, au cours de cette même promenade vespérale, son père avait ajouté : « Il faut rester en silence sur le seuil de lumière. Ne rien troubler. Ne rien vouloir. Être vide de toute détermination. Respecter le rythme des éclosions subtiles. »

Précisément, à cet instant, il ne voulait rien qualifier, rien rechercher, peut-être même rien trouver. Il se voulait sans intention et sans but, et se trouvait vacant, dans cette acceptation silencieuse que connaissent bien les contemplatifs. Il se voulait résonance. Comme la peau ferme et tendue du tambour. Il se dit que l'approfondissement de la question valait toutes les réponses et que la quête est plus importante que le but. Ce cheminement intérieur lui donnait une hésitation maladroite ; il était très absorbé par ses pensées et accordait peu d'importance à ce que ses mains et ses yeux effleuraient. Son attitude était si distraite qu'au moment où il se rapprochait de la porte de sortie, la jeune libraire s'enquit de lui demander avec une discrétion souriante :

— Alors, vous avez trouvé votre bonheur ?

— Comment savez-vous… commença Sagamore, hébété.

Oui, comment cette jeune personne qu'il rencontrait pour la première fois de sa vie, avait-elle deviné que le bonheur était ce qu'il cherchait ? Sa quête était-elle donc à ce point limpide que tout un chacun pouvait à travers lui en distinguer le reflet ? Cette jeune femme était-elle donc une fée ?

— Êtes-vous une fée ? s'entendit-il demander.

Et comme il posa sa question le plus sérieusement du monde, la jeune femme ne manqua pas d'éclater de rire. C'était un rire franc et clair, sans une once de moquerie, à l'image de cet être gracieux qui s'accordait si bien à la beauté des choses. Sagamore fut encouragé à formuler sa question autrement :

— Êtes-vous toujours aussi jolie ?

— Et vous, répliqua-t-elle avec à-propos, êtes-vous toujours aussi poli ?

— Merci. Enchanté ! Je… je reviendrai ! bégaya-t-il.

Et semblant obéir aux consignes précises

d'une chorégraphie théâtrale, il se retira à reculons et s'esquiva du mieux qu'il put sans lâcher du regard le sourire charmant de la libraire, tandis que la clochette de la porte d'entrée ponctua sa sortie de scène de manière quelque peu burlesque.

Une fois dans la rue, Sagamore soupira profondément. Comment, comment était-il possible que cette jeune femme lui posât cette question sans même le connaître : « Avez-vous trouvé votre bonheur ? » À présent, il s'imaginait que tous ceux qui jetaient sur lui un regard se doutaient de ce qui, secrètement, occupait ses pensées et son cœur. Il se sentait dévisagé, démasqué, plus que nu : transparent ! Il se mit à scruter à son tour les gens qu'il croisait. À chaque fois, il se plaisait à visiter l'enfance qui transparaissait en filigrane du visage des passants, oui : il s'efforçait de deviner l'enfant qu'avait été cet homme d'affaires, ce jeune homme pressé, cette vieille dame au pas incertain, cette mignonne collégienne qui partageait un rire en cascade avec ses amies, ce commerçant ventripotent sur le seuil de sa boutique, ce mendiant obnubilé par un impossible monologue, cet automobiliste impatient, ce livreur en scooter occupé à enchaîner ses zigs et ses zags, ce grand monsieur chauve à lunettes, ce policier qui n'arrêtait pas de jouer du sifflet pour dénouer l'enchevêtrement inextricable d'automobiles au carrefour, dans une gestuelle appuyée qu'on eut dit inspirée d'un film comique. De sorte qu'arrivé au bout du boulevard, Sagamore percuta de plein fouet la vérité qu'il pensait poursuivre : « Mais au fond, ils recherchent tous le bout de puzzle qui leur manque pour que l'image d'eux-mêmes soit complète. Ils recherchent tous leur bonheur. Et chacun a son idée ou son idéal, son amour ou son ambition, ses rêves ou ses illusions pour y parvenir. »

Sagamore songea aux puzzles de son enfance, ces épaisses pièces de bois dont il cherchait l'emplacement avec une patience à la fois rêveuse et obstinée. Il se souvenait très précisément de cette jubilation tactile lorsque la pièce s'emboîtait dans l'empreinte à laquelle elle était destinée et que, par le jeu des juxtapositions successives, l'image finale se révélait peu à peu.

— J'ai le sentiment que nous passons notre vie à nous ajuster, à inventer notre image, ou peut-être à la découvrir en l'inventant. Nous cherchons la pièce manquante pour que notre puzzle de vie apparaisse complet et nous délivre l'image définitive de notre vérité.

« Aujourd'hui, je suis pareil à un petit garçon assis devant son puzzle, et qui s'ingénie à composer l'image du bonheur. Et j'ai le cœur assez ardent et l'esprit assez naïf pour accomplir s'il le faut le tour du monde à la recherche de la pièce manquante.

« Mais au juste, quelle est donc cette pièce manquante ? Que me manque-t-il pour être heureux ?

Alors lui vinrent des images de son pays, qui lui apparut soudain d'un autre monde, d'un autre temps. Une grande vague de nostalgie monta en lui, qu'il fit refluer en un profond soupir. Il ressentait un terrible besoin de courir nus-pieds sur l'herbe douce, de respirer le parfum des roses de son père, de voir la silhouette d'Aurore se profiler au bout du chemin en dansant un peu dans la poussière de soleil. Il se demanda ce qui avait bien pu pousser un petit seigneur des ruisseaux et des sources à se retrouver ainsi errant sur les trottoirs d'une grande ville. Et pourtant, cette animation ne manquait pas de charme à ses yeux. Le ballet des voitures l'amusait énormément, le mouvement perpétuel de la foule aiguisait sa quête d'être lui-même en marche, d'aller vers quelque chose qu'il aurait été dans l'embarras de définir et qui se profilait pourtant avec la précision programmée d'un rendez-vous. De surcroît, l'arrière-pays de cette foule anonyme abritait des êtres hors du commun et hors du temps : les petites filles détenaient des secrets d'invisible et ne songeaient qu'à enrichir leur collection de sourires, les libraires étaient des devineresses, et le maître du silence-qui-parle avait un nom de seigneur du désert : Jésus-Christ le Magnifique ! Enfin, reconstituer un village au beau milieu d'une capitale avec cette placette délicieuse et ce hamac dans le grand marronnier, n'était-ce pas la preuve que l'on peut vivre comme chez soi tout en étant ailleurs ?

— C'est drôle, songea Sagamore, on dirait que mon petit monde familier est à l'intérieur de moi et que, quoi qu'il arrive, quoi qu'il en soit, tout se ravive et reste en moi. Quant à cette fillette, si justement prénommée Joy, n'avait-elle pas l'art de peinturlurer la vie avec des pinceaux de lumière et de vous faire figurer dans son tableau comme une présence unique et irremplaçable ? C'est du moins ainsi que Sagamore ressentit les lieux, les événements et les rencontres, avec la gratitude du contemplateur solitaire, dont le seul privilège tient à cet exercice du regard qui consiste à chercher inlassablement la beauté du monde, y compris là où elle semble ne pas être.

Il regarda vers le haut, et le ciel surgit par-dessus les toits des hauts immeubles, tout encanaillé de ce bleu fringant qui allait au printemps comme un gant et qui criait la joie des espaces infinis au point de faire rêver à un destin de cerf-volant. Au sein de cette immensité souriante devinée au-dessus de la ville, Sagamore comprit encore que son destin ne lui appartenait pas vraiment, qu'il traversait la vie tout en étant traversé par elle, que le monde était beau à proportion de ce que son cœur ouvrait et découvrait, et que par le jeu des perceptions subtiles et des résonances délicates, le plus pur de sa vie s'accordait avec beaucoup d'harmonie au tintement de cristal de l'invisible.

C'est à cet instant qu'il ressentit le besoin impérieux de se rendre à la Maison du silence-qui-parle, un peu comme on a envie de rentrer chez soi pour *se retrouver*. Du reste, si l'on cherche à se retrouver, n'est-ce pas parce que l'on s'est égaré ? Il entra timidement dans l'église, comme par effraction. Il se sentait à l'orée d'un mystère trop grand, ou trop beau pour lui. Il tituba légèrement et finit par s'asseoir sur un banc. Il s'empara d'une bible déposée là, l'ouvrit au hasard ainsi que le lui avait suggéré Joy, et ses yeux tombèrent sur une ligne – un peu à la manière dont on tombe amoureux : par inadvertance. Voilà ce qui y était écrit :

« *J'emmènerai ma fiancée au désert*
et je parlerai à son cœur ».

Sagamore trouva cette phrase bien énigmatique. Il fit silence en lui et attendit, tout seul et avec une gravité nouvelle, dans la Maison du silence-qui-parle. Mais le silence était blanc, opaque, à l'image de la brume d'après-pluie qui empêche de voir au loin. Sagamore ferma les yeux, et s'étonna de ne pas être dans le noir. Le blanc persistait, recouvrant les sons et les choses. Ses yeux se voilèrent. Et soudain, ce fut comme une visitation : tout se mit à chanter en lui, ce fut l'avènement imprévisible et triomphal des couleurs, des saveurs et du printemps retrouvé. C'était plus *fort* que lui, et tellement immense : il se prit à pleurer, pleurer, et tout à la fois, il se sentait heureux, heureux. Il ne comprenait tout simplement rien à ce qui se passait en lui. C'était comme un redéploiement, une vibration aussi belle et juste qu'un espace de silence au milieu d'une symphonie. C'était une joie et une souffrance à la fois, comme s'il mettait au monde quelque chose de nouveau. Il lui semblait redécouvrir en lui un arrière-pays à l'abandon, au milieu duquel errait un jeune enfant égaré. Et cet enfant, c'était lui, celui auquel il pensait devoir renoncer parce qu'on lui avait dit que la vie est une chose difficile, qu'il faut faire sa place et que l'on ne peut tout de même pas passer son temps à rêver.

L'enfant retrouvé semblait lui murmurer : « Rêve, reprends tes rêves là où tu les as laissés, mais en les allégeant de toutes les pesanteurs inutiles, de toutes les rêvasseries stériles et de toute trace de vanité, avec le fervent désir de mettre tes rêves au monde, de leur donner la vie ». Il lui sembla qu'il n'avait jamais lavé ses yeux d'autant de larmes, et ses larmes étaient aussi douces qu'un nectar. Il se sentait pur, douloureux, libéré et heureux. Lui vint alors au cœur un arc-en-ciel, pluie et soleil entremêlés, éclaboussures de lumière. Il pensa à Aurore, celle qu'il appelait sa bienvenue, sa promise, sa rime sœur, celle qu'il connaissait depuis l'enfance, autant dire depuis toujours et pour l'amour de laquelle, assurément, il avait entrepris ce voyage intérieur. Parce que telle était la voie de son cœur : Sagamore voulait lever en lui le grand soleil du bonheur, afin d'être assez lumineux et large pour accueillir l'incommensurable beauté de l'amour. Et pour cela, il lui fallait ne plus se sentir à l'étroit, mais s'ouvrir au vaste monde et purifier son cœur de toutes les brumes insistantes de l'égarement. Abandonner les campagnes inquiètes pour adopter un pas hardi à la rencontre des contrées radieuses. Être superlativement vivant.

Lorsqu'il sortit de l'église, tout habité de songes, Sagamore cligna des yeux comme s'il sortait des profondeurs du temps et qu'il avait un peu perdu la familiarité des agitations de ce monde.

Aussi ne vit-il pas tout de suite qu'elle se trouvait là.

C'est à sa petite voix fluette qu'il la reconnut, puis à cette manière bien à elle de donner saveur à ses phrases, en les saupoudrant d'un peu de mystère et de beaucoup de coquetterie :

— Alors, te revoilà ! Écoute : j'ai des secrets

à revendre, tu ne veux pas m'en acheter ?

— C'est que je n'ai pas beaucoup de sous, tu sais ! répliqua-t-il doucement, sans trop réfléchir.

— Oh ! Mais c'est beaucoup plus cher que des sous ! Ça vaut au moins de la connivence ! Dis : tu n'voudrais pas m'échanger ton amitié ?

Elle avait un tel sourire radieux pour demander cela que Sagamore, troublé peut-être par le trop-plein de silence qui venait de le déborder, éprouva un sentiment inédit. Joy lui paraissait si vulnérable dans son intensité émotive, qu'elle lui fit soudain l'impression d'un instant de grâce éphémère avec lequel il faut se montrer infiniment doux et délicat si l'on ne veut pas rompre le charme. Elle était légèrement à contre-jour, et elle habillait tellement l'espace de sa présence qu'elle se confondait presque avec la lumière. Si cela n'avait tenu qu'à lui, face à cette apprentie-sainte en miniature, Sagamore aurait été capable de donner non seulement son amitié, mais aussi le monde entier pour sauver une certaine qualité d'être dont l'enfance a le secret et sans laquelle la vie, sans doute, ne mériterait pas d'être vécue.

4.

Le cercle de lumière

En acceptant d'offrir son amitié à Joy, et d'enrichir sa collection de sourires, Sagamore allait entrer dans un véritable cercle de lumière dont il était à mille lieues de soupçonner le rayonnement.

Joy habitait au dernier étage d'un très charmant immeuble qui donnait sur la place au marronnier, le fameux marronnier élu par Sagamore pour héberger sa première nuit à Paris. C'était un appartement sans fin, composé d'un véritable dédale de couloirs. La maîtresse des lieux était une vieille dame pimpante et romantique, aux pommettes saillantes, dont les "R" qui roulaient dans sa bouche comme des galets dans une rivière, disaient assez bien l'origine : elle était Hongroise. De naissance, de cœur et d'accent. Sagamore ignorait la relation de parenté existant entre Joy et cette dame et, curieusement, il ne ressentit pas le besoin d'en savoir davantage. Du reste, en pénétrant dans ce lieu comme dans un pays situé de l'autre côté du miroir des apparences, il allait connaître une telle succession de surprises qu'il prit vite le parti de saisir les rencontres et les réalités comme elles arrivaient, sans trop s'interroger sur leur avènement.

Joy présenta son nouvel ami à celle qu'elle appelait affectueusement « Mamika » et qui délivrait dans son regard une bienveillance naturelle qui se passait de mots. Mamika était de ces natures généreuses promptes à accueillir un inconnu à la manière d'un vieil ami. Au point que Sagamore se demanda d'abord si elle ne le prenait pas pour quelqu'un d'autre, tant elle mettait d'attention et de chaleureuse cordialité pour lui souhaiter la bienvenue, en lui prenant les deux mains et en le cajolant du regard.

Il ne tarda pas à saisir l'ambiance très particulière qui régnait en ce lieu. Mamika était une exilée extravagante et fortunée qui, depuis le rappel à Dieu de son « tout grand amour » – ainsi qu'elle l'évoquait dans un tressaillement d'émotion – avait esquivé sa solitude en transformant sa maison en un véritable caravansérail. Il défilait chez elle des gens de toutes sortes, non pas n'importe qui, car sa porte n'était pas ouverte à tous les vents, mais très précisément ceux que la Providence avait mis sur son chemin ou que Joy avait élus. C'était la vie de bohême, assortie toutefois des verres en cristal du même nom, c'est-à-dire dans une ambiance non dépourvue de raffinement. Mamika n'était pas seulement la maîtresse des lieux, elle était par-dessus tout l'instigatrice d'un certain art de vivre, d'échanger, de se retrouver, de partager pêle-mêle les mots, les inquiétudes, les espérances, les appétits de bouche ou de cœur. Elle instaurait dans la relation une qualité trop souvent désertée par la fébrilité moderne : l'attention. Elle il y avait apposé sa marque, son style un peu suranné et son phrasé, car toutes les relations étaient placées chez elle sous le sceau d'une grande affectivité. Chacun était respecté dans son histoire et dans son mystère personnel, autant dire dans cette alternance de partage et de silence que tout être finit tôt ou tard par ressentir comme une nécessité intérieure. De sorte que ce lieu haut en couleurs, avait quelques signes extérieurs d'une pension de famille, mais s'apparentait mieux encore à un clan. Dans cet endroit à la fréquentation cosmopolite, c'est le langage du cœur qui prévalait, ce qui était la plus sûre manière de s'entendre !

— Sag... Sagamore... c'est bien cela ? Vous êtes prié de m'appeler Mamika si vous voulez appeler mon attention. Vous avez l'air de venir de bien loin, il serait bon d'aller vous reposer ! Joy chérie, emmène notre hôte dans la petite chambre jaune, veux-tu... Ah non ! j'oubliais... Tommaso arrive cette nuit d'Italie et devrait rester quelques jours à Paris...

— C'est vrai ? s'illumina Joy. Chic, alors ! J'espère qu'il pensera à m'apporter des chocolats à la noisette...

— Joy chérie, tu es incorrigible ! Tommaso n'oublie jamais, tu le sais bien. Bon, en attendant, il convient de s'occuper du bien-être de notre nouvel ami...

Gêné par une sollicitude aussi désarmante, Sagamore bredouilla :

— Merci pour votre hospitalité, mad... enfin, je veux dire Mamika, mais pour dormir, je... je me débrouille !

— Comment cela, ne me dites pas que vous dormez à l'hôtel ?

— Si l'on veut…

— Mais à Paris, c'est hors de prix !

— Ça n'a pas de prix, effectivement ! poursuivit Sagamore avec aplomb. En plus, je suis très exigeant sur la catégorie d'étoiles : je ne demande pas moins que la Voie Lactée !

— Mamika, ne te fatigue pas, intervint Joy amusée : son hôtel, c'est gratis ! Il roupille dans un arbre !

— Un arbre ! Est-ce possible ? Est-il possible que vous soyez assez poète pour partager la simplicité allègre des oiseaux du ciel… Ah ! Mon Dieu ! Je l'ai tout de suite ressenti : vous êtes un être… archangélique !

Elle avait posé ses deux mains fines sur les deux joues de Sagamore et tendait ses lèvres vers lui dans une moue de diva séductrice, délivrant dans cette seule attitude toute l'expressivité d'un sentimentalisme débordant. Quand elle apprit que l'arbre en question était le cher marronnier qui ornait la perspective de son séjour, elle serra Sagamore dans ses bras comme elle l'eut fait avec un fils bien aimé. Puis, se ravisant :

— Néanmoins, en cas de violent orage, un oiseau de votre envergure aura probablement besoin d'un nid secondaire ! Suivez-moi, je vais vous montrer un refuge adéquat…

Et c'est ainsi que Sagamore découvrit la petite pièce en rotonde qui donnait sur les toits de Paris, et qui lui plut immédiatement : il n'aurait su dire pourquoi, mais ces ouvertures et ce surplomb lui faisaient penser à un pigeonnier. De très bourgeoise facture, certes, mais un pigeonnier, tout de même.

— Faites-moi l'honneur de considérer cette pièce comme un pied-à-terre… parce qu'il faut bien redescendre sur terre quelquefois, vous en convenez ? Ce qui ne vous empêche nullement d'aller courtiser à votre guise la cime des cieux quand le cœur vous en dit, ou bien de revenir ici si ça vous chante !

Sagamore s'émerveillait du langage de Mamika, et de ses intonations : elle ne parlait pas, elle chantait ! On eut dit qu'elle servait sans cesse des friandises du cœur, avec la même gentillesse avenante que d'autres proposent un apéritif. Il s'attarda à cette salve d'expressions : « quand le cœur vous en dit » et surtout ce merveilleux : « si ça vous chante ». Pour être sûr de se souvenir, il les rangea dans un tiroir secret de sa mémoire, afin de les ressortir plus tard et d'en goûter la saveur.

— Il n'y a pas de clé à ma maison, continua Mamika en accompagnant cette précision d'un ample sourire de jeune fille et d'un petit geste frivole. Voyez-vous, j'ai passé toute ma vie à chercher mes clés, il faut croire que je suis fâchée avec les serrures ! Ou peut-être bien suis-je fâchée avec tout ce qui est fermé : les portes comme les esprits… et puis je veux que cette maison soit toujours ouverte à mes amis et que cela devienne un peu leur refuge, leur bout du monde, leur fief, qu'ils puissent arriver à l'improviste et lever le pont-levis, loin du monde et du bruit, quand ça leur chante…

— Et ça leur chante souvent, j'imagine ! rétorqua Sagamore, tout fier de pouvoir replacer cette délicieuse expression dans un contexte approprié.

— …aussi ai-je fait installer un système à code sur la porte d'entrée, poursuivit Mamika. Approchez-vous, mon ami ! À vous aussi, je vais confier le code secret qui remplace ici toutes les clés : c'est… J-O-Y !

— Joy ! s'exclama Sagamore, comme il aurait dit : Eurêka !

— Chuuut ! Allons, ne le criez pas sur tous les toits ! Ma maison est ouverte, mais tout de même pas à tout Paris !

— En tout cas, c'est une belle idée pour un code d'entrée !

— N'est-ce pas ? Comme vous l'avez compris, Joy ouvre vraiment toutes les portes.

Et elle ajouta comme pour elle-même : « Même les maisons intérieures, du reste ! »

— Les maisons intérieures ? reprit Sagamore, sincèrement perplexe.

— Eh bien oui, mon cher ! Chacun a une maison à l'intérieur de soi, mais beaucoup ignorent les trésors secrets et le bonheur que cette maison abrite. Et savez-vous pourquoi ? Parce que comme moi, la plupart des gens sont des têtes de linotte : ils en ont égaré les clés !

Au clin d'œil complice qu'elle lui adressa, Sagamore devina en Mamika non pas exactement l'enfant mais la jeune fille pleine de vie qu'elle fut et qui resurgissait tout soudainement à travers cette juvénilité intacte de l'enthousiasme.

— Mamika, Mamika ! s'écria Joy à l'autre bout de l'appartement dans une grande excitation. Frère Théophane vient d'arriver !

5.

L'homme du juste milieu

Quel âge pouvait-il avoir ? Une quarantaine d'années peut-être. En tout cas, s'il avait cinquante ans, il ne les faisait pas. Port bien droit, cheveux très ras, fines lunettes rondes de lettré, allure martiale corrigée par un sourire qui faisait l'effet d'une lumière très vive dans une pièce sombre. Frère Théophane était ce qu'on appelle une force de la nature. Dès le prime abord, on décelait chez cet homme bien campé un indéniable équilibre, une sorte de sérénité tranquille que sa belle voix grave venait ponctuer éloquemment.

— Frère Théophane, quel bonheur ! s'écria Mamika en allant à sa rencontre.

— Laudetur Jesus Christus ! répondit le moine dans une accolade fraternelle. Franchement, Mamika, je vous trouve rajeunie !

— Mon Dieu, c'est probablement que je m'approche de la naissance éternelle !

Sagamore remarqua que la maîtresse des lieux avait saisi les deux mains du nouveau venu comme elle l'avait fait pour lui-même. Et elle contemplait son hôte en l'absorbant des yeux, en lui prodiguant toute l'acuité de son attention. Mamika avait un sourire nourricier. Au fond, se dit Sagamore, n'est-ce pas sa manière à elle d'aller droit au cœur de ceux qu'elle rencontre, de visiter les maisons intérieures en passant de l'autre côté du vitrail ?

— Si votre hospitalité m'est encore acquise, reprit Frère Théophane, c'est bien volontiers que ces temps-ci je serai des vôtres de temps à autre.

— Parlez-moi donc de votre thèse. Où en êtes-vous ? s'enquit Mamika avec gourmandise.

— Précisément, j'ai trois mois à passer à Paris pour apposer le point final, si Dieu le veut !

— Et pourquoi Dieu ne voudrait-il pas, intervint Joy sur un ton faussement ingénu, puisque tu passes ton temps à lui faire de la publicité ?

— Ah ! Joy ! J'aime retrouver ton sourire, ta petite voix et tes impertinences théologiques !

— Théologique toi-même ! répliqua Joy, qui semblait manier ce mot avec approximation.

— Frère Théophane, reprit Mamika, nous venons tout juste d'accueillir un nouvel hôte, qui semble tombé du ciel. Au propre comme au figuré, d'ailleurs. Imaginez que le poète que voici a son adresse parisienne... dans un arbre ! Authentique !

— Peut-être est-ce un druide, alors ? Nous aurons sûrement des choses à nous dire !

— Si ça vous chante ! répondit sobrement Sagamore, qui raffolait de cette expression, dont il tirait fierté d'avoir su à nouveau l'ajuster à la situation.

— Enchanté, confirma le frère dans une poignée de main vigoureuse. Est-il incongru de vous demander la raison pour laquelle vous avez élu domicile... dans un arbre ?

— C'est que...

Sagamore, d'abord embarrassé d'être assimilé à une curiosité de zoo, répondit tout de go :

—... j'ai besoin d'être en contact avec le ciel...

— Alléluia, Seigneur Jésus ! s'exclama Frère Théophane comme s'il entamait un prêche enflammé. Entendez-vous ce que notre ami vient de dire ? « J'ai besoin d'être en contact avec le ciel… » N'est-ce pas là un aveu admirable ? N'est-ce pas la preuve explicite que l'homme a un instinct de sublimation qui est à son âme ce que l'instinct de conservation est à son corps ! Intuitivement, nous aspirons à nous extirper de la cacophonie du siècle pour rejoindre l'harmonie du ciel, oui c'est bien cela, ce fol amour que nous ressentons : étreindre l'infini !

— Qu'entendez-vous par là, Frère Théophane ? demanda Mamika, avec l'air de quelqu'un qui s'inquiète de retenir sur terre un esprit un peu zélé, et un peu ailé aussi.

— Par l'infini, on peut tout entendre, ma chère, tout ! *Étreindre*, c'est exactement le contraire d'*éteindre* : c'est allumer le feu qui réchauffe et illumine, oser le geste fraternel, c'est habiller la nuit d'étoiles, embraser l'amour jusqu'aux extrémités de la terre, aller à la rencontre de Dame aurore…

— Comment ? fit Sagamore en rougissant subitement : vous connaissez Aurore ?

— Et pour cause ! Elle vient à ma rencontre chaque matin… poursuivit Théophane, plus allégorique que jamais. Qu'annonce donc chaque jour Dame Aurore, si ce n'est le monde sans cesse recommencé, l'ode à la création avec le premier chant du rossignol et le concert délicat des oiseaux du ciel, ...la vie, la lumière purifiée, l'air revivifié après le grand apaisement de la nuit, la bénédiction du jour nouveau qui se lève !

— Je ne saurais mieux dire, fit Sagamore rêveusement... Dame Aurore, comme vous l'appelez, est ma source vive, ma raison d'être et ma joie complète.

— Allons, allons ! gémit Mamika, la mine contrite. Théophane, je vous ai déjà dit que vous faites l'effet d'un fou dissimulé sous l'habit d'un sage. En tous les cas, je dois vous verbaliser pour excès de paroles...

— Mamika ! répondit Théophane sur un ton de réprobation. Ne mettez jamais de limitation de vitesse aux rêves ! Comment oseriez-vous entraver l'irrésistible marche nuptiale du bel amour et de la sainte espérance !

— Théophane, vous êtes redoutable ! De grâce, j'ai promis à notre hôte de le laisser se reposer, et depuis sa venue ici, nous n'arrêtons pas de le solliciter.

— Fort bien, jeune homme ! rétorqua Théophane en toisant Sagamore du regard. Mais sachez que j'aurais plaisir à converser avec vous. Vous me plaisez et vous m'intriguez !

— De toutes façons, ajouta Mamika, nous le gardons pour dîner. N'est-ce pas Sagamore, vous êtes des nôtres ?

Sagamore acquiesca de la tête avant de se retirer poliment dans la petite pièce en rotonde, ainsi qu'on l'attendait de lui, tandis que Théophane, plus en verve que jamais, continuait de galéger avec Joy.

Toutes ces phrases que Sagamore avait entendues valsaient dans sa tête à présent, avec élégance sans doute mais sans manquer de lui donner le tournis. Il s'allongea sur le lit, cala ses mains sous sa tête et fixa le plafond. « Vous êtes des nôtres » : cette phrase chaleureuse de Mamika sonnait à la fois comme un honneur et comme une exigence. C'était un peu comme si elle avait dit : « Vous êtes de notre clan ! » en décelant en lui les nécessaires qualités et vertus à travers lesquelles le cercle de fidèles de cette maison se reconnaissait. C'est ainsi du moins que Sagamore se plaisait à l'entendre. Et la manière dont il avait été accueilli dans cette cour de Rohan laissait résonner en lui des échos chevaleresques, ressuscités par les allusions vertueuses de Frère Théophane et la noblesse de cœur de Mamika.

Sagamore ressentait un sentiment d'appartenance à un petit monde. Ces personnes, dont il ignorait jusqu'à l'existence une heure auparavant, il avait l'impression moins de les rencontrer que de les rejoindre. Comme si cette connivence était inscrite dans son destin dont les lignes de force passaient par là.

« On crée les événements et les rencontres qui nous ressemblent, se dit-il. Pour contempler la vie qui vient, on se met volontiers à la fenêtre. Cette petite Joy a raison : il faudrait plutôt rester à l'intérieur et voir la vie par les vitraux qu'elle éclaire. Se laisser envahir par la lumière. Apprivoiser le silence-qui-parle, et les regards qui en disent parfois plus long que les mots. »

Sagamore se promit d'être plus attentif à ses événements intérieurs. Il pensa à la petite libraire qui, tout à l'heure, l'avait invité dans le joli jardin de ses yeux purs pour lui demander : « Alors, vous avez trouvé votre bonheur ? »

Mais comment savoir au juste si l'on a trouvé son bonheur ? Comment savoir si ce que l'on vit ici et maintenant, ce n'est pas du bonheur en préparation, une profusion de soleil qui paraît on ne peut plus naturelle sur le moment, au point qu'on y prête à peine attention, et dont nous parlerons avec nostalgie aux premiers nuages venus ? Au détour d'un livre, Sagamore avait été percuté par cette phrase : « Nous étions heureux, et en plus nous le savions ». En effet, heureux, nous le sommes rarement sur le moment, nous le sommes la plupart du temps en souvenir, en évoquant le bon vieux temps. Il nous est difficile de reconnaître la bonne heure du bonheur… Mais que manque-t-il au juste pour que le bonheur nous parvienne dans sa claire évidence, au moment où toutes les conditions se réunissent pour affirmer et étendre son rayonnement ?

Un autre sujet occupait instamment l'esprit de Sagamore : par quelle coïncidence, ce moine pouvait-il connaître Aurore sa bien-aimée qui vivait si loin de là ? Était-ce donc l'expérience de la *lectio divina* qui les conduisait tous à déchiffrer l'invisible ?

« Vous avez trouvé votre bonheur », « Aller à la rencontre de Dame Aurore »… Tous ceux qu'il croisait semblaient lire à travers lui sa quête la plus intime, ses sentiments les plus profonds. « Si tu ne sais pas quelle est ton espérance, à quoi ça sert d'avancer ? Tu ne peux pas aller bien loin ! » « Le bonheur ?

Pardi, il se trouve là où on le laisse entrer ! »

La Maison du silence-qui-parle, se dit-il, c'est sûrement cela : en entrant là-bas, on doit perdre son écorce et devenir tout transparent. Après cette plongée dans le bain régénérant du silence, Sagamore se souvenait de son malaise à croiser le regard des passants dans la rue. Sa quête était d'une ardeur telle que l'idée le hantait de voir cette brûlure intérieure se lire au dehors. Il était dans la même disposition qu'une personne placée dans une situation d'extrême vulnérabilité, qui se met à rougir, et qui rougit d'autant plus qu'elle se sent rougir.

— Alors comme ça, Aurore, c'est ton amoureuse ?

Sagamore sursauta : il s'était assoupi légèrement, et n'avait pas entendu Joy entrer dans la pièce. Elle semblait toujours dans le surgissement, tel un torrent de vie que l'on imaginait, par sa vivacité impétueuse, voué à une trajectoire imprécise, et qui, par de mystérieuses lignes de force et de convergence, ne cessait de réapparaître par bribes sur votre chemin. Cette enfant-source ne venait pas à vous, elle survenait, avec la même grâce légère qu'une coïncidence infiltrant de sa lumière la profonde et foisonnante épaisseur d'une attente informulée.

Avec un regard grave et profond qui n'était pas de son âge, elle s'était penchée vers lui comme un ange sur le berceau du tout petit qui hésite encore entre le rêve et l'éveil. Et voici les mots qui transitèrent par sa bouche, à la manière de cargaisons précieuses embarquées sur un navire au long cours :

— Tous les chemins mènent au grand silence intérieur. Et c'est bien comme ça. Parce que le plus profond de ton cœur coïncide avec le plus haut de ta joie !

6.

Le petit seigneur des ruisseaux et des sources

Cela ressemblait à une altercation. Des éclats de voix s'éparpillaient dans l'entrée, jonchant le silence de plaintes aiguës et d'affaires graves. Sagamore s'étonna que ce lieu qui lui était apparu comme celui de toutes les harmonies put se métamorphoser d'une manière aussi radicale en un charivari assourdissant.

À la suite de Joy, il alla à la rencontre des nouveaux venus, au centre desquels se débattait l'un de ces artistes noctambules dont personne ne semblait pouvoir contenir l'agitation :

— C'est comme un poumon que l'on m'arrache, comprenez-vous ? Mon accordéon diatonique ! Volé dans le coffre de ma voiture. Si c'est pas malheureux ! J'étais allé en Italie pour l'acquérir, chez un maître artisan. Et puis, comment vais-je continuer mon travail de réenchanteur, à présent ?

— Allons, Triple-Croche ! Calme-toi !

Celui que Mamika surnommait Triple-Croche était assez représentatif de ces artistes qui animent les caveaux de Montmartre ou du quartier Latin : chemise blanche à lacets aux amples manches, chevelure ébouriffée, collier de barbe soigné, geste haut et verbe fort. L'énergumène qui se démenait comme un beau diable, empruntait à "Fanfan la Tulipe", non sans théâtralité, le style intrépide et frondeur. Le moins que l'on puisse dire, en tout cas, c'est que son entrée en scène était tonitruante !

Sagamore remarqua d'emblée que son prénom était proche de celui de Joy : il s'appelait Joël. Il incarnait un personnage libre et fougueux qui semblait prendre un malin plaisir à se dérober à toutes les formes de définition et à brouiller les indications codifiées des conventions sociales : troubadour, conteur, poète, chanteur de rue, animateur dans les écoles, il se montrait à la fois émerveillé et misanthrope, rebelle et fidèle, agnostique et missionnaire à sa manière. Nul n'aurait songé à discréditer ses méthodes pédagogiques pourtant peu académiques : il donnait des leçons d'émerveillement, apprenait à des enfants à expérimenter le rapport harmonieux existant entre le silence et la parole ou encore à accompagner le soleil jusqu'à son coucher, sur la wagnérienne Chevauchée des Walkyries. Et il se réjouissait d'entendre telle fillette jubiler en rapportant à sa mère : « On a aidé le soleil à se coucher ! Et ça a encore marché ! »

Son accordéon diatonique était son compagnon de tous les jours et de toujours et avait le don, selon une expression moyenâgeuse de son cru, de mettre « Dieu au cœur et diable au corps »... Joy s'aventura à minimiser l'incident du vol en soutenant à peu près que chaque incident de la vie est contemplé du coin de l'œil par la Providence, dont la bienveillance inventive est telle qu'elle cherche toujours à transformer un mal d'un moment en un grand bien qui dure.

Cette interprétation n'eut pas l'heur de plaire à Joël, que la sagesse précoce de la petite agaçait beaucoup. Il n'accepta pas davantage les consolations mystiques de Frère Théophane qui l'engageait à faire confiance à la Providence pour retrouver un accordéon !

Sagamore pensa rejoindre son arbre pour prendre de la hauteur sur ces contingences fâcheuses et concomitantes qui entamaient la douceur de l'atmosphère et gâchaient son bien-être. Mais n'avait-il pas promis de rester à dîner ?

Joël était accompagné de deux gaillards assez imposants que Mamika présenta à Sagamore comme des familiers de la maison. O'Sullivan, dit l'Irlandais, avait tous les attributs du bon vivant. Il pétillait de vie et découvrait un large sourire dès qu'il ouvrait la bouche. À sa manière de rire de bon cœur, on devinait d'emblée un amateur de bons moments doublé d'un pratiquant assidu des rencontres festives. L'autre jeune homme, à la musculature prononcée, était d'origine marocaine et s'appelait Nabil. Il étudiait la philosophie à la Sorbonne. D'un caractère nettement plus introverti que ses compagnons, il semblait se tenir dans les coulisses d'un spectacle dont l'Irlandais et le dénommé Joël se partagaient l'affiche.

Joël et ses comparses durent plus tôt que prévu céder la vedette à un nouvel arrivant, beau et racé comme un descendant des Medicis, en la personne de Tommaso – que Mamika avait annoncé, et qui arrivait tout juste d'Italie.

— « Bella Gioia ! Jolie Joy ! » s'écria-t-il

avec une voix chantante typiquement latine, à l'adresse de la petite qui semblait n'attendre que ce moment pour faire le plein de bonheur. Dans un élan de connivence, Joy se jeta dans les bras de Tommaso, qui la fit virevolter dans la pièce pour déclencher son rire en cascade. Mamika tenta de retenir Joël à dîner, mais l'humeur de ce dernier ne s'accordait pas à ces scènes d'allégresse, et veuf de son accordéon, Triple Croche préféra se retirer discrètement, suivi de Nabil et de O'Sullivan qui tentaient fraternellement d'apaiser son dépit.

Sagamore fut présenté à Tommaso comme une magnifique découverte de Joy, ce qui donna l'occasion à l'homme-qui-dormait-dans-les-arbres de se sentir aussi précieux et rare qu'une pièce de collection. Aussi l'Italien, qui semblait lui aussi collectionneur de sourires, le prit-il immédiatement en sympathie, tant son propre bonheur semblait dépendre de celui de la petite.

— Les grandes personnes pensent qu'elles ont pour tâche de faire grandir les enfants. Et c'est juste. Mais ce qu'elles oublient, c'est que c'est le propre des enfants de faire grandir les grandes personnes. Avec Joy, c'est toujours la folle cavale du rêve que la réalité s'essouffle à rattraper ! s'exclama-t-il en glissant sa main droite dans son ample chevelure et en contemplant Joy comme une vitrine de Noël.

Par sa simple présence, cet homme dégageait une énergie vitale phénoménale. Il y avait quelque chose de félin dans la manière qu'il avait d'occuper l'espace, de bondir vers Joy, de la prendre dans ses bras, de la faire voltiger dans les airs, puis de s'abandonner dans un fauteuil avec une élégance nonchalante. Sa gestuelle était précise, son sourire large et franc et sa voix bien posée. L'équilibre qu'il exprimait était une fête pour les yeux. Sagamore remarqua qu'il n'était pas le seul dans la fascination de cette présence nouvelle, comme si l'atmosphère s'en trouvait subitement changée. Tommaso était un être rare qui avait le pouvoir d'attirer irrésistiblement l'attention de ceux qu'il approchait, par un magnétisme puissant.

Lorsque l'heure fut venue de passer à table, Frère Théophane fut convié par Mamika à dire le bénédicité. Il exécuta ce rituel en des termes dont la noble solennité frappa vivement Sagamore, tant l'impression se confirmait pour ce dernier d'avoir rejoint un clan, avec son code de comportement, ses rituels et ses lois, lesquels semblaient familiers à toute l'assistance.

« Que la lumière qui, par la foi, brille dans nos âmes, resplendisse dans nos actions, afin que dans les fluctuations de ce monde, nos cœurs restent fixés là où se trouvent les vraies joies ».

Comme en pareilles circonstances où de nouveaux venus font connaissance, la soirée hésita entre des échanges légers, puisant dans le registre des sujets convenus, avant de se poser sur la fine fleur de l'existence pour en butiner le suc. Et bientôt, l'attention se porta sur Sagamore, dont chacun brûlait d'entendre l'histoire, tant sa personnalité semblait étrange et étrangère.

Sagamore commença par raconter la particularité des lieux qui lui étaient familiers, spécialement cet endroit ouvert à toutes les étoiles et à tous les vents qui surplombait les collines de son village. Il s'agissait d'un chemin de crête tout en courbes qui s'arrondissait sous ses pas au point qu'il s'imaginait marcher sur une mappemonde tant le ciel, en cet endroit, semblait abondamment présent au point de réduire la terre à un ballon. Sagamore avait été élevé au milieu d'un petit peuple de jardiniers, de poètes, de cultivateurs âpres au travail, de lavandières tôt levées et de druides silencieux, des gens simples qui connaissaient les secrets de la terre, des arbres et du ciel. Il appelait son père « le grand maître des ruisseaux et des sources », avec la même évidence que d'autres auraient dit « ingénieur des eaux et forêts » : il était sourcier. Et dans son pays, les sourciers sont considérés avec autant de respect que des sages-femmes, parce qu'eux aussi, à leur manière, donnent la vie. L'eau qu'il faisait jaillir dans ces territoires constamment menacés de sécheresse, était la bénédiction par excellence : des villages s'étaient créés, derrière cet homme qui se promenait dans les campagnes avec sa petite baguette de noisetier.

Il était instruit aussi de la science des nuages et des roses, du tracé des voies et des sentiers, de l'harmonie des jardins et de l'équilibre des vergers et des forêts. Personne n'osa interrompre Sagamore pour savoir si l'expression qu'il utilisait à son propos : « grand ordonnateur de beauté » constituait un qualificatif poétique ou, dans son pays, une distinction honorifique. Quoi qu'il en soit, le père de Sagamore faisait partie des hommes-sages, détenteurs de secrets ancestraux et de ce talent prémonitoire qui consiste à déceler puis à révéler ce qui est invisible aux yeux du commun des mortels. Sagamore prétendait avoir reçu lui-même ce don du ciel et des étoiles.

Frère Théophane se montrait subjugué par cette approche qu'il percevait sous un jour mystique, tant Sagamore traduisait à sa manière la quête d'une beauté qui n'est pas de ce monde.

Sagamore racontait comme un fait d'arme familial, les exploits de son père. C'était un héros d'un genre particulier, par ce don qu'il avait de faire prospérer la vie. Non par l'exercice de la volonté ou l'affirmation de la force, mais tout au contraire par la docilité aux lois de la nature, par l'acceptation des rythmes, des saisons et des mystères. Cette nature sauvage, il convenait moins de la soumettre que de l'apprivoiser. Son père appliquait son art à dompter les élans, les âpretés, les alternances chaleureuses et farouches, généreuses et traîtres suivant les caprices qui se tramaient sur la terre comme au ciel. Surtout, il cherchait à aimer ces forces telluriques. « Plus aimer pour mieux comprendre » : voilà en peu de mots – et son père parlait peu – la devise de ce qui constitua le royaume de son enfance.

Tel était l'héritage vivant de Sagamore : dès l'enfance, il s'était vu transmettre les secrets de la vie. Il n'avait pas encore l'âge de raison quand son père lui enseigna, à la manière d'un rite de passage, « les morts fécondes ». Il l'emmenait dans les campagnes en hibernation et lui disait qu'à l'heure où tout le monde croit la saison morte, celle-ci prépare déjà les floraisons futures. Il l'obligeait parfois à ne rien faire pour lui donner d'éprouver à quel point les temps morts sont nécessaires afin que s'accomplissent aussi en nous des élan régénérés et de nouvelles naissances. Sagamore avait appris à savourer sans parole *l'heure de silence*, ce moment fugitif qui n'appartient plus au monde du jour et pas encore au monde de la nuit, cet entre-deux propice à la réconciliation des deux grands désirs de l'être : l'action et la méditation.

Après avoir été habitué au monde des ruisseaux et des sources, puis au grand bain céleste aux milliards d'étoiles tel qu'on peut s'y plonger dans les immensités sahariennes, après avoir ouvert son regard au grand large de la mer, pleine d'émeraude et de soleil, puis découvert par avion une autre mer, celle des nuages, découvrant çà et là des sommets de montagnes émergeant comme d'improbables îlots, Sagamore avait rencontré l'agitation bourdonnante de la grande ville.

Il avait troqué les vastes horizons pour le regard d'en face, et il s'en trouvait bien. C'était, pour lui, dans le bel ordre des choses. Ce n'étaient plus des paysages dont son regard avait faim, mais des visages. Il voulait trouver le soleil qui, au cœur des vies d'hommes, s'appelle le bonheur. Et cette immense distance qu'il avait éprouvée dans son dialogue avec l'infini, il entendait la marier dans une joie sans mélange avec une intense proximité dans sa quête de ferveur fraternelle. Il savait que lorsqu'on parle avec affection des autres, c'est toujours en songeant à quelques-uns, ces inconnus qui nous sont si proches dès l'instant où ils entrent dans le champ de perception de notre vie.

Il aimait ce moment délicieusement transitoire où un presque-inconnu devient un presque-ami, ou le tout autre devient tout à fait hôte. C'est ce qu'il avait ressenti avec Joy, quand elle sollicita instamment sa déclaration d'amitié, avec ce délicieux empressement enfantin doublé de malice triomphante. Dans ces circonstances, l'autre est pareil à un mot que l'on prétend avoir “sur le bout de la langue” : il est un être que l'on jurerait connaître avant même de savoir le nommer. On le découvre tout en ayant le sentiment de l'avoir déjà rencontré. Noces magnifiques de l'intense proximité et de l'immense distance, prélude des grands sentiments amoureux et des amitiés inaltérables ! Frère Théophane écoutait les paroles de Sagamore avec le même air extatique que s'il décryptait les subtils messages d'un ange. Une phrase de Saint Augustin lui traversa l'esprit : « Dieu est plus intime à moi-même que moi-même ».

Mais Sagamore exprimait une idée un tantinet différente, qui signifiait en quelque sorte : le plus court chemin de moi-même à moi-même passe par l'autre.

La rencontre, insistait Sagamore. Tout, dans la vie, est rencontre. C'est la rencontre qui modifie imperceptiblement la perception que nous avons du monde qui nous entoure, c'est elle qui nous révéle à nous-même, qui nous conduit sur un chemin que nous ne connaissions pas, ou que nous n'aurions pas abordé de notre plein gré, ou auquel nous n'aurions pas porté véritablement attention. Par la grâce d'une rencontre, nous découvrons que nous sommes en chemin, disposés à marcher sans savoir pour quoi ni vers où. Notre esprit chemine lui aussi, nous découvrons de nouvelles perspectives au rythme conjugué de nos pensées et de nos pas. Et peu à peu, chemin faisant, s'ouvrent à nous de nouvelles perspectives, des horizons insoupçonnés, des lumières inattendues. Notre pas n'est plus le même, notre élan a changé. La rencontre a fait fleurir des vergers en nous, a réveillé une eau vive, des sources cachées et des chants de printemps. Vient la saison où nous portons des fruits, où notre vie trouve à la fois sa saveur, sa lumière et son sens. Où notre destin coule de source. Tout cela par la grâce fragile d'une rencontre.

Et si la rencontre, nous oublions de l'accueillir, de la cueillir, eh bien c'est comme si nous perdions l'itinéraire, comme si, arrivé au carrefour, nous avions manqué le chemin.

Ce chemin mène au puits dans le désert, mais nous ne le savions pas ; nous voulions être sûrs avant de nous engager.

Ce chemin mène au point de vue sublime, mais nous n'y croyions pas : nous ne voyions que la boue des ornières et les ronces qui en constituaient le préambule peu engageant.

Ce chemin est un mot tout simple, tout vrai, mais nous cherchions le mot sophistiqué qui nous éloigne, sans qu'on le sache, des vérités tranquilles ; nous devrions chercher des rimes simples pour exprimer le poème de notre vie, mais c'est le ridicule de l'emphase qui nous gagne – ou plutôt qui nous perd. Nous n'en faisons qu'à notre tête, alors qu'il faudrait n'en faire que selon son cœur.

En réalité, Sagamore n'avait qu'une musique au cœur : se sentir "relié". Relié au monde, aux autres, à une puissance supérieure qu'il n'aurait su nommer et qu'il appelait volontiers l'Inconnaissable. En contemplant, au sortir des songes, ces aubes nouvelles gorgées de promesses et d'énergies revivifiées par la grande trêve de la nuit, il ressentait une claire présence, comme s'il était attendu à un rendez-vous. L'inspiration qu'il avait eue de quitter son pays et les siens était la réponse à un appel aussi impérieux que celui qui avait décidé de la vocation de Frère Théophane. Il lui fallait abandonner pour reconquérir, se dépouiller pour devenir plus riche, faire le vide pour s'ouvrir à une plénitude. Et une petite voix intérieure lui soufflait : « Chaque jour que Dieu fait, tu as la possibilité de réaliser ce qui, la veille, n'était encore qu'un rêve. Que cette conscience t'accompagne en tout temps et en tout lieu ».

C'est tout cela que ce soir, Sagamore livrait avec une fougue juvénile, allumant dans le regard de ses auditeurs la petite flamme dansante de la nostalgie. Chose étrange : à force de raconter sa petite vie de tous les jours, Sagamore découvrait en lui des territoires ignorés. Les mots qui venaient à sa bouche projetaient une lumière nouvelle sur une réalité familière. Il éprouvait le désir de dire merci à ceux qui, par l'intensité de leur écoute, lui permettaient d'approfondir son propre mystère.

Joy s'était endormie dans les bras de Tommaso comme une grande poupée abandonnée. Tommaso caressait ses tempes avec une application affectueuse. Le lien entre ces deux êtres était si fort que Sagamore ne put s'empêcher de penser que Joy était peut-être la fille du bel Italien. Mais jamais il n'osa affleurer ces questions, comme si tout cela devait rester dans le secret des cœurs, dans l'élégance d'un silence qui en dit plus long que les mots.

Précisément. Après que Sagamore se fut raconté, un grand silence se fit, dans lequel on décelait non pas une gêne, mais une délicatesse. Sagamore ne put en apprécier toute la portée, parce qu'il ignorait que dans les salons des grandes villes, ce silence, par son intensité et sa clarté, comme dans la qualité d'attention qu'il suscitait, était aussi rare que l'air pur des altitudes.

— Frère, donne-moi une parole ! dit Tommaso en gardant les yeux dans le vague, l'esprit engourdi par une écoute trop assidue.

Était-ce un jeu entre eux ? Frère Théophane savait que cette demande lui était destinée. Il resta accoudé à son fauteuil, la bouche collée sur ses deux mains jointes en forme de prière. Il ne répondit rien. Il laissa passer l'ange, et enfin d'une voix légèrement altérée, réfrénée par le silence, déclara un proverbe du Livre saint :

— La route des justes est comme la lumière de l'aube, dont l'éclat grandit jusqu'au plein jour.

Chacun se leva, et quitta la pièce après avoir effectué une légère courbette.

Sagamore offrit sa prévenance spontanée à Tommaso pour l'aider à se lever avec son précieux fardeau dans les bras. Joy dormait profondément. Tommaso eut un grand sourire triste qui surprit Sagamore :

— Trrrès précieuse… et très très fragile ! murmura-t-il

Tommaso déposa la petite sur le divan,

comme il aurait déposé un bijou dans son écrin. Avec une infinie tendresse, il aida le petit corps abandonné à modeler une posture qui s'accordât à son bien-être, puis ajusta sous le menton de la petite une couverture que venait de lui tendre Mamika. Sagamore, en jetant un coup de menton vers la fenêtre qui donnait sur le grand arbre où il avait primitivement élu domicile, fit comprendre à la maîtresse de maison qu'il voulait enfouir ses rêves dans la frondaison du marronnier et sous l'obscure clarté des étoiles. Mamika s'approcha de lui avec une sorte de béatitude, caressa d'un geste rond sa joue et son menton et murmura :

— Souvenez-vous que vous êtes ici chez vous, au même titre que vous êtes chez vous sous les étoiles !

Sagamore se prit à son tour à faire une courbette, la main sur le cœur, pour prendre congé. Puis il s'éloigna. Dans le corridor, juste en face de la porte d'entrée, Théophane s'appliquait à décorer un petit tableau noir en écrivant à la craie, dans une belle écriture cursive :

Il n'est pas de plus grand amour

Sagamore ne voulut pas le déranger par sa présence. Bien qu'il brûlât de connaître la fin de la phrase, il n'osa pas s'attarder et dit dans un souffle :

— Bonne nuit, Frère !

— Paix royale à toi, frère ! Que la nuit te soit sereine et que tes rêves soient beaux ! répondit doucement Théophane en finissant de former avec une application d'écolier les pleins et les déliés du mot “amour”.

Ce tutoiement inopiné confirma Sagamore dans l'idée qu'un lien venait d'être établi dans l'intimité de l'esprit.

Sagamore descendit l'escalier, fit un brin de toilette à la fontaine, avant de grimper dans son arbre par le muret de pierre. La nuit était douce et tiède, les feuilles du marronnier se découpaient dans un ciel d'un bleu profond. Sagamore s'allongea et s'étira dans son hamac. C'était sa manière à lui d'accueillir la grande trêve et les grands rêves de la nuit, et c'est pourquoi il aimait tant être en contact direct avec la Voie Lactée. Il lui suffisait d'étendre la main pour toucher symboliquement le ciel, comme il suffit à d'autres, pour se sentir aimés, d'effleurer l'épaule de l'âme sœur. « Un être est chargé d'histoires comme un arbre est chargé de branches » se dit-il en étirant sa main vers une poignée d'étoiles. Des larmes gonflaient ses paupières, et il connaissait bien ce sentiment, à la fois imprévisible et familier. Une houle d'émotion se soulevait en lui. Après avoir reçu en son for intérieur ces invités de marque que sont la beauté d'un sourire de connivence, la vérité d'une parole ou d'un silence, la petite lueur de mélancolie au coin d'un regard, ou l'infime élan de tendresse saisi juste à temps dans sa fraîcheur inaugurale, il lui arrivait d'être terrassé par le désir impérieux et fou d'aimer le monde entier. Il sentit descendre sur lui une grande paix intérieure alors qu'il se remémorait les événements de sa journée, les rencontres inoubliables, les émotions vives et surtout ce théâtre d'ombres qui venait de ponctuer la soirée, chacun rejoignant le silence et la grande et douce solitude de la nuit.

Au-delà de la communication est la communion, cet après-silence qui relie les êtres mieux que ne saurait le faire aucun *Je t'aime*.

« Il n'est pas de plus grand amour... » : comment donc le moine allait-il terminer cet élan tout frémissant d'ardeur et d'exigence ? Et avec l'expression de quel idéal, lui Sagamore, aurait-il complété cette vertigineuse proposition ? Le plus grand amour, c'est quoi au juste ? Est-ce que cela peut être aussi vaste que cette nuit étoilée dans laquelle on désirerait presque se dissoudre ? Est-ce que cela peut être aussi émouvant que ces millions d'étoiles qui, depuis la nuit des temps, veillent sur nos nuits et qui nous émerveillent – ces petites veilleuses d'éternité qui ne cessent de briller même quand on ne les regarde pas ?

C'était l'heure où la veille rejoint le lendemain, où chacun se cède la politesse et n'arrive pas à décider qui passera le premier. C'était l'heure où les derniers fêtards continuaient à discuter sur le trottoir, bien après s'être dit au revoir. C'était l'heure où une petite fille fragile confiait sa collection de sourires aux anges du sommeil. L'heure aussi où Sagamore sortait de sa propre collection une pièce unique et rare, le sourire de sa bien-aimée – Aurore la bien-nommée, comme le signe précurseur du lendemain-qui-chante. C'était l'heure où la terre semble dire à chaque homme : ne me quitte pas, je me sens tellement plus belle quand tu es là !

7.

Les « trésorisations » de Joy

Sagamore comprit peu à peu à quoi ressemblait le petit monde de Joy. Quelques mots saisis çà et là traduisaient assez cette manière bien à elle d'inventer des rituels à tout bout de champ. Ainsi avait-elle remplacé le routinier "Bonjour" par cette salutation aux accents à la fois désuets et pour ainsi dire victorieux : "Paix royale !" – à la manière d'un pacte chevaleresque. Frère Théophane s'était emparé de la plaisante formule, comme s'il se fut agi d'une salutation des premiers apôtres. Dans le petit cercle de la cour de Rohan, Joy était fournisseur officiel des gourmandises de l'esprit et des bons mots du cœur.

Les formules superlatives étaient à l'image de sa vie, qu'elle ne concevait pas autrement que d'un cœur émerveillé. Elle faisait feu de toute joie. Et disait, avec une lumineuse simplicité : « L'amour est comme un feu. Il faut le nourrir si l'on ne veut pas qu'il s'éteigne ». C'était son grand talent : savoir que notre monde, celui qui nous est familier, est immense et extraordinaire. Dégorgeant de signes comme les talus dégorgent de primevères au printemps. Dans l'une de ces délicieuses approximations dont l'enfance a l'audace et le génie, elle disait passer son temps à « trésoriser ». De fait, des trésors, elle en emmagasinait beaucoup, au point de créer un inventaire éclectique constitué de rencontres, d'instants précieux, de connivences avec la Providence, de messages captés dans la Maison du silence-qui-parle, d'une plume de tourterelle et d'un galet dédicacé pour passer de Terre à Ciel. Frère Théophane rivalisait parfois avec cette enfant dans un ping-pong mystique saisissant, tant ces deux êtres, si différents en âge, en condition et en apparence physique, semblaient partager un même privilège dans la compréhension des choses de l'invisible. L'un par sa science, l'autre par son innocence. Et le jeu n'était pas toujours gagné par le plus expérimenté, tant il est vrai que parfois le cœur devine intuitivement ce que l'esprit met du temps à trouver.

Précisément, c'est la science de Frère Théophane qui attendait Sagamore au pied de son arbre ce matin-là, alors que les cloches de Saint-Germain sonnaient l'angélus du matin.

— Paix royale ! souffla le religieux comme si, par un mot de passe convenu, il annonçait clandestinement sa présence à un maquisard camouflé dans son repaire.

Sagamore s'ébroua, fit tanguer son hamac et découvrit en se penchant la face joviale de Frère Théophane qui lui fit un salut fraternel de la main. Le sommeil avait retenu Sagamore avec une telle insistance persuasive que le ciel était passé du bleu nuit au bleu jour sans qu'il s'en aperçoive. Une fois sur terre, Sagamore répondit au code de connivence :

— Paix royale à toi, Frère Théophane !

Celui-ci posa une main chaleureuse sur l'épaule de l'homme-qui-dormait-dans-les-arbres.

— La nuit fut-elle réparatrice, Frère Sagamore ?

— Répar… Je ne comprends pas…

— C'est une expression ! On répare bien les pneus des bicyclettes, alors pourquoi pas aussi les fatigues de la journée ! Il y a toujours quelque chose en soi à restaurer, ne crois-tu pas ? c'est pour ça que le bon Dieu a été bien inspiré d'inventer la nuit, et le sommeil et les songes qui l'accompagnent. Justement, j'ai rêvé de ton pays, que je ne connais pas. C'est le pouvoir des rêves d'inventer des histoires et des géographies intérieures ! Je me dis que si tout chez toi est tel que tu l'as rapporté, eh bien tu risques d'être déçu en arrivant au paradis ! De fait, j'ai été très touché par ce que tu as raconté hier soir. Et je voulais te proposer de faire un bout de chemin avec moi ce matin. Si le cœur t'en dit.

Sagamore se débarbouilla à la fontaine, avant de passer le porche et de rejoindre le moine avec lequel il s'éloigna sur le boulevard Saint-Germain.

— Vois-tu, reprit Théophane, ceux qui m'intéressent – et tu en fais partie – sont ceux-là même qui s'intéressent au précieux de la vie, à ce que la vie a d'unique, de fragile et d'irremplaçable.

— C'est exactement ce qu'elle est, la vie, non ? Unique, fragile et irremplaçable…

— Encore faut-il en avoir conscience ! Dans ce monde, les vérités simples passent tellement inaperçues ! Mais toi, tu as un cœur pur. Tu ne peux pas le cacher, ça se lit dans ton regard. Il s'étonne de tout, alors que ça fait belle lurette que les gens d'ici ne s'étonnent plus de rien. Joy a certainement des affinités avec toi : elle est capable de s'accroupir et de tendre une main délicate pour caresser un reflet de lune dans une flaque d'eau. Exactement comme d'autres caressent un rêve. Sauf que là, c'est pour de vrai.

« En fait, les gens sont divisés en eux-mêmes parce qu'ils vivent en contradiction, tiraillés qu'ils sont entre des vérités contraires. L'équilibre, on ne peut l'atteindre que si l'on respecte la loi du juste milieu. *In medio est veritas !*

« Ainsi, par exemple, il y en a qui disent : c'est important de ne pas se laisser déborder par ses sentiments. Et ils ont raison. Mais ils ont tort aussi. D'autres disent : c'est important de ne pas se laisser trop mener par le raisonnement. Et ils ont tort. Mais ils ont raison aussi. En réalité, nous sommes des êtres à la fois d'émotion et d'intelligence ; il y a en nous du mental et du sentimental. Pourquoi vouloir renier notre nature ? Le grand art de vivre consiste à prendre le meilleur des deux mondes, à réconcilier la tête et le cœur, à les faire s'exprimer l'un après l'autre avec une attention égale et dans un respect réciproque.

« C'est drôle, vois-tu, la prière du cœur m'a livré cette drôle d'image. *Raisonner* s'écrit aussi de cette manière : *résonner*. Ainsi, lorsque nous réagissons, c'est sur ces deux registres : le raisonnement et la résonance. Et pourtant, chaque registre correspond à une réalité bien différente : le raisonnement correspond aux liens de l'esprit ; la résonance correspond aux liens du cœur. Et les deux s'entremêlent parfois. Du reste, on a besoin de l'un et de l'autre, alternativement : l'efficacité démonstrative et la vigueur secrète des puissances d'éveil. L'avantage, avec Joy, c'est qu'elle parle couramment les deux langues : celle de l'esprit et celle du cœur. Et cela donne ce langage irrésistible qui mêle beaucoup d'enfance à beaucoup de bon sens. Elle raisonne énormément, et elle résonne tout autant ! Au bout du compte, elle arrive à réaliser ce qu'un moine met toute une vie à atteindre : ce n'est pas elle qui prie, c'est Dieu qui prie en elle. Elle se laisse éclairer de l'intérieur. Et je peux t'assurer qu'ainsi, elle a la lumière à tous les étages : corps, âme, esprit…

— Tu crois que c'est parce qu'elle est encore en enfance ?

— Probable. C'est toujours l'enfance qui est le point source. Je veux dire la source vive, la source pure. Et lorsqu'on s'enquiert de remonter aux sources, c'est toujours le pays de l'enfance sur lequel on débouche. L'Enfance est ce qui est le plus neuf, puisque c'est toujours ce qui précède tout ce que nous accomplissons dans notre vie. Mais ce n'est pas uniquement l'enfance qui définit Joy ; elle a un génie bicn à elle, une sorte d'intuition surnaturelle qui la place toujours dans le tempo juste.

— Le juste équilibre, c'est cela ? Comme celui qu'on trouve quand on écoute les mots du dedans ? demanda Sagamore.

— Ah ! Je m'y attendais ! Joy t'a déjà parlé de la *lectio divina,* je parie ! Et l'as-tu déjà éprouvée ?

— J'aime bien aller là-bas, dans la Maison du silence-qui-parle. Il se passe des choses alors qu'il ne se passe rien ! C'est un silence que je goûte comme une conversation intérieure, mais en présence de quelqu'un d'autre que moi. Comme si j'étais habité. C'est étrange : il m'arrive de ne pas très bien comprendre ce qui se passe en moi.

— Rassure-toi : rien que de très normal. Saint Augustin a résolu cette énigme en disant que Dieu est plus intime à nous-même que nous-même. Il n'y a que dans le silence que l'on découvre des choses pareilles ! L'intelligence doit savoir abdiquer devant le mystère. Il faut accepter que des portes soient fermées à notre compréhension. Il importe souvent moins de comprendre que de croire, c'est-à-dire de persévérer dans ce bienheureux élan de la foi qui se passe de preuve et d'intention. Tous les chemins de la pensée profonde mènent à la grande solitude intérieure. Il faut la chercher, cette heure de silence, où l'on se retrouve avec soi-même dans l'intimité de Dieu. Il faut la creuser comme on creuse le désir, comme on creuse un puits pour libérer la source vive qui sourd dans les profondeurs. Il faut se rafraîchir à ce puits de sens qui libère la parole rafraîchissante, et la douceur des rêves et l'affectueuse présence de l'espérance. C'est très bon pour développer l'esprit de discernement.

— C'est quoi, le discernement ?

— L'art d'être attentif et de se gouverner ! Du reste, c'est beaucoup plus qu'un art : c'est un don divin !

Frère Théophane entra dans une boulangerie et ressortit avec un sachet de viennoiseries au fumet irrésistible. Les deux compères cheminaient à présent au bord de la Seine et firent halte sur le pont des Arts pour contempler la cathédrale Notre-Dame de Paris :

— De ma vie, s'exclama Sagamore, je n'ai vu navire de pierre aussi majestueux !

— Goûte-moi ces croissants ! Et dis-moi si, de ta vie, tu en as goûtés d'aussi délicieux ! C'est mon péché mignon à moi, quand je viens à Paris !

Sagamore savoura, et traduit son appréciation d'un geste de la main qui partait de la bouche et s'ouvrait vers le ciel, manière explicite de traduire un délice gustatif. Le moine et l'étranger restèrent un moment silencieux à contempler les lumières du matin sur la grande ville dont la rumeur de l'activisme commençait à enfler.

— Mon ami, dit Théophane, en voyant la ville qui s'éveille à cette journée, qui s'agite et s'active, je pense au nombre de mots chaque jour échangés sur cette terre des hommes, à ces milliards de phrases disséminées partout.

« Et je ne peux m'empêcher de penser, parmi tous ces mots, quels sont ceux qui vont à l'amour, à la charité, à la construction d'un monde meilleur. Là aussi, il faudrait réconcilier…

— Quoi ?

— Il faudrait réconcilier l'action et la méditation. Ils vont si bien ensemble ! Seulement voilà, l'étrange cœur des hommes a voulu en faire des frères ennemis. C'est sempiternellement la même histoire : le monde conspire toujours à séparer ce qui est uni. Ainsi, le suspense est souvent lié au monde de l'action. Or, il serait tellement profitable de l'associer au monde de la méditation ! Faire que l'esprit soit toujours en suspens face aux grandes questions de l'existence. Faire que notre vie connaisse ce merveilleux vertige de l'oraison, de l'intériorité en éveil. Ce serait délaisser les vanités de l'activisme pour aborder une humble éthique de l'efficace. Une action que tu accomplis de tout ton cœur, c'est comme une prière en mouvement. C'est une "méditaction", comme dit Joy. En actes et en vérité.

« Eh bien, mon ami, je te propose de reprendre cette conversation une autre fois. La grande solitude intérieure m'attend, et ma mission aussi ! Bonne et heureuse journée !

— Attends, Frère Théophane !.. Donne-moi une parole !

Frère Théophane esquissa un léger sourire et dévisagea avec une profonde bienveillance le jeune étranger qui avait élu domicile dans un arbre. Fallait-il que ce Sagamore ait soif de rencontres vraies et d'actes fondateurs pour respecter à la lettre tous ces codes de connivence qui entouraient le petit monde de Joy ! Combien le précieux de la vie était à défendre, dans le caractère unique, fragile et irremplaçable des rencontres ! Ils se connaissaient à peine, et déjà Théophane confiait à ce presque inconnu des années d'amitié ! Le moine se prit à penser que quatre-vingt six mille quatre cents secondes plus tôt, c'est-à-dire la veille à la même heure, il n'était rien dans l'existence de Sagamore. Et à présent, ce dernier était suspendu à ses lèvres, dans l'attente d'une parole de vie qui soit comme une délivrance. Ainsi qu'il en avait pris l'habitude, au lieu de répondre, Frère Théophane se laissa déborder par la Parole rafraîchissante, qui parvint au bord de ses lèvres comme un bégaiement prophétique :

— Effata* !

Sagamore crut saisir le mot « fête », mais il n'en était pas si sûr. Il n'osa pas faire répéter ce qui avait été dit presque clandestinement, à la manière d'un mot de passe qui, à l'instar de celui que lui avait confié Mamika, n'était probablement pas destiné à être propagé dans tout

Paris. Dieu merci, le moine perçut la mine décontenancée de son interlocuteur. Alors, il eut recours au même geste que celui qu'avait utilisé Sagamore quelques minutes plus tôt pour exprimer la succulence, en rassemblant ses doigts près de sa bouche puis en ouvrant la main vivement vers le ciel comme s'il jetait en l'air des pétales de roses.

— Ouvre tous tes sens, ouvre-toi à la Grâce ! Et n'oublie jamais que la lumière du soleil est aussi neuve ce matin qu'à la première aube du monde.

Presque étonné lui-même par ses propres paroles, Frère Théophane s'éloigna sans s'attarder, avec cette naturelle docilité que consentent les contemplatifs à l'égard des volontés du ciel.

---

*Effata (ou Ephphatha) : mot d'origine araméenne traduit par « Ouvre-toi ! » à l'adresse des lecteurs grecs de l'Évangile et passé dans la liturgie du baptême. Mot adressé par Jésus au sourd-bègue d'après Mc 7,34 : *« Il lui dit "Ephphatha", c'est-à-dire : "Ouvre-toi". Et ses oreilles s'ouvrirent et aussitôt le lien de sa langue se dénoua et il parlait correctement. »* Cette parabole nous convie à entendre et à parler avec le cœur, à délivrer une vérité intérieure emprisonnée par l'égocentrisme, le manque d'attention, ou le bavardage sans fin qui laisse muette la voix de l'esprit.

8.

Il n'est pas de plus grand amour…

Au petit déjeuner, Mamika fouilla du regard le grand marronnier pour tenter d'y apercevoir ce drôle d'oiseau migrateur apprivoisé par Joy, sans se douter le moins du monde qu'en cette heure matinale, il avait déjà fait un bon bout de chemin en compagnie de Frère Théophane.

— Sagamore ! soupira-t-elle rêveusement. Voilà un être attachant et très singulier. Au fait, nous n'avons même pas pensé à lui demander de quel pays il vient…

— Moi, je sais ! s'exclama Joy

— Ah bon ! Et d'où vient-il donc ?

— Il vient du pays de l'enfance !

Pour l'heure, Sagamore avait la tête toute bourdonnante de questions. Étaient-ce à proprement parler des interrogations venues de l'enfance ? Peut-être les grandes questions de l'existence se posent-elles à nous dès le tout début de notre vie, et nous rejoignent-elles, plus tard, sous la forme d'événements épisodiques dont nous peinons à reconnaître le sens. Il était en tout cas une certitude, c'est que Sagamore avait mis peu de temps à accéder à une place de choix dans le cœur de Joy. Celle-ci avait confié à Mamika cette exquise preuve de confiance : « Si je me perds et que quelqu'un me retrouve, j'aimerais bien que ce soit lui ! »

Sagamore aurait volontiers poursuivi sa conversation avec Frère Théophane. Le verbe de cet homme était à l'image de son physique : bien enraciné. Ce qu'il donnait à percevoir était bel et bon, et son regard ouvrait des perspectives larges et altières. De quoi faisait-il donc métier, cet homme qui semblait en dehors du monde et du temps, et qui n'avait de cesse d'abolir distances et frontières en s'obstinant à réunir l'inconciliable : l'instant et l'éternité, la méditation et l'action, le raisonnement et la résonance. Pourquoi pas la vie et la mort, pendant qu'on y était ! Pourquoi pas, en effet ? Sagamore se promit d'interroger Frère Théophane à ce sujet dès que l'occasion lui en serait donnée.

Dans le miroir de sa mémoire se refléta soudain ce début de phrase que Théophane avait posé à la craie sur le tableau noir : « Il n'est pas de plus grand amour… » Sagamore regrettait de s'être esquivé trop tôt, laissant ainsi la vérité de cette phrase en suspens. De fait, il s'agissait d'un vrai suspense méditatif, de ceux dont Théophane disait avec des airs d'herboriste médiéval, qu'ils étaient propices à la vigueur du discernement, à la hardiesse du corps et à l'ardeur de l'âme.

Sagamore essaya plusieurs solutions au rébus du « plus grand amour ». Il n'est pas de plus grand amour que de partir au bout du monde pour l'amour des siens… Il n'est pas de plus grand amour que de se laisser conduire vers une lumière que nous ne connaissons pas… Il n'est pas de plus grand amour que de chercher le chemin qui mène au puits…

Sagamore était tellement absorbé dans ses pensées qu'il se fit bousculer à plusieurs reprises, sans pour autant que son esprit ne change de cap.

— Vous n'pouvez pas faire attention ! lui lança un passant.

Sagamore releva la tête, percuté par cette

apostrophe dont il apprécia illico la pertinence. En effet, y a-t-il plus grand amour que de porter une attention constante à tous ceux qui nous entourent ? Assurément, l'homme qui l'avait ainsi interpellé, dissimulé dans l'anonymat de la foule, devait être un sage pourvu du don divin du discernement.

— Grand merci ! lança-t-il au mystérieux messager qui l'avait rappelé avec une juste vivacité à ce devoir de conscience : faire attention, c'est-à-dire être aux aguets, s'exercer à la vigilance de l'esprit tout autant qu'à la délicatesse du cœur. En un mot : veiller.

L'homme, un tantinet surpris par cette gratitude inattendue, se retourna pour clôturer l'incident d'un vague signe de la main, que Sagamore prit pour un salut fraternel ou, peut-être, un encouragement à persévérer sur la voie de la sagesse, quitte à continuer à se faire bousculer. Revigoré par ces indices nés du hasard de la marche et de la rencontre fortuite, Sagamore poursuivit ses spéculations spirituelles de plus belle :

Il n'est pas de plus grand amour que de réconcilier ce qui est séparé, de se rapprocher de son prochain, d'apprendre à pardonner ou à dire merci…

Combien étaient nombreuses les occasions d'exprimer de l'amour ! Oui, mais le tout grand amour, celui qui n'existe que dans la plénitude du don, comment le signifier ? Quelles lettres Frère Théophane, l'autre soir, pouvait bien s'apprêter à composer sur le petit tableau noir, en soignant les pleins et les déliés ? Songeant à Joy et à ce qu'elle disait des statues dans la Maison du silence-qui-parle, Sagamore finit par se satisfaire de cette définition : « Il n'est pas de plus grand amour que de s'ouvrir au monde pour que le monde s'ouvre ».

Sagamore se promena dans Paris sans autre but que d'apprendre à accorder son regard à tout ce qui était digne d'attention. Il y avait tant de captivants détails fixes ou en mouvement ! Il marcha tant et si bien qu'il s'avisa à un moment de prendre le métro pour rallier le quartier Latin.

Il en était là de ses pensées en attendant le métro quand lui apparut sur le quai d'en face, en vis-à-vis de lui, une femme tenant devant elle un cabas de jute portant la mention « Au Petit Bonheur ». Elle se trouvait si précisément dans l'axe de son regard et semblait porter le sac de façon si ostentatoire dans sa direction que Sagamore, sensible aux signes, prit le message pour un panneau indicateur. Il voulut suivre cette femme pour savoir où menait ce petit bonheur, et entreprit de changer de quai en s'engouffrant à toute vitesse dans l'escalier souterrain. Mais à peine émergea-t-il sur le quai d'en face, que le convoi fermait ses portes et effaçait définitivement toute trace de petit bonheur. Un peu décontenancé, Sagamore se dit qu'il fallait peut-être commencer ainsi, par des petits bonheurs fugaces, comme à l'école, avant de passer dans la classe supérieure et de prétendre maîtriser le grand bonheur qui dure.

Quand il arriva aux abords de son cher marronnier, Sagamore découvrit Joy à plat ventre dans la cour, sur sa marelle aux traits effacés où l'on devinait encore vaguement une trace de : PARADIS. Et elle s'amusait avec ce que Sagamore prit d'abord pour deux morceaux de réglisse.

— Paix royale, Sagamore !

— Paix royale à toi, Joy ! À quoi joues-tu donc ?

— Aux aimants ! C'est intéressant tout ce qui se passe avec : ils s'embrassent, ils se repoussent, ils s'attirent encore ! Regarde !

Joy s'amusait à démontrer à Sagamore que le

même aimant, selon la manière dont il est tourné, peut repousser l'autre très vivement ou, au contraire l'attirer irrésistiblement. Elle en tirait d'édifiantes conclusions sur les relations humaines, en prétendant que tout dépend de la manière dont nous sommes tournés. Elle appliquait cette même théorie expérimentale aux événements : « Soit tu les repousses, soit tu les attires… »

Sagamore s'étonnait de la perspicacité de cette gamine qui passait son temps en spéculations métaphysiques. Joy avait découvert que ce champ magnétique qui s'applique aux choses de la matière s'appliquait tout aussi pertinemment aux choses de l'esprit et que tout comme l'aimant attire le fer, nous avions nous aussi la capacité d'être assez *aimants* pour attirer naturellement tout ce que nous approchons… pour peu que nous soyons bien tournés !

— Au bout d'un moment, tu as beaucoup d'amour qui s'est engouffré à l'intérieur de toi comme un grand souffle revigorant, sans que tu t'en rendes compte. Tu te sens tout neuf. Et comme ton regard change, eh bien naturellement, le monde autour de toi change aussi. La Providence te fait les yeux doux, le bonheur te chuchote : « Psitt ! Par ici… » La vie est belle, resplendissante, même si on te marche sur les pieds dans le métro ou que l'on te bouscule dans la rue en te houspillant avec des vous-n'pouvez-pas-regarder-devant-vous ? Tu n'attires que de bonnes choses. Irrésistiblement. Les mauvaises choses, tu les croises comme tout le monde, mais elles passent leur chemin sans t'effleurer.

— C'est intéressant, ça !

— Bien sûr que c'est intéressant ! Tiens, avec Théophane, peut-être même qu'un jour on va être dans le dictionnaire ! On a découvert un sacré phénomène ! Lui, pour faire savant, il appelle ça la double loi de gravitation mystique : primo, à force d'aspirer au bien, on finit par être aspiré par le bien. Deuzio, à force d'être aimant, on finit par aimanter l'amour.

« C'est aussi simple que le phénomène de pesanteur, sauf que là où ça se complique, c'est que ça dépend des hommes, je veux dire des uns et des autres – et pas seulement de toi et de moi, mais de l'humanité entière. Ce qui représente pas mal de monde à réconcilier, tu ne crois pas ? C'est pour ça que pour le bon Dieu, la pesanteur c'est garanti pour les siècles des siècles, tandis que la paix entre les hommes, c'est une autre histoire…

— Je peux te poser une question ?

— Encore ! Mais c'est une manie ! Tu me prends pour une maîtresse d'école, ou quoi ?

— Pourquoi dis-tu « Bonne et heureuse journée ! » quand on se quitte ? Tu dis cela comme on souhaite une bonne année…

— Parce que c'est tout pareil !

— ?…

— Un an et un jour, c'est égal ! C'est même écrit dans la Bible, tu sais le grand livre sacré : « Mille ans sont comme un jour » !

— Alors ça voudrait dire qu'on se connaît depuis un sacré bout de temps ! fit Sagamore en hochant la tête pensivement, quelque peu impressionné par la certitude démonstrative de la petite.

— Une petite éternité, environ. Ça t'étonne ? Moi, je connais Jésus-Christ le Magnifique depuis au moins cent mille ans !

— J'aimerais bien le connaître, moi aussi. Comment faut-il faire ?

— D'abord, apprendre à prier ! Mais pas dans le style « je vous en prie », politesse et chichis.

— Dans quel style, alors ? demanda Sagamore, intrigué.

— Le style où tu n'dis rien, tu rends ta maison intérieure toute simple et accueillante et tu te laisses visiter. Maintenant, si tu veux vraiment te glisser dans la prière par la porte étroite, il faut commencer par cultiver l'Espervérance !

— L'Espervérance ? De quel genre de fleur s'agit-il ?

— Oh ! d'une fleur très rare, plus rare encore que l'edelweiss en montagne ! Elle pousse vraiment à très haute altitude, quand tu respires à fond : c'est la persévérance dans l'espérance. La manière d'accepter les choses sans jamais se décourager, d'éduquer son regard à voir de la lumière même là où on croit qu'il n'y en a plus. Après, Frère Théophane le dit bien dans sa prière, « malgré les fluctuations de ce monde, nos cœurs restent tournés là où se trouvent les vraies joies ». Comme des tournesols, on se penche naturellement vers la lumière. Au bout d'un moment, tu finis par te fondre en Dieu, c'est la divinescence !

— La quoi ?

— Cherche pas dans le dictionnaire, c'est moi qui invente ! La *divinescence*, c'est l'incandescence des choses divines, c'est le feu de Dieu, si tu préfères. Plus tu brûles d'espérance, plus tu ressens la chaleur du feu. Alors ça te dit, de cultiver l'Espervérance ?

— J'aimerais bien, mais je ne suis pas sûr d'être un très bon jardinier !

— Il faut commencer par semer des mots-graines à faire fleurir. C'est simple : tu glisses dans le cœur des gens des mots qui les ouvrent à la vie. Il faut qu'ils repartent plus heureux après t'avoir rencontré.

— Mais comment savoir ?

— Il ne faut pas chercher à savoir, ça ne nous appartient pas. Au fond du cœur de chacun, c'est mystère et boule de gomme. L'important, c'est de donner sans savoir.

— Cela m'a l'air bien compliqué, de cultiver cette fleur-là…

— Sagamore ! dit Joy sur un ton de reproche. Il y a « amore » dans ton nom. Et il y a aussi beaucoup d'« amore » dans tes yeux ! More and more… Il y a aussi Aurore dans ton cœur ! Et avec tout ça, tu n'es pas sûr de savoir cultiver l'Espervérance ! Ben dis donc ! Je ne sais pas ce qu'il te faut encore pour être heureux ! Ou bien si, je sais…

— Tu sais quoi ?

— Ce qu'il te manque pour être heureux…

— Ah oui, tu joues les diseuses de bonne aventure, maintenant !

— Ce qu'il te manque, c'est le manque…

— Ça veut dire quoi, ça ?

— Ça veut dire que ton cœur manque un p'tit peu de désirs simples, voilà tout.

Sagamore se montrait tout à fait désemparé face à cette gamine des rues aux allures de princesse qui décidait de vos états d'âme et de votre sort avec un aplomb exaspérant.

— Tu veux me faire de la peine, c'est ça ? fit-il, réellement peiné.

— Non, je veux juste te pousser dans tes retrangetés !

« Dans tes retranchements », voulait dire Joy, mais elle pensait aussi aux paradoxes de nos étranges cœurs, et cela donnait ce curieux néologisme : retrangetés. À force d'entremêler les mots pour trouver le juste milieu prêché par Frère Théophane, Joy prenait quelque liberté avec le dictionnaire, ce qui donnait à ses reparties un caractère sibyllin et, parfois, tout bonnement indéchiffrable.

Avec Joy, Sagamore n'était pas au bout de ses peines. Mais il était déjà bien avancé dans sa quête du bonheur.

9.

Le royaume de Joy

Il n'était pas très difficile de rejoindre Joy dans la grande ville. Elle régnait sur un tout petit royaume, une marelle dans une cour, un appartement en guise de citadelle, une foi pour la soif, le sourire des passants boulevard Saint-Germain, les Jardins du Luxembourg pour quand il faisait beau et pour inviter le temps à suspendre son vol. Les joyaux de sa couronne tenaient dans quelques objets symboliques de très haute valeur. La plume de tourterelle qui avait décidé de leur rencontre, à elle et Sagamore, était devenue aussi signifiante qu'un motif héraldique dans un blason.

Parmi les attributs de la petite princesse, il y avait aussi ces deux bouts d'aimant grâce auxquels elle enrichissait sa vision du monde – de la relation entre les êtres jusqu'aux connexions secrètes existant entre l'ici-bas et l'au-delà. Ces sujets métaphysiques avaient précipité chez elle une maturité spirituelle sans altérer pour autant la délicieuse candeur de ses allégresses enfantines.

Quant au galet qu'elle utilisait pour jouer à la marelle, elle en parlait comme d'une pierre précieuse : « Elle est née il y a peut-être des millions d'années avant d'avoir cette forme toute pure et toute lisse, pour finir dans la main d'une p'tite fille du XXIème siècle. Tu te rends compte ! »

C'était un cadeau de Tommaso. Celui-ci y avait fait graver les lettres J O Y et s'était plu à réinventer sa genèse non sans lyrisme :

— Imagine que ce caillou existait peut-être dans un bloc de pierre il y a trois millions d'années, à un endroit qui pouvait se situer tout à fait au bout du monde. Il a sûrement traversé des océans, a séjourné des dizaines de siècles dans d'insondables profondeurs marines, a été roulé par des déferlantes, poli par des vagues, des friselis et des ressacs, porté enfin par une mer qui l'a jeté au monde sur la grève. Ce galet était échoué sur une plage de sable fin, au bord de la Méditerranée, alors que j'étais en train de penser à toi, à ta joie et à ton avenir. Je me suis dit : c'est la pierre de Joy, celle qui permet de passer de terre à ciel, de l'ancien temps au monde nouveau, celle qui permet de traverser tous les mondes. Quand cette forme pure épouse le creux de ta main, tu éprouves une réelle jubilation tactile : cette perfection qu'il t'est donné de toucher et de caresser des doigts, te met un peu en contact avec le tout début du monde ! Cette pierre ne finira pas dans un musée, et cependant, sa sculpture divine, sa patine acquise depuis la nuit des temps, est digne d'être célébrée tout autant qu'une œuvre d'art née de la dextérité et de la sensibilité artistique des hommes.

Dans l'imaginaire mystique et romantique de Joy, l'Église Saint-Germain-des-Prés avait une place à part. C'était pour elle le lieu de ressourcement par excellence, l'îlot de quiétude dans la mer agitée de la vie moderne. Elle s'y rendait chaque jour pour prier et rendre grâce. Elle s'était plu à pousser Frère Théophane dans ses « retrangetés » en arrêtant son attention sur l'expression « action de grâce » : comment la grâce pouvait-elle être une action, alors qu'elle semble détenir tellement plus d'affinités avec une sorte de force de l'abandon plutôt qu'avec la volonté agissante ? Un autre jour, c'est l'Esprit qu'elle passait en revue.

— L'Esprit… ça ressemble à quoi, l'Esprit ? C'est tellement impalpable qu'il y a des jours, je n'arrive pas à y croire !

— Et le vent… suggéra Frère Théophane.

— Quoi, le vent ?

— N'y a-t-il pas plus impalpable que le vent ? Et pourtant, en te fouettant le visage, il peut te procurer des idées plus vivifiantes que les exhortations des chefs les plus chevronnés ! Même s'il faut savoir lire les signes du ciel pour le voir venir, il se montre assez efficace pour amener des voiliers à traverser les océans ! Imagine aussi un baume souverain et apaisant. Il pénètre en toi de manière invisible, apaise ta douleur et redonne à ton corps fatigué son énergie vitale et la force de repartir.

« L'Esprit, à son image, agit sur toi de manière invisible. Il apaise tes douleurs, guérit tes tourments et emplit ton cœur d'ardeur et de hardiesse..

« L'Esprit est ce vent qui gonfle ta voile pour t'amener vers le grand large. L'Esprit est ce vent qui te murmure des secrets et dépose en toi des parfums d'ailleurs. L'Esprit est ce baume souverain qui t'aguerrit et qui abolit toute distance entre ta vie et la Joie.

En se montrant assez convaincu qu'au paradis, l'enfance et l'esprit de Joy devraient régner sans partage, Théophane n'était jamais sûr d'avoir le dernier mot avec une gamine douée d'un tel degré de perspicacité. Il lui fallait calmer les ardeurs et apaiser les turpitudes, car la petite Joy était d'un tempérament tout feu tout flamme : elle brûlait souvent. Elle brûlait de tout savoir, et de tout aimer – depuis qu'elle avait appris qu'aimer était la meilleur manière de savoir. Quand Joy cédait un peu trop au penchant du contentement de soi, Frère Théophane, conscient de la sanction cuisante qu'elle encourait, la reprenait sans ménagement :

— Si tu savais toute la distance qu'il y a entre ce qu'on sait, ce qu'on dit et ce qu'on fait ! N'oublie jamais que la facilité, c'est la perche que le diable te tend pour te faire tomber.

Quand, au contraire, Joy se trompait de trottoir et ne cheminait plus sur ce que O'Sullivan, son ami irlandais, appelait « the sunny side of the life » *, il était temps pour Théophane de réveiller sa gourmandise de vivre :

---

* *le côté ensoleillé de la vie*, par allusion à la chanson : « On The Sunny Side Of The Street » de Louis Armstrong.

— Ne déserte jamais les hauts lieux de l'émerveillement. Si tu y crois aussi fort que tu le rêves, alors c'est sûr : tu le réaliseras !

— Oui, mais en vrai, comment il faut faire ?

— Que ton attention s'exprime avec une particulière acuité lorsqu'il s'agit de saisir en toi le mouvement juste, l'accord parfait. Appelle-le intime conviction, conscience personnelle, vérité intérieure. Ou bien imagine-le comme une couleur somptueuse, un son d'un agrément extrême, ou un parfum subtil que nul mot ne saurait traduire. Nomme-le Dieu si tu l'oses, ou bien ne le nomme pas. Mais que dans l'intensité du silence, tu en ressentes la présence. Et que tes actes en portent le sceau.

Il arrivait que l'élève rivalise avec le maître en réussissant non sans brio quelques tours de passe-passe pour égayer la vie quotidienne :

— Dans sa tête, il faut faire le ménage et mettre de l'ordre. Chasser le mot "hélas" comme une poussière tenace et faire de la place au mot "heureusement", parce que grâce à lui, tout brille.

Elle progressait dans la foi comme d'autres progressent dans les mots croisés ou dans l'art des rébus.

— J'ai pensé à un truc, hier soir, juste avant

de prendre le train du sommeil. Tu sais pourquoi on dit : « À la grâce de Dieu ! » ? Parce que Dieu, c'est le chef-éclairagiste de la Grâce… Voilà pourquoi !

Joy avait réinventé un rythme qui lui convenait : elle avait décidé de vivre au temps de Dieu, autant dire de s'inscrire dans un temps d'une éternelle actualité. Elle se dérobait au temps qui passe pour savourer le temps qui demeure.

« On devient ce que l'on contemple » avait-elle entendu au cours d'un sermon. Elle avait pris l'expression au pied de la lettre et appris la contemplation au pied de la croix. Elle passait son temps dans une amoureuse attention aux êtres et aux lieux – c'était à croire que c'en était devenu son métier. Elle s'attardait au ciel et aux beautés de la terre, aux sourires des gens dans la rue, à la force de la Providence, aussi irrésistible qu'un vent d'ouest sur la voile d'un bateau ; elle admirait les reflets de lune dans les flaques d'eau, et telle plume de tourterelle dansant sur son épaule ; elle songeait avec ébahissement à ceux qui étaient devenus si chers à son cœur et qui, peu de temps auparavant, étaient encore des inconnus. À force, elle n'était plus tellement dans la vue, elle était dans la vision. Elle voyait ce que les autres ne voient pas, faute d'avoir suffisamment exercé leur regard à la beauté par l'exercice lent et sans cesse recommencé de la prière.

— Si vous voulez la vie en abondance, dit Dieu, n'obturez pas la source. Laissez-vous porter et laissez-vous purifier. Soyez dociles et limpides.

En réalité, cette exhortation n'était pas de Dieu, mais de Frère Théophane. À qui l'adressait-il au juste ? À Joy, à la beauté du jour, à ceux qui voulaient entendre, au monde entier !

Il y avait des jours comme ça où il lui arrivait, à lui aussi, d'avoir envie de faire des miracles.

Alors qu'il passait à proximité de l'église Saint-Germain, Sagamore s'arrêta net, tant la scène qui se déroulait sous ses yeux lui paraissait improbable. Joy était sur le parvis et discutait avec une jeune femme qu'il n'eut guère de mal à reconnaître. Mais oui, c'était bien elle, la fée qu'il avait découverte dans cette boutique au parfum ancien qui entremêlait de manière si évocatrice sa quête du moment et ses souvenirs d'enfance. Et pourquoi cette devineresse conversait-elle avec Joy ? Que complotaient-elles, toutes les deux ? Car il était évident, sans même entendre une bribe de leur conversation, que ces deux êtres gracieux n'en étaient pas à la première heure de leur amitié.

Elles discutaient joyeusement et la jeune femme, tête penchée avec attendrissement, exprimait une sollicitude que Sagamore aurait volontiers disputée à Joy. Cette personne ne lui semblait pas en accord avec le décor de la grande ville, et il l'imaginait dans un arrière-pays aussi préservé que l'arrière-boutique où il l'avait découverte, en retrait du monde et du bruit, au sein d'une nature authentique, simple et belle.

Authentique, simple et belle : ce sont ces mêmes qualificatifs qui lui paraissaient d'ailleurs le mieux définir cet être charmant aux manières d'autrefois, qui lui rappelait si précisément les filles de son pays au teint mat, aux dents blanches et au regard limpide.

Pour l'heure, ce qui le troublait, c'est le vertigineux enchaînement des rencontres, ces destins croisés qui semblaient initiés par une loi mystérieuse dont les protagonistes seraient avertis un jour prochain. Sagamore pensa à l'interprétation qu'avait Joy des aimants, dont c'est la nature de s'attirer les uns les autres, mais qui, selon la manière dont ils sont tournés, peuvent se repousser aussi. Cette image appela son attention sur la fragilité des relations humaines, et sur la nécessité de toujours aborder choses, gens et événements *du bon côté* – du côté qui attire. Peut-être la petite Joy était-elle très avancée dans la connaissance des choses de l'invisible. Elle se rendait chaque jour dans la Maison du silence-qui-parle, à la manière dont on rentre chez soi : c'était sa façon de pousser la porte de sa maison intérieure. Elle s'immergeait de silence, disait-elle, et rapportait cette coulée dans les profondeurs de la méditation comme la séquence la plus palpitante du grand *dessein animé* qu'est la vie. Elle disait, un rien mystérieuse :

— Tu sens que quelque chose se passe, mais tu ne sais pas ce qui va t'arriver.

De fait, lorsqu'elle priait, c'est en s'exposant tout entière, en se dorant au soleil de Dieu et en adorant les merveilles de la création. Elle avait confié à Sagamore, comme l'on transmet un mode d'emploi :

— Si tu écoutes bien les abeilles du silence bourdonner dans la grande ruche de l'invisible, tout deviendra arôme et suc dans ton cœur.

Sagamore ne sut trouver sa place dans ce tableau charmant figurant sur le parvis de l'église le dialogue entre la jeune fée très brune aux yeux myosotis et la mignonne sainte en miniature, qui se montrait volubile et drôle selon les élans de sa nature. Il préféra passer son chemin et s'éloigna sur le boulevard, le cœur trop plein des faveurs de la destinée.

De connaître ces créatures, il se sentit rare autant que précieux. Il conçut cette curieuse conviction que l'on devient ce que l'on reçoit. Or, il avait le sentiment chaque jour de recevoir beaucoup, comme si un généreux donateur avait ouvert pour lui un *compte de fées* pour y glisser d'inaltérables richesses sous la forme d'instants précieux. Son arrivée dans la capitale coïncidait avec une perception capitale de la vie, qui lui avait été inspirée dans la Maison du silence-qui-parle, lors de l'un de ces moments de vacuité et d'insondable nostalgie. Il en avait fait sa devise :

« Choisissez la meilleure part… et faites-en l'offrande à ceux qui vous sont chers ».

Cela lui semblait sonner très juste et donnait à sa démarche vers le bonheur une assurance prémonitoire.

Sagamore fut accosté par Joy au moment où il s'apprêtait à traverser le carrefour. La petite convoqua son attention avec insistance en l'agrippant par la manche :

— Dis donc, toi, tu n'sais plus souhaiter une bonne et heureuse journée ! Déficit d'attention, déficit de joie ! Tu m'as donné ton amitié, et tu fais comme si tu ne me connaissais pas... Tu n'es pas très attentif.

— Écoute, Joy, je ne voulais pas te déranger. D'ailleurs, la jeune femme avec laquelle tu discutais devant l'église Saint-Germain, comment la connais-tu ?

— Dis donc, tu ne serais pas un p'tit peu sous le charme, toi ? Tu as bien raison, d'ailleurs : c'est quelqu'un d'épatant qui passe son temps à faire le bonheur des gens.

Sagamore se mit à rougir. Ainsi donc, il s'agissait bien d'une fée. Joy ne venait-elle pas d'en délivrer la preuve par cet aveu : *passer son temps à faire le bonheur des gens* ? Mais pourquoi donc l'autre jour n'avait-il pas attendu un instant de plus lorsque cette jolie personne lui avait demandé s'il avait trouvé son bonheur ! Si elle l'avait questionné ainsi, n'était-ce pas pour le guider vers le bon chemin ? Pourquoi ne retournerait-il pas la voir pour lui avouer sincèrement : « Non, je n'ai pas trouvé mon bonheur. Ou peut-être l'ai-je perdu de vue sans m'en rendre compte. Ou peut-être l'ai-je en moi, mais comme un trésor dont j'ai égaré la clé. Et celui qui porte en lui des connaissances qu'il ne sait pas exprimer n'est pas plus avancé que celui qui n'en a pas ». Oui, pourquoi ne pas poser tout simplement cette question : « Et vous, pouvez-vous me renseigner sur mon bonheur ? » comme on demande la bonne heure au premier passant venu : quel bonheur est-il, s'il vous plaît ?

Non, ce ne serait pas bien. Sagamore se rappelait que dans sa tradition, il est dit qu'il ne faut jamais forcer le destin à vous rendre visite deux fois de la même façon. Il fallait donc patienter sur le seuil de lumière, ne pas forcer la porte, ne rien bousculer. Être dans une disponibilité renouvelée, fraîche et claire comme les premières lueurs de l'aube. Il tenta de se souvenir des leçons de sagesse que lui prodiguait son père :

« La vie est faite de passages successifs. Et la plupart du temps, ces passages sont initiés par des rencontres… Tu es sur la berge, mais tu ne sais pas comment passer de l'autre côté, sur l'autre rive. Parfois, tu trouves un pont, c'est une personne rencontrée, une phrase jetée, quelque événement qui permet le passage. Mais si tu manques l'occasion de traverser à ce moment précis, il te faudra peut-être beaucoup de temps avant de découvrir un prochain pont... »

— Elle s'appelle Marie-Aimée, confia Joy plus allègre que jamais en sortant Sagamore des profondeurs de ses pensées. En plus, elle a une voix superbe, tellement angélique qu'on se croirait déjà sur l'autre rive !

Sagamore apprit que la jeune fée en question avait été conviée par Mamika à partager le repas du soir. Il se plut à penser que peut-être le destin ne se montrait pas trop rancunier à la suite de son piteux manquement à la parole de bonheur donnée.

10.

S.D.L.V. (Si Dieu le veut)

Joy dans la rue, c'était comme une poupée sortie d'une vitrine de Noël. Elle était tout à fait mise en valeur dans la cour de Rohan ou à la Maison du silence-qui-parle, comme un bijou dans l'empreinte de son écrin. Dans la rue, en revanche, elle était toujours un peu à contre-courant, au point que sa présence ou du moins sa manière d'être semblait ne pas parvenir à s'accorder à la vie moderne et à son rythme trépidant. Elle aimait flâner, perdre son temps, revenir en arrière, chantonner, se laisser distraire, toutes attitudes que l'on trouve charmantes sur une place de village, mais qui s'avèrent déplacées dans le flot rapide de la vie urbaine.

« Je ne sais pas pourquoi, disait-elle, les

gens se sentent obligés de séparer l'action et la méditation, le rêve et la réalité, le monde visible et le monde invisible. Moi, je trouve que les deux vont très bien ensemble, comme le côté pile et le côté face d'une même pièce de monnaie. Comme le jour et la nuit. L'aube rend beau le crépuscule et le soir rend belle la naissance du jour nouveau. Tu ne trouves pas ? »

Lorsque ce genre de propos s'adressait à Frère Théophane, celui-ci était aux anges. Du reste, il était toujours aux anges avec Joy, pour la bonne raison qu'il la considérait elle-même un peu comme un ange, c'est-à-dire un être spirituel faisant le lien entre Dieu et les hommes. De fait, si elle faisait le bien de la manière la plus naturelle qui soit, c'est qu'elle s'était exercée longtemps à faire le lien, en sautillant à la marelle, entre terre et ciel. Non pas uniquement avec son petit corps souple, mais aussi en y engageant toute son énergie mentale.

C'est bien ce qui surprenait chez cette enfant qui passait son temps à réconcilier les contraires, à chercher la bonne cadence et le point d'harmonie. Cette manière de vivre dans l'allégresse et la louange des heures.

Il lui arrivait de faire la roue pour traverser les passages cloutés, sous l'œil interloqué des automobilistes à l'arrêt. Ou de s'inventer des dialogues en peinturlurant ses deux pouces pour leur donner des têtes de lutins et les animer en des vis-à-vis désopilants lorsqu'elle voyageait dans le métro. Elle leur avait même confectionné des petits bonnets pour l'hiver, l'un rouge l'autre vert. L'un s'appelait TOI et l'autre MOI. Les deux espiègles passaient leur temps à se houspiller, mais Joy parvenait toujours à les faire se réconcilier avant d'arriver à destination, en serrant ses deux pouces l'un contre l'autre afin que TOI et MOI, dans une vigoureuse étreinte, s'embrassent des yeux, du nez, de la bouche et du bonnet !

Joël, qu'elle avait rencontré dans une cour d'école, accordait merveilleusement ses talents de conteur à l'imaginaire de la petite. Il lui arrivait de la laisser improviser, de l'accompagner à peine de son accordéon, tandis que Joy racontait des histoires de Toi et Moi, ses deux mascottes, en des termes qui révélaient à la fois un âge d'innocence, de liberté et de fête, et aussi le pressentiment très précoce des gravités de l'existence.

— Tu dis toujours : « moi, moi, moi », disait Toi.

— C'est pas vrai, c'est toi qui dis toujours :

« moi, moi, moi », rétorquait Moi.

— Oui, mais moi, disait Toi, c'est parce que je pense à toi !

Et ça se terminait par des embrassades de pouces et des moralités du style : « Le grand problème entre Toi et Moi, c'est que ni Toi ni Moi ne veut s'accuser lui-même. Toi accuse Moi, et Moi accuse Toi, alors que si chacun s'accusait soi-même, il n'y aurait plus aucun problème entre Toi et Moi ».

Frère Théophane était le premier spectateur ravi de ces sketchs improvisés, et riait de bon cœur des mimiques de Joy et de sa logique irrésistible. Cette gamine était toute fraîche dans l'existence, elle persévérait dans l'enfance avec une ingénuité et une jubilation que la plupart des filles de son âge avaient déjà brûlées sur l'autel de l'émancipation, et à la fois, elle semblait pourvue d'une intuition étonnamment sûre dans le jeu des relations humaines. Elle soutenait des conversations avec des personnes d'expérience comme Mamika ou Théophane, et s'autorisait à donner des conseils aux adultes qu'elle côtoyait. Peut-être justement était-ce l'atmosphère où elle grandissait qui avait ouvert son champ de conscience : les grandes personnes qui l'entouraient avaient assez d'enfance en elles pour lui permettre de faire partie de leur monde, sans lui voler sa propre enfance. Elle était de plain-pied avec eux. C'était pour elle la plus fortifiante des nourritures de constater que cette attention qu'on lui accordait n'était pas moins forte que celle que l'on eût prêtée à un académicien pour la respectabilité de ses propos ou à la boulangère du quartier pour la saveur délicieuse de ses croissants. Tel était le privilège du petit clan de la cour de Rohan. Chacun avait sa place, unique et irremplaçable, et chacun était respecté à l'aune de sa noblesse de cœur et de sa qualité d'attention.

Il est vrai que Joy était à bonne école ! Des ennuis de santé chroniques l'avaient éloignée des bancs scolaires, et Mamika tenait le rôle de préceptrice et de grand-mère d'adoption, avec la singulière conviction que le savoir-vivre est le premier des savoirs. C'est ainsi qu'elle distillait auprès de Joy ses plus subtils secrets de bien-vivre et de mieux-être acquis au fil de son expérience. Ainsi, lorsqu'une grande personne s'avisait de lui demander dans quelle classe elle était, Joy s'était habituée à répondre sur un ton badin : « Maîtrise de l'Être ». Cela faisait souvent beaucoup d'effet.

À force de s'entendre donner des conseils altruistes mêlant le bon sens, la charité et l'espérance joyeuse, Joy partageait la grande classe de Mamika. Cette dernière lui apprenait à se méfier des actes stériles – à savoir ceux dont il ne naît rien. À être constamment dans l'esprit de gratitude, afin d'avoir beaucoup d'amis véritables. À ne jamais se décourager : « On ne te demande pas d'être la meilleure, on te demande de donner le meilleur de toi-même. Comprends-tu la différence ? » Et pour finir, à s'en remettre à la Providence. Toutes deux avaient fini par s'entendre pour l'évoquer sous le nom de code suivant : SDLV, ce qui signifiait « Si Dieu le veut ».

Mamika avait le cœur grand et la parole fondatrice. Elle ambitionnait bien autre chose pour Joy que d'en faire une petite fille modèle : elle souhaitait polir son cœur, l'aider à peaufiner ses élans du dedans. Si Joy devait être *bien élevée*, c'était moins par ses manières que par la hauteur de ses sentiments. Mamika voulait exprimer la valeur des vertus en en délivrant la saveur, afin que Joy en garde le goût pour toujours : « La bonté, c'est la beauté qui se transforme en action. L'harmonie te vient d'en-haut et si tu t'y accordes, alors ta musique est juste, et tout ce que tu accomplis est bel et bon. Et si tu as la bonté, eh bien pas besoin de crème anti-rides, même quand tu auras mon âge ! Ta beauté grandit, au dehors et au-dedans. »

Il est vrai que Mamika était une très charmante vieille dame. Joy était initiée par elle aux choses du cœur : « Rien n'a d'importance, sauf ce que nous aimons. L'amour révélc la valeur des êtres et des choses comme la lumière révéle leur contour et leur éclat. Quand ton cœur exprime l'amour, tu es en pleine lumière, tu la reçois de plein fouet, elle s'engouffre en toi. Dans les autres moments, c'est l'ombre qui s'infiltre en toi, des nuages occupent ton ciel et le soleil, soudain, semble moins radieux. Alors, tu te dis : tiens, c'est curieux, le temps est en train de changer. Et tu ressens un peu de froid au fond du cœur... »

Mamika disait aussi : « Plus on reçoit de tendresse, plus on se sent exister, plus on se sent renforcé dans son identité unique, invulnérable ».

Et il transitait par sa bouche beaucoup d'autres propos veloutés et délicats comme ceux-là, qui étaient doux au cœur de Joy et qui la faisaient grandir en sagesse et en beauté. En affection aussi :

— Mamika, je t'aime un peu, beaucoup, passionnément, à la folie… plus que tout !

11.

Les tribulations de Sagamore

— Paix royale, Sagamore ! Dis donc, tu n'veux pas venir avec moi ? Je vais aux Jardins du Luxembourg. C'est raffiné et ça sent bon ; en plus, il y a les cailloux qui crissent sous les pieds, et aussi des bassins pour la joie des oiseaux du ciel et des enfants de la terre. Tu verras !

« Et puis, il faut voir du pays, tout de même ! Autrement, quand tu retourneras chez toi, tu résumeras ton séjour en disant : Paris, c'est une cour charmante avec un marronnier géant qui touche presque des fenêtres où habitent toutes sortes d'illuminés dont une petite fille qui porte le plus joli nom du monde des sentiments : Joy ! Paris, c'est aussi la Maison du-silence-qui-parle, les grands boulevards où des voitures font du bruit, de la fumée et des embouteillages, sans oublier le métro qui passe en dessous, les nuages qui passent au-dessus... Qu'est-ce que tu connais encore de Paris, hein ?

— Tu es un phénomène, toi ! rétorqua Sagamore, amusé par les mimiques de Joy. Si tu me laissais un peu parler, je te le dirais !

— Moi, ce que j'aimerais, c'est que tu me dises ta dernière *savourance* !

— C'est maintenant, quand je t'écoute parler : tu ressembles à une hirondelle en plein vol qui n'arrête pas de pépier d'allégresse !

— Bon ! gémit la petite. Tu pourrais pas être un peu sérieux de temps en temps...

— Écoute, j'ai vécu un grand moment pas plus tard que cette nuit. Je descendais de Montmartre jusqu'au Pont Alexandre III en jouant de la flûte à l'heure où il n'y a plus personne dans les rues – je crois que les gens d'ici appellent ce moment « le petit matin ». J'avais conscience d'accompagner les rêves de dizaines de milliers de personnes. C'est comme si cette musique venait d'ailleurs. Et tu le sais, elle transporte avec elle des rêves qui ne sont pas de ce monde.

— Mais à cette heure-là, personne ne t'écoute !

— Tu veux vraiment savoir ? Quand je suis arrivé au pont Alexandre III, j'avais tellement d'amour dans le cœur que je sentais en moi un flot plus large et plus puissant que la Seine ! J'avais l'impression d'irriguer de vastes étendues désertiques où l'on meurt de soif. Et je me sentais inexplicablement heureux comme la sentinelle qui veille sur la sérénité d'un royaume endormi. Je me plaisais à penser que, le lendemain, des gens échangeraient en famille ou au bureau :

— Sais-tu le rêve que j'ai fait cette nuit ? J'entendais jouer de la flûte et je voyais un petit berger dévaler une colline...

— C'est étrange... J'ai fait exactement le même rêve !

On n'a pas idée de la manière toute simple dont on peut corriger la cacophonie du monde, simplement en délivrant une harmonie dans un morceau de roseau troué !

— Tu devais te sentir étrange et magnifique ! dit rêveusement Joy, comme elle l'eut fait à l'écoute d'un conte dont Sagamore-le-troubadour aurait été le héros.

Montmartre était le premier endroit où Sagamore s'était dirigé en arrivant à Paris.

C'est sans doute son instinct pastoral qui le poussait toujours à escalader les collines ! Ce qu'il n'osa pas avouer à Joy, c'est cette piteuse et incompréhensible arrestation pour un motif dont il ne comprenait décidément pas l'exacte signification : « tapage nocturne ». Que le chant d'une flûte tard dans la nuit puisse être considéré comme un désagrément inacceptable par des riverains soucieux de calme absolu, cela échappait à son entendement. D'autant plus que les véhicules motorisés, dont émanaient des sons d'une harmonie contestable, ne semblaient pour leur part nullement inquiétés par cette règle. Voilà bien un curieux savoir-vivre, s'était dit Sagamore, dubitatif : on fait taire la musique, et l'on se satisfait du bruit. Cette notion de « trouble à l'ordre public » ne manquait pas… de jeter le trouble en lui. Peut-être les gens des grandes villes étaient-ils si éloignés des rythmes de la nature, du murmure des fontaines, de l'écho des grottes et des bois, et des airs de pastoureaux qu'ils n'étaient plus en mesure d'apprécier tout ce qui portait chant et souffle pur.

Dans son pays, le son de la flûte était réputé pour exprimer la voix des anges et les célestes harmonies. Manifestement, il en allait tout autrement à travers les codifications des grandes villes. Magnanime, le policier transforma l’amende en sermon, en faisant comprendre à Sagamore que s’il voulait jouer les seigneurs berbères, les pâtres grecs ou les chanteurs de charme napolitains, il s’était tout simplement trompé de décor.

Il y avait un autre épisode que Sagamore entendait bien dissimuler à Joy, car il s’en était trouvé bien honteux. Peu de temps après son arrivée à Paris, il s’était rendu à la Gare de Lyon, pour contempler les allers et venues. La foule anonyme le rendait triste. Sagamore avait remarqué que les gens deviennent beaux quand ils sont reliés, quand ils entrent en relation. Le visage solitaire dans la foule est souvent fade et peu expressif. C’est quand il reconnaît un être aimé et qu’il va à sa rencontre, qu’un visage s’ouvre, s’illumine et devient beau. C’est un peu comme un courant électrique ; le contact crée la lumière. Voilà ce qu’il aimait dans les gares : tous ces visages qui trouvent leur beauté dans la rencontre, dans les noces secrètes, et parfois merveilleusement expressives, des retrouvailles.

En se promenant dans la gare, il était tombé nez à nez avec un écran de « réservations » qui l’invitait à choisir sa destination.

— Pardonnez-moi, demanda-t-il à un voyageur tout proche qui semblait dialoguer très familièrement avec une semblable machine. Je suis étranger, et je ne comprends pas très bien… « Destination », ça veut dire quoi ?

— Ben, le but de votre voyage !

— Ah ! Merci beaucoup !

Sagamore s'étonnait des prodiges du modernisme, à travers cet écran qui invitait les voyageurs à exprimer leur but, afin de leur délivrer un papier où figuraient les réponses, c'est-à-dire le jour, l'heure et les correspondances ! Dans une attente fébrile, Sagamore donna donc sa réponse adéquate en saisissant avec application les lettres suivantes sur le clavier, car tel était le grand but de son voyage :

B O N H E U R

Il prit du recul avec satisfaction, tandis que sur l'écran un sablier l'invitait à patienter quelques secondes, ce qui renforçait le suspense de ce jeu passionnant où la vie elle-même était considérée comme un voyage nécessitant une réservation. Son visage se défit soudain, et sa déception fut à la dimension de son attente, c'est-à-dire immense. Sur l'écran s'affichait en effet la réponse suivante :

« BONHEUR : introuvable.

Aucune réponse ne correspond à votre requête. Veuillez recommencer. »

Sagamore s'éloigna aussi piteusement qu'un chien affamé auquel on aurait refusé la pitance. Le voyageur d'à côté, qui l'avait aimablement renseigné, semblait quant à lui satisfait de sa réponse : il empocha son papier et, sûr de lui, s'engagea dans la direction qui lui avait été indiquée.

Mais lui, Sagamore, où était-il attendu ? Quelle direction devait-il prendre ? Que signifiait au juste : recommencer sa quête de bonheur – ou sa requête, comme il était indiqué sur l'écran ? Avait-il fait fausse route quelque part ? Et pourquoi personne ne voulait répondre véritablement à ses questions ? Il avait remarqué que certaines personnes visiblement un peu égarées disposaient d'une formule magique pour arrêter les gens en pleine course dans la rue. Il s'y essaya, en interpellant la première passante venue, juste pour créer un lien dans l'anonymat d'un bonheur introuvable :

— Pardon madame, quel bonheur est-il ?

La femme interpellée s'arrêta de bon gré. Sagamore, soulagé, pensa qu'il avait déjà gagné quelque chose : d'être compris, ou du moins écouté. Tout lui paraissait si étranger dans le comportement des gens d'ici ! Et voilà qu'une femme se montrait immédiatement disposée à le comprendre. Elle regarda son poignet avant de prononcer ces mots curieux :

— Onze heures pile !

Et elle fit volte-face. Comme si une pareille réponse était satisfaisante et définitive !

Sagamore réamorça son espoir en récidivant un peu plus tard, rue du Cherche-Midi, selon ce qu'il croyait être la formule consacrée :

— Pardon madame, quel bonheur est-il ?

— L'heure ?... Quatorze heures !... Ça alors ! Comme c'est amusant : nous sommes rue du Cherche-Midi à quatorze heures !

— Et ça veut dire quoi : rue du Cherche-Midi à quatorze heures ? s'était-il enquit de demander.

La femme lui avait doctement répliqué :

— Mon jeune monsieur, chercher midi à quatorze heures, c'est chercher des difficultés là où il n'y en a pas !

— Ah ! Merci beaucoup du renseignement, madame !

Sagamore s'était renfrogné à l'annonce de ce cruel verdict. Au vrai, pourquoi ternir le bonheur en le compliquant ?

Au fur et à mesure de ses errances dans la grande ville, il vint à Sagamore une perception aussi insistante que saugrenue : il en arriva à se demander s'il existait vraiment. Personne ne semblait faire attention à lui ; qu'y aurait-il eu de changé s'il était absent au monde, ou rue du Cherche-Midi, ou s'il abandonnait son marronnier aux oiseaux du ciel ? Il redouta soudain qu'on l'interpelle en pleine rue pour lui demander les preuves de son existence. Oh ! Non pas les rassurants papiers estampillés par l'administration et que l'on demande au quidam pour s'assurer qu'il est en règle, mais une preuve vivante, en actes et en vérité. Au juste, qu'est-ce qui autorise quelqu'un à dire : « J'existe » ?

Non, non, hors sujet la réponse qui consiste à rétorquer : « Vous voulez une preuve ? Eh bien, je respire, je me lève le matin, je suis en mouvement toute la journée, et puis je peux aller chercher de l'argent au distributeur avec ma carte bancaire quand j'en ai besoin ; ne confondons pas : je suis quelqu'un ! »

Non, rien de tout cela ! D'ailleurs, Sagamore aurait-il disposé d'une carte bancaire, la preuve de son existence n'en aurait pas été plus probante !

Une phrase lumineuse vint délivrer soudain Sagamore de ce questionnement existentiel sournois : exister, c'est d'abord exister dans le regard de l'autre. Dans le berceau, le bébé ne se nourrit pas que de lait, il s'abreuve à la source. Et la source, c'est le regard aimant de sa mère. Plus tard, il nous est donné de pressentir ou d'expérimenter que l'amour est la seule source capable de nous donner non seulement les moyens d'exister mais de nous offrir par surcroît… un surcroît de vie. Quand on aime, se dit Sagamore, quand on est aimé et surtout quand on se sent aimé, on est justifié d'exister !

Voilà par quelles affres Sagamore avait dû transiter dans l'ancien temps – du temps où l'on prétendait que le bonheur était introuvable et qu'il fallait se méfier des problèmes qu'on s'invente. Du temps où le bonheur était cité en chiffres (onze heures pile, je vous demande un peu !) alors que chacun sait qu'il s'exprime en sentiments !

Mais depuis, tout était différent : le temps qu'il fait, le temps qu'il est, le bonheur, la bonne heure, les destinations et les correspondances. Sagamore ne cherchait plus midi à quatorze heures. Chaque jour de solitude l'avait un peu plus rapproché d'Aurore sa bien-aimée, qu'il avait laissée au pays tout en l'emportant dans son cœur. De plus, la vie ne cessait de lui transmettre des signes fraternels : il avait rencontré Joy et tout le cercle de vrais amis en la compagnie desquels il avait pu passer, au sein de cette grande ville déconcertante, de personne à quelqu'un. Et c'était pour lui, le petit seigneur des ruisseaux et des sources, comme le signe annonciateur d'une ère nouvelle.

12.

Dialogues avec le déchiffreur d'invisible

Ce nouveau monde, Sagamore avait beaucoup de questions à poser pour mieux le comprendre et l'apprécier. Et il n'était pas mécontent d'avoir fait la rencontre de personnes assez sages pour être dedans tout en étant en quelque sorte au-dessus, c'est-à-dire en préservant une perspective d'enfance ou de sagesse qui leur permettait de garder une joie intacte.

— Dis-moi, Frère Théophane, en quoi consiste ton métier, exactement ? demanda-t-il dès que l'occasion fut venue.

— Ce n'est pas exactement un métier, c'est une vocation, ou un appel si tu préfères.

— Comme un appel téléphonique ?

— Ah ! Ah ! Ah !... Je ne sais pas comment cela se passe pour les autres. En ce qui me concerne, ce fut un appel plus distinct qu'un appel téléphonique ! Une histoire d'ondes porteuses. Tu sais, on réclame souvent des preuves formelles, c'est cela qui retarde tout dans la vie et qui fait même échouer de très beaux élans. On ne croit pas assez à ce qui se butine dans la grande ruche de l'invisible, et qui finit pourtant par être royal nectar pour notre cœur ! Les hommes s'attachent aux résultats. Nous autres, hommes de foi, nous nous attachons à l'esprit. Les résultats disparaissent dans les méandres du temps. L'esprit seul demeure et s'inscrit dans l'éternité. C'est pourquoi, la vérité la plus essentielle à expérimenter dans cette vie, c'est qu'il importe moins de réaliser des choses grandes et belles que d'accomplir des choses avec le sentiment de leur grandeur et de leur beauté. Rafraîchir notre regard sur les choses essentielles de l'existence. Apprendre à découvrir des choses inattendues dans ce qu'il y a de plus familier pour nous. Car les plus grands trésors qui nous sont destinés s'y dissimulent.

« Je lutte contre l'usure de l'émerveillement, c'est-à-dire contre ce qui rend le monde triste et sale. La malédiction première, celle qui nous dérobe le secours de la grâce, c'est le désenchantement.

« Parfois – ça m'arrive même assez souvent – j'ai envie d'arrêter les gens dans la rue et de leur dire : « Regardez comme le monde est beau ! Regardez comme la vie est belle ! » Si j'interpellais vraiment de la sorte l'homme de la rue, nul doute que l'on me prendrait pour un simple ou pour un fou. Et ce ne serait pas faux : la simplicité et la folie d'amour font aussi partie de la vocation monastique !

« J'ai le sentiment d'être né avec la conscience très aigüe que tout passe très vite en ce monde et dans cette vie. C'est parce que mes yeux seront fermés un jour à toute cette lumière que cette lumière m'est d'autant plus précieuse. Il faudrait vivre davantage dans l'attente et dans le désir. Redécouvrir le temps qui passe, au pas lent des chevaux. Redécouvrir le temps qui demeure dans le silence des monastères où l'on n'a qu'à se taire pour que les choses parlent d'elles-mêmes. Redécouvrir le goût de l'eau au fur et à mesure de la soif et à l'exact instant de l'assouvissement de la soif, et au bien-être qui lui succède et au souvenir de la souffrance qui l'a précédé. C'est tout ce pèlerinage en nos contrées intérieures que nous devrions pratiquer. Aussi couramment que l'on pratique sa langue maternelle ou que l'on effectue chaque matin le parcours familier nous menant à notre travail. Il faudrait que nous acceptions de nous perdre un peu dans notre arrière-pays, de nous laisser égarer loin du monde et du bruit pour mieux nous retrouver.

Pour rien au monde, Sagamore n'aurait manqué ce qui devenait un rituel matinal : le rendez-vous avec Frère Théophane. L'esprit de Sagamore était comme une salle d'attente, et il y avait toutes sortes de questions voyageuses qui faisaient les cent pas en attendant qu'un train de réponses s'arrête à la gare. Mais gare, gare aux réponses ! Avec Théophane, c'était plutôt des wagons de questions qui étaient en train d'arriver, un convoi sans fin chargé d'idées qui dépaysent et qui déambulait tranquillement sur les rails du discernement.

Il y avait du Socrate dans cet homme-là, avec cette maïeutique en guise d'éthique qui mettait en évidence combien le plus important en nous, c'est le questionnement. Frère Théophane renvoyait Sagamore à sa propre énigme par un « Que veux-tu exactement ? » dont il étirait la portée aux dimensions de sa propre expérience.

Le propos de cet homme de Dieu était aussi

approprié que la lumière naissante s'infiltrant dans une pièce sombre. Sagamore goûtait à ce rituel matinal improvisé comme à une nourriture élémentaire et irremplaçable. C'était moins un tête-à-tête qu'un côte à côte, une manière de se comprendre en avançant ensemble dans la même direction.

Dans ce juste milieu de l'humilité et de la fierté qui le rendait si attachant, Frère Théophane déclara :

— Au fond, ma mission est un peu celle d'un réenchanteur. Elle consiste à faire courir une rumeur. Une rumeur d'amour. Faire que des hommes répètent ce qu'ils ne savent pas encore, ou qu'ils ont égaré par inadvertance : qu'un amour les attend de toute éternité et qu'aller au rendez-vous, c'est simplement acquiescer à une force qui nous dépasse infiniment. Une force aussi douce et enveloppante qu'une caresse et pourtant plus puissante que le décret d'un roi. Car sur cette force, le temps n'a pas prise. Voilà pourquoi je sème des paroles oubliées, je sème çà et là pour que les gens s'aiment les uns les autres. C'est tout.

— Et ce n'est pas trop difficile d'être enfermé dans un monastère ?

— Enfermé ? En voilà une image ! Dans ma

cellule, je me sens libre au dedans, alors que beaucoup de ceux qui sont doués d'une extrême mobilité dans le monde sont enfermés au dehors ! Mais oui, mon cher, tu as l'air de t'en étonner ! Il y a des apparences de liberté qui masquent des réalités d'enfermement ! Beaucoup de nos contemporains sont enfermés dehors : ils ont égaré la clé de leur maison intérieure, et ne se préoccupent guère d'aménager un intérieur qui leur ressemble. L'Esprit Saint est le plus fameux *architecte d'intérieur* que je connaisse. Non seulement, il a bon goût, mais il exhausse le goût de la vie. Hélas, les hommes croient pouvoir se débrouiller tout seuls pour agencer leur intérieur auquel d'ailleurs, ils ne prêtent qu'une attention distraite. Ils sont tellement plus prompts à s'intéresser aux aménagements du dehors ! Le bonheur est dans leur maison intérieure, mais ils feignent de n'en rien savoir, et trouvent le moyen de claquer la porte et de se précipiter au loin. Dehors, toujours dehors. Ils sont entièrement orientés côté rue et en ont oublié le côté jardin ! Ils ne songent même plus à faire s'épanouir la fine fleur d'eux-même, ni à faire fructifier leur talent ! Vois-tu, quand je suis dans le monde, j'ai l'impression de ne pas y être. Il faut que je me retire pour me sentir vraiment vivant, vraiment à ma place. C'est la présence de Dieu en moi qui me rend présent au monde.

— Pourtant, tu as l'air si heureux ici, au cœur de la grande ville !

— Au cœur, comme tu le dis ! En vérité, chez Mamika, cela n'est pas très différent du monastère. On y vit aussi l'esprit communautaire, le sentiment de fraternité, la recherche de l'essentiel. On ne reste pas en périphérie, on va directement au centre ! Dans des conditions aussi propices, il est aisé de retrouver sa citadelle intérieure ! Et puis, le délicieux esprit d'enfance est perpétuellement rappelé par Joy…

— …avec ses impertinences théologiques !

— C'est cela, c'est cela ! Joy, c'est un cas d'espèce rarissime, elle prend la rue pour un jardin. À force de jouer à la marelle, il lui arrive même de relier la terre et le ciel ! C'est Oscar Wilde, je crois, qui disait que l'on est tous dans le caniveau, mais que certains d'entre-nous regardent les étoiles ! Je ne connais personne qui ait plus continûment la tête dans les étoiles que Joy. Elle est toujours fourrée dans des affaires célestes, c'est à se demander parfois si elle n'est pas un pur esprit ! Mon Dieu, rien n'est plus beau que d'allumer des étoiles dans les yeux d'un enfant ! C'est comme si on œuvrait pour l'avenir du monde. En actes et en vérité. Et cet avenir est déjà là, en marche, sous nos yeux ! C'est bouleversant, tu ne trouves pas ?

« Vois-tu, j'ai l'air d'être bavard, mais ma religion et ma seule science, c'est le silence. La voix qui vient du silence conduit au vide fertile du silence. La voix qui vient du bruit conduit au vide stérile des vitalités désordonnées et insatisfaites. Tout ce qui est séparé du divin est vain. Dans le silence, la toute puissante parole de Dieu venue du fond des temps et du fond de toi-même, monte comme un chant. Peu à peu, tu t'aperçois que la plus belle manière de vivre sa vie et d'être conduit aux lisières de la joie parfaite, c'est d'exprimer ce chant. D'en être *inspiré* et de l'*exprimer*. Flux quand tu donnes, et reflux quand tu reçois. Tu te laisses porter par cette énergie vitale bienfaitrice et tu te découvres sans frontières, face à un royaume illimité. Qu'importe après que ton chant soit cri ou murmure, que tu fredonnes l'air de Dieu l'air de rien, ou que tu convertisses cette petite musique intérieure en un simple sourire. Tu es dans une félicité que nulle parole ne saurait effleurer. Et le bonheur alors tient tout entier dans le murmure d'une brise légère. Un souffle imperceptible que tu reçois comme une bénédiction.

13.

La bienheureuse énigme de l'ange

Marie-Aimée – puisque tel était donc le prénom de la jeune fée – apparut le soir chez Mamika comme Joy l'avait annoncé. Sa présence dans le cercle de lumière de la cour de Rohan sembla aux yeux de Sagamore absolument adéquate et bénéfique. Elle était dans le contexte non comme une pièce rapportée mais comme une valeur ajoutée. Marie-Aimée fut aussi surprise de découvrir Sagamore là, que Sagamore s'était lui-même étonné de la voir galéger familièrement avec Joy sur le parvis de l'église Saint-Germain.

Sagamore ne manqua pas de se montrer charmé à l'idée que l'incursion pourtant brève et assez maladroite qu'il fit dans sa boutique, avait laissé quelque trace mémorable dans le souvenir de cette jolie personne. Ni elle ni lui n'évoquèrent pourtant cette pittoresque anecdote de leur rencontre, et Sagamore se plut à déceler dans cette volontaire discrétion, un trait de connivence délicieusement clandestin. Du reste, il ne connaissait rien de la jeune femme, et les présentations n'étaient donc pas surfaites ; Mamika, tellement attachée à relier les êtres selon les affinités qu'elle pressentait, s'y employa avec l'aisance souriante que chacun lui connaissait.

Marie-Aimée avait un très joli patronyme, mais à peine son nom était-il parvenu aux oreilles de Sagamore que déjà il s'était envolé comme un oiseau, regagnant les branches touffues d'un arbre généalogique qui prenait racine dans la noblesse provençale. Elle s'appelait Marie-Aimée des Eygalières, ou quelque chose comme cela. Pour faire bonne mesure, Mamika présenta Sagamore comme « le petit Seigneur des ruisseaux et des sources », singulier titre de noblesse qui ne manqua pas d'intriguer la jeune femme.

— Je vous laisse, dit Mamika en s'efforçant de maîtriser le délicieux fumet s'échappant de sa cuisine, Tommaso doit nous rejoindre. Nous passerons à table dès qu'il sera là.

Sagamore confia à Marie-Aimée l'étrange similitude de sa librairie avec l'échoppe préférée de son enfance. Il évoqua Aurore, sa raison de vivre, qu'il disait aussi belle qu'un champ de blé au mois d'août. Il parla des champs d'oliviers, du chant de rivière des peupliers alignés au bord du chemin. En écho, Marie-Aimée lui raconta les parfums de la garrigue, les silences cadencés par le chant stridulent des cigales, quelques mignonnes anecdotes de ses bonheurs de petite fille dans la maison de famille aux odeurs de soleil, de linge frais et de bois ciré. Plus Marie-Aimée parlait, plus Sagamore se demandait ce qui avait conduit la jolie Provençale à abandonner le paradis de ses jeunes années pour s'installer dans la grande ville. Et cette question, il finit par se la poser pour lui-même. Le bonheur, qui était l'objet de sa quête fervente, ne résidait-il pas en lui, à l'étage le plus élevé de son for intérieur, ainsi que Joy le lui avait suggéré dès leur première rencontre avec ces mots naïfs et vrais : « le bonheur, il est là où on le laisse entrer ». Et Théophane lui avait appris que c'était vrai aussi pour l'amour et pour Dieu. Marie-Aimée répondit à la question que Sagamore n'avait pas osé lui poser :

— La joie est comme un arrière-pays préservé, plein de saveur, de senteurs et de secrets. Il nous arrive de nous en éloigner, de troquer cette paix toute simple contre une sorte d'exaltation furieuse qui caractérise le rythme de la vie moderne. Mais toujours, toujours, nous conservons dans l'arrière-pays de notre conscience, aux confins du rêve, cette part de bonheur, imprenable, cette faculté de plénitude qu'est la joie !

Encouragé par l'intérêt que manifestait Marie-Aimée pour son histoire, Sagamore parla à nouveau de son père, le grand initiateur des secrets de la nature, de l'équilibre et de l'harmonie. Théophane était arrivé entre-temps, et avait pris le parti d'apparaître avec le même souci de discrétion qu'un moine rejoignant une oraison silencieuse : il s'était approché, captivé qu'il était par l'intuition de cet homme qui menait à la Source de vie sans le savoir. Il ne pouvait s'empêcher de traduire avec son lexique mystique cette approche éminemment sensible et poétique de l'existence. Joy, quant à elle, figurait dans la pièce de manière presque abstraite ; elle était là sans être là, comme un papillon sur une armoire. Elle goûtait, légère, précieuse, fragile, la délicatesse de la lumière qui filtrait derrière les mots.

Mais le tour charmant que prenait cette conversation se perdit dans les méandres troubles de complications sentimentales que Marie-Aimée se décida à confesser. Sa vie était suspendue à une énigme qui tournoyait autour d'elle depuis près de deux années. Elle recevait régulièrement d'un mystérieux correspondant des cartes postales sous enveloppes soigneusement cachetées et qu'accompagnait toujours une petite attention : une plume d'oiseau, un fin morceau de quartz, une marguerite séchée, trois pétales de rose, un trèfle à quatre feuilles, un brin d'herbe annoncé comme « touché par la grâce d'un coucher de soleil prodigieux », une feuille grande ouverte comme une main, et même une antique pièce de monnaie figurant Athena, la déesse de la sagesse, et prétendument trouvée par terre à proximité d'Éphèse. Ces envois anonymes étaient expédiés de tous les pays du monde, le dernier en date portant le cachet de Tamanrasset. Celui-ci contenait une pincée de sable du Sahara. C'est d'ailleurs cet indice qui avait incité Marie-Aimée à s'ouvrir ainsi, alors que Sagamore venait juste de parler de ses impressions de voyage au cœur du désert. Sagamore lui assura que le soupirant qui la poursuivait de son assiduité ne pouvait être lui, car malgré son tempérament sentimental et parfois fougueux, il n'avait pas coutume d'envoyer des lettres à des inconnues. Marie-Aimée rit de bon cœur, et Frère Théophane, en homme familier des mystères, tenta d'apporter sa clairvoyance pour élucider cette insistante énigme.

— Je ne comprends pas, dit Marie-Aimée ingénument, je n'ai jamais voyagé de la sorte, et je ne me connais pas d'amoureux parcourant le monde ! Je n'ai pas non plus le souvenir d'avoir été courtisée dans ma boutique par un chevalier servant qui serait tombé à genoux devant moi ! Au début, je pensais à un canular, mais les cachets postaux sont authentiques, et il est manifeste que l'écriture provient toujours de la même personne. De plus, mon nom et mon adresse sont très correctement libellés.

— N'y a-t-il jamais aucune signature ou aucun signe qui permettrait…

— Jamais. Et c'est bien cela qui m'intrigue. D'autant que ce petit manège dure depuis deux ans déjà. Habituellement, lorsqu'on envoie une lettre, c'est dans l'attente d'une réponse, ou du moins d'un échange. Or, j'ai le sentiment d'une personne qui vient s'immiscer dans ma vie sans me demander mon avis et sans attendre de moi quoi que ce soit. À la fois, c'est l'expression d'une belle gratuité, mais d'un autre côté, cela me met mal à l'aise… Comprenez-vous cela ?

— Mon Dieu, répondit Frère Théophane, ce que je comprends c'est qu'on puisse être durablement marqué par le charme d'une aussi jolie personne que celle que tu incarnes. De là à masquer son identité…

— C'est-à-dire… L'anecdote serait anodine s'il s'agissait d'un simple hommage galant, commença Marie-Aimée visiblement embarrassée, mais…

— Mais ?

— Eh bien, et c'est cela le plus troublant, ce mystérieux correspondant ne peut pas ne pas me connaître, car il m'adresse des messages qui correspondent d'assez près à mes préoccupations ou à mes pensées du moment.

— C'est peut-être un amoureux qui se prend pour le bon Dieu ! s'aventura Joy qui écarquillait les yeux à l'écoute de ce conte de fées.

— Ou peut-être un ange, enchérit Sagamore.

Théophane sourit avec la flegmatique perspicacité du détective :

— Un ange n'a hélas pas les moyens

d'acheter des timbres-poste ! Mais dis-moi, Marie-Aimée, est-il indiscret de te demander la teneur des messages que tu reçois ?

— Comment dire ? Ce sont des mots d'un autre temps, parfois exprimés comme des rébus. Par exemple :

« La joie est le point final. Cherchez la phrase ! »

— Hmm ! C'est joli, fit Joy avec gourmandise – car certains mots avaient le pouvoir de lui faire briller les yeux tout autant qu'un éclair au chocolat. Tu en as d'autres, des comme ça ?

Marie-Aimée ouvrit son sac, et sortit délicatement une liasse d'enveloppes dont elle lut quelques échantillons :

« Allez taquiner l'enthousiasme dans l'eau vive de la pensée féconde ! »

« Tu dois avoir un cœur brûlant, dans lequel pourtant régne une paix silencieuse inaltérable ». Signé : Maître Eckhart. Cette phrase est arrivée à un moment où justement, je n'étais pas en paix avec moi-même.

Cette autre, aussi : « Prenez un temps, régulièrement, pour exprimer votre gratitude aux petites attentions dont vous avez fait l'objet. Prenez un temps pour dire merci. Vous verrez à quel point votre bonheur se mettra à prospérer ! » Ce message est advenu à une période de ma vie où l'habitude m'incitait à considérer comme normales les petites satisfactions quotidiennes et m'empêchait d'en apprécier vraiment la valeur.

Une autre fois, au cœur d'une période d'activisme, je reçus ce mot : « Prenez soin de ce qui rend votre vie belle, comme s'il s'agissait de fleurs dont il faut favoriser l'épanouissement ». Un peu plus tard, alors que je m'en voulais de n'avoir pas trouvé le temps de rejoindre la chorale et de revoir Joy, c'est ce mot qui m'attendait dans ma boîte aux lettres :

« Où étiez-vous quand Dieu, à votre oreille, jouait la musique de l'enfance ? La joie est une musique. Si vous voulez la trouver, cherchez l'harmonie ! »

Et cette lettre, grand Dieu ! c'était à la suite de la disparition d'une très chère amie... Combien les simples mots qu'elle contient m'ont fait pleurer : « Il faut avoir eu le cœur lourd quelquefois pour acquérir le pas léger et la prestance des âmes fortes. »

La jeune femme reposa sa liasse de lettres sur ses genoux et soupira profondément :

— Qu'en pensez-vous, Frère Théophane ? demanda-t-elle, manifestement soulagée d'avoir pu partager un secret trop lourd pour elle.

Frère Théophane rassembla ses mains devant sa bouche et resta muet quelques instants, ainsi qu'il avait coutume de le faire afin de subordonner ses paroles à une inspiration venue d'en-haut. Enfin, Marie-Aimée, en guise de réponse entendit cette surprenante question :

— Serais-tu prête à tout quitter pour rejoindre ce correspondant ? Pourrais-tu le suivre au bout du monde ?

— De grâce, Théophane ! Épargnez-moi ce genre de questions ! Il y a assez de confusion mystique dans ma tête... Mon esprit n'est plus en ordre pour continuer cette conversation !

Conscient d'avoir déstabilisé la jeune femme en la confrontant au grand large de l'amour, Théophane la secourut en la ramenant vers les berges tranquilles de la confiance.

— L'amour, ce n'est pas seulement une personne à aimer, c'est un mystère à respecter. Sans doute faut-il avoir une très haute idée de l'amour pour célébrer d'abord ce mystère dans l'élan mystique de la présence dans l'absence. Garde la certitude que ton mystérieux correspondant, qui semble si je puis dire te correspondre de si près, te sera révélé un jour prochain. Ce qui est dit dans la foi peut être compris dans l'amour : nul ne sait ni le jour ni l'heure ; tenez-vous prêt : veillez et priez ! Sois dans l'attente – *ad-tendere* – dans la bienheureuse tension vers un but que tu ne connais pas et qui te sera révélé en temps voulu. Tu sais, il ne faut pas se cramponner à ses attentes ou à ses souhaits, mais simplement, en confiance et docilement, se laisser renouveler.

Théophane trouvait palpitant ce suspense méditatif auquel la vie de Marie-Aimée s'accrochait : ne détenait-elle pas sur elle toutes ces lettres, à la manière d'une fiancée emportant partout les missives enflammées de son bien-aimé ? De fait, si les mobiles de cette intrigue restaient troubles, une chose du moins était parfaitement claire : cet intime inconnu exacerbait l'existence de la jeune femme, attisait son désir et son espérance, son attention aux signes de la Providence, sa foi dans des promesses dont la preuve est à jamais manquante et qui rend le certain improbable et possible l'inconcevable. Tout le bonheur de cette jeune femme était suspendu à l'attente de messages à la tournure métaphysique, à la fois imprévisibles et propices à d'infinies interprétations méditatives. Elle n'avait d'autre choix que de se tenir dans la veille, oui de veiller attentivement à tout ce qui advient et à découvrir ainsi la conscience savourante de vivre. Frère Théophane se dit quant à lui que le correspondant anonyme avait moins le profil du séducteur inventif que d'un être sincère et profond familier des élans de l'Esprit. Il était manifeste que s'il avait choisi de rester dans l'ombre, c'était pour propager plus sûrement la lumière.

Tommaso, attendu pour le repas, dérangea ces discrètes confidences par son intrusion intempestive. Son élan vital s'exprimait de manière si vibrionnante qu'il accaparait vite toute l'atmosphère d'un lieu. Marie-Aimée sembla le lui reprocher en fronçant imperceptiblement les sourcils, ce qui amena quelques nuages sombres dans le ciel de son regard. Elle accueillit les hommages de Tommaso d'un silence cinglant. Tommaso ne manquait pas d'attention et de délicatesse, mais sa volubilité latine était parfois déplacée. Sa présence brisa un peu le charme ce soir-là.

Marie-Aimée ne fut pas très attentive aux paroles qui suivirent. Elle n'accorda d'abord qu'une attention distraite au bénédicité de Frère Théophane, mais se ressaisit soudain à l'écoute de cette conclusion qui lui parut très directement destinée :

— ...afin que s'accomplisse tout ce qui doit être, et que prospère ce qui est bon et digne d'espérance...

Mieux que ne l'eut fait un séducteur impénitent, Frère Théophane venait de faire vaciller les beaux yeux bleus de la jeune Provençale.

14.

Le lieu qui est lien entre rien du tout et le grand Tout

Entre Frère Théophane et Sagamore s'était établi un lien particulier. Les questions de l'un appelaient les réponses de l'autre, et la réciproque était assez vraie, tant il y avait d'affinités dans leur manière de considérer les choses de la vie. Tout se passait comme si l'un dans sa décision de chercher le bonheur au bout du monde et l'autre de déceler la vérité au fin fond de soi, s'étaient engagés dans la même espérance ardente de découvrir la joie parfaite. Il était de plus en plus manifeste que le moine et le voyageur étaient tous deux des pèlerins à la recherche de cette part manquante qu'évoquait Sagamore à travers le souvenir des puzzles de son enfance. Et chacun en quelque sorte avait en face de lui l'autre part de lui-même. Dans le miroir des yeux de Théophane, Sagamore lisait toutes les salutaires vertus de la méditation. Et dans les yeux de Sagamore se reflétaient tous les mouvements qu'engendre le feu de l'action, dont Théophane savait bien qu'elle enflamme cette bienheureuse impatience de vivre.

— Sagamore, parle-moi encore du désert… l'interrogea Frère Théophane, par allusion aux propos ébauchés le soir précédent en présence de Marie-Aimée. Sais-tu que dans nos monastères, il y a une journée de la semaine qui porte ce nom : la journée du désert. Malgré l'âpreté de l'appellation, c'est une journée à la fois humble et resplendissante. On se retire dans la solitude, et l'on vaque à Dieu. On y trouve beaucoup de paix du cœur, sais-tu ?

— Ça veut dire quoi, vaquer à Dieu ? demanda Sagamore.

— Cela signifie que l'on fait le vide en soi, on se désencombre de toutes sortes de préoccupations temporelles, pour être tout à fait dans la disponibilité de l'attente, et à l'écoute des secrets d'en-haut. On n'est plus tellement dans le temps, on est dans l'éternité de Dieu.

— Alors, c'est un peu comme la *lectio divina* ?

— Bien sûr. La prière est comme un puits de

silence où l'on va puiser quand on a soif. Mais c'est aussi une façon de se mettre en marche sur le chemin qui mène au puits. Voilà pourquoi, la prière est à la fois un mouvement et un repos. Comme il est écrit dans le livre saint, « la voix de Dieu se communique dans un souffle de silence ». Il faut mettre en œuvre toute son attention, toute sa conscience savourante de vivre pour en percevoir la douceur. Cette journée de désert est d'une extraordinaire densité, où se mêlent dans une divine alliance le vide et le plein, le manque et la plénitude.

— Tu veux dire qu'il se passe quelque chose quand il ne se passe rien, n'est-ce pas ? J'ai ressenti cela, aussi. Plus tu es dans l'immobilité, et plus tu es dans l'attention. Et cela déclenche une foule d'événements intérieurs. La grande expérience que j'ai faite dans le désert, c'est que chaque être, chaque rencontre a sa place dans le grand ordre des choses. Tout événement, même douloureux, a un sens intérieur caché. Aussi ai-je appris à être attentif à mes événements intérieurs.

Sagamore soupira amplement pour évoquer ces étendues entremêlées de sable blond et d'étoiles qui l'avaient tant marqué.

— La première nuit, j'ai eu beaucoup de

mal à m'endormir. Tu es allongé dans le sable tiède, et dans ces immensités sahariennes aux 180° d'étoiles, tout se fait plus proche, presque intime, même l'infini. C'est comme si la Voie Lactée arrivait en faisceau sur toi. L'univers entier est aux portes de toi et tes yeux sont si grand ouverts qu'ils finissent par absorber tout, la lune pleine et les étoiles, le silence et le grand vide sidéral, les années-lumière.

— Mon Dieu, s'émerveilla Frère Théophane, il faudrait que chaque homme puisse éprouver un jour dans sa chair, dans sa soif, dans son étrangeté d'être, cette saisissante correspondance entre l'au-dedans et l'Au-delà de Tout. Ne fut-ce qu'un instant. Car l'éternité habite cet instant. Et l'homme, s'il en perçoit la grâce, se sent pour toujours justifié d'exister.

« Le désert, c'est le lieu qui est lien entre rien du tout et le grand Tout. Vois-tu, moi aussi, je me suis retrouvé au beau milieu du désert, et le désert ouvrait ses étendues en moi. Et pourtant, je n'ai jamais de mes yeux vu ces immensités sahariennes dont tu me parles. Mais j'ai ressenti la soif du voyageur qui chemine dans le désert. Cette soif qui n'est pas de bouche mais de cœur. Tu sais : cette blessure d'enfance dont on ne guérit pas, cette perte inconsolable d'un royaume en soi. L'enfant est toujours le seigneur d'un royaume inexploré : chevalier sans peur et sans reproche, capitaine d'une flotte de guerre, maître des saveurs, jardinier d'amour. Il porte en lui quelque chose qui ressemble à une souveraineté intérieure et que le monde conspire à renverser, comme il conspire à séparer ce qui est uni… S'il ignore beaucoup de règles du jeu des grandes personnes, l'enfant connaît déjà le grand enjeu de la vie : cette tension douloureuse et sublime vers un but que l'on ne connaît pas encore mais vers lequel on s'achemine dans un élan inexorable.

— C'est exactement cela ! jubila Sagamore comme s'il trouvait une exacte correspondance entre les mots du moine et l'émoi qu'il éprouvait. Cela l'encouragea à traduire l'indicible, à se délivrer en se livrant :

« Cette confrontation avec le vide absolu, c'était ma traversée du désert. Si tu savais comme j'ai haï ma solitude ! Si tu savais combien elle me fut douce et salutaire quand j'ai commencé à l'apprivoiser ! Je me sentais vide, mais de ce vide qui est une disponibilité annonciatrice de plénitude. J'ai scruté beaucoup d'horizons et de ciel, à la recherche de points d'appui et de points d'envol. Tout était parfaitement à sa place, chaque étoile, chaque grain de sable, chaque souffle d'air, chaque note de silence dans la musique des sphères. Tout s'ajustait parfaitement selon un rituel millénaire. Mais mon cœur, lui, restait inapaisé. Mon jardin intérieur n'était pas encore assez ordonné pour accueillir la beauté. Alors, je me suis mis en marche, je suis parti pour mieux revenir et aussi sans doute pour mieux exister.

« Je me tenais dans le grand frisson de l'éveil comme si c'était l'aube du monde et que tout allait commencer.

15.

La bonne fortune

C'est dans cette même journée de désert, un lundi en fin de journée, que l'inconcevable se produisit. Une intrusion de la Providence absolument inouïe dont le détail, s'il était rapporté dans un roman, témoignerait d'une fantaisie littéraire quelque peu excentrique. Mais la réalité elle-même n'est-elle pas parfois impromptue, déraisonnable, excessive ?

C'était la veille du ramassage des ordures, il devait être dix-neuf heures environ. Joy rentrait chez Mamika, accompagnée de Sagamore, Tommaso, Nabil et Marie-Aimée, qui venait de fermer sa boutique pour la nuit. En arrivant dans la cour, à côté des poubelles, Joy marqua le pas et d'un coup de menton, avisa un bout de papier qui dépassait d'un carton et qui ressemblait à s'y méprendre à un billet de banque ! Elle montra du doigt le triangle insolite, et courut pour s'emparer du billet qu'elle brandit victorieusement :

— Il est drôlement bien fait ! s'écria-t-elle. On dirait un vrai !

Nabil s'approcha, s'empara à son tour du billet qu'il ausculta sous tous les angles avec une attention experte et déclara :

— Mais c'est un vrai !

Joy s'approcha du carton. Quelle ne fut pas sa surprise de trouver sous quelques vieux magazines des liasses entières de billets de banque ! L'ironie du sort voulait que le carton contenant cette précieuse cargaison était affublé d'une mention sommairement manuscrite : « Vieux papiers »… et que trois autres cartons de semblable gabarit portaient la même inscription. Héroïne d'un jeu de piste improvisé, Joy ouvrit fébrilement les cartons portant le même indice : et effectivement, sous quelques magazines épars, elle découvrit à nouveau des liasses et des liasses de billets de banque.

— C'est incroyable ! s'exclama Nabil. Regardez-moi ça : il y a là une petite fortune !

— Ça alors ! s'exclama Tommaso.

— Cela ne me plaît pas trop, dit Marie-

Aimée. Ce n'est pas franchement le contenu d'une poubelle ! Il faudrait avertir la police : c'est peut-être un piège, ou bien le butin d'un hold-up entreposé ici en attendant…

— En attendant quoi ? demanda Joy avec perplexité.

— Il y a eu une fois un fait divers comme ça, reprit Marie-Aimée. Une vieille dame qui vivait seule et qui avait toutes ses économies cachées chez elle au fond de cartons. Quand elle est morte, on a vidé son appartement et mis les vieilleries au débarras, sans faire le détail : et il y avait toute sa fortune dans des vieux cartons déposés sur le trottoir !

— Alors, qu'est-ce qu'on en fait, de *la petite fortune* ? demanda Joy.

— Écoute : pas un mot à personne, d'accord ? intervint Tommaso. Motus et bouche cousue…

Joy s'envola dans la rue avec quelques billets : « Je vous retrouve chez Mamika ! »

Entre-temps, ses comparses avaient discrètement enfoui les liasses de billets dans un vieux sac postal en toile de jute qui traînait par là : ça vous avait des allures de butin succédant à une attaque de train postal, qui donnait un goût d'aventure aux heureux élus du hasard et de la chance. Seule, Marie-Aimée se tenait à l'écart, avec la mine contrite de quelqu'un qui pressent, derrière l'événement apparemment favorable, que les ennuis vont commencer.

Précisément, afin d'éviter des tracasseries à Mamika, il fut décidé que le sac contenant la petite fortune serait confié à Sagamore et solidement arrimé à une branche haute du marronnier. Après tout, on pouvait estimer que statistiquement, les risques de cambriolage dans un arbre étaient minimes ! De surcroît, l'abri de fortune de Sagamore méritait désormais pleinement son appellation !

— Marie-Aimée, dit Tommaso en devinant ses scrupules derrière sa très visible retenue, cet argent, on ne l'a pas volé, vous êtes d'accord ?

— Je sais bien, mais…

— Mais ?

— J'aurais préféré que tout reste comme avant…

— Écoutez, Marie-Aimée, c'est un penchant fréquent de se nourrir de nostalgies et de redouter l'inconnu qui escorte l'avenir. Mais on ne peut pas faire comme si ce qui advenait n'avait jamais existé. Qui nous empêche de convertir les événements à notre manière afin que, plus tard, ils apparaissent comme de bons souvenirs ?

— Théophane, vous le savez, l'argent est toujours un facteur de division, de discorde et d'éloignement, gémit Marie-Aimée.

— Je comprends votre trouble, et c'est tout à l'honneur de votre intégrité. Mais voilà : il y a dans la vie… disons : des événements accidentels. Ce que nous vivons en ce moment, appelons-le un accident heureux. Et ce qui en découlera dépend entièrement de nous. Une chance peut se transformer en bénédiction ou en malédiction selon ce que nous en faisons, ne croyez-vous pas ?

Sur ces entrefaites, Joy rejoint la petite bande avec une brassée de fleurs qui tenaient à peine dans la corbeille de ses bras.

— Tu sais quoi ? J'ai pu acheter soixante-dix sept roses avec un seul billet ! Tu t'rends compte ! Pouvoir échanger des billets de banque tout sales contre des roses toute fraîches ! Avec les milliers de milliers de billets qu'on a, tu imagines tout ce qu'on va pouvoir faire fleurir !

Là où Joy ne voyait que vallées de roses, Marie-Aimée pressentait les menaces qui, toujours, flétrissent la beauté :

— Cela va être difficile de ne pas passer pour une association de malfaiteurs ! Cet argent, on ne sait pas d'où il vient…

Avec une mine de conspirateur, Frère Théophane trouva l'occasion trop belle :

— Cet argent, puisqu'on ne sait pas d'où il vient, il faut ne pas savoir où il va, d'accord ?

— Et pourquoi on ne ferait pas une Association de Bienfaiteurs ? s'illumina Joy.

— Oh, oui ! s'enthousiasma Marie-Aimée en joignant ses mains, comme une enfant à laquelle on viendrait de proposer un tour de manège. Cette perspective éloignait toute menace de perdition et rachetait à ses yeux cette fatale propension à s'emparer de ce qui ne nous appartient pas.

Pour dissiper définitivement les craintes exprimées par la jeune femme de bonne famille, et par souci de confirmer sa réputation d'homme du Juste Milieu, Frère Théophane releva la merveilleuse occasion qu'offrait ce don du ciel de substituer le bien au mal et de constituer effectivement une Association de Bienfaiteurs, afin d'être tout à fait dignes des bienfaits de la Providence. C'est dans cet élan franc et presque instinctif que fut lancé le mouvement des « Réenchanteurs Associés », et Joy proposa que l'emblème en serait les soixante-dix sept roses qu'elle avait spontanément achetées pour honorer Mamika et faire de sa maison, définitivement, un lieu de grâce vivifiante et de bénédiction céleste.

— Je crois que, comme d'habitude, la vérité sort du cœur de Joy ! s'exclama Théophane. L'énergie, nous n'en avons qu'une : on peut la dépenser bêtement, la disperser dans des choses négatives ou stériles, ou bien en faire une prodigieuse force positive, la déployer, la propager, la faire grandir. La seule manière de renouveler son énergie, c'est de la donner. Alors, c'est comme un cercle vertueux, un cycle de bonheur : tu reçois au fur et à mesure que tu donnes ! Quand tu dépenses ton énergie pour quelque chose de positif, aussitôt t'est donné un surcroît d'énergie pour continuer. Plus tu dépenses, et moins tu es riche. Mais plus tu *te* dépenses, et plus tu es riche. L'argent, c'est un peu pareil. Il faut le recycler dans des *actions* et des *obligations* qui n'ont rien à voir avec celles qu'on peut trouver sur les marchés financiers !

— Bon, alors, pour résumer, qu'est-ce que l'on fait concrètement ? demanda Tommaso.

— Ça ne t'arrive pas, à toi, d'avoir envie d'*emparadiser* le monde ? s'exalta Joy dans un sourire charmant.

Avec cet argent tombé du ciel dans un carton-poubelle, Joy avait conçu de faire le bien de manière anonyme et clandestine. Mieux qu'à un travail à plein temps, c'est à la plénitude du temps qu'elle avait décidé de se vouer ! Cette occupation lui allait comme un gant de velours ; comment une créature comme Joy, dotée d'une âme aussi mélodique, aurait-elle pu refuser de tenir le rôle de l'ange ? Et pour respecter tout à fait la déontologie de ces créatures célestes, naturellement douées du don d'ubiquité, elle était prête à se montrer merveilleusement discrète, lumineuse et efficace !

16.

Le Front de Libération de la Joie de Vivre

Selon Frère Théophane, la première malédiction du monde moderne était le désenchantement. À ses yeux, perdre confiance était quelque chose de pire que de perdre conscience. C'était une sorte d'évanouissement de notre raison de vivre. Ne pas s'émerveiller, c'est ne plus y croire, et ne plus y croire revient à ne plus aimer véritablement, puisque l'amour ne saurait se concevoir sans la folle espérance qui l'accompagne et le désir ardent qui le conduit.

Dans le cercle de lumière où elle était apparue, la petite fortune apparaissait doublement incongrue : d'abord parce qu'elle était tombée du ciel dans une poubelle, ensuite parce que la vie de la cour de Rohan, et le compagnonnage fraternel qui s'y était établi, reposaient sur une perception spirituelle par excellence, et que les sujets matériels n'avaient guère d'autre place que celle que l'on concède aux naturelles vicissitudes de l'existence.

En s'interrogeant sur le sens et le sort à réserver à cette manne qui, malgré sa découverte providentielle, n'avait probablement rien de céleste, Joy et ses amis prenaient des allures de conspirateurs à la veille d'un complot. Marie-Aimée disait se méfier de ce qui pousse tout seul. Elle soutenait que l'on s'attache à ce que l'on a semé, à ce que l'on cultive patiemment. À ce qui dépend de nous pour grandir. Une rose, un amour, un enfant…

Frère Théophane, en homme de sagesse, connaissait assez les manifestations intempestives de l'accaparement et de l'égocentrisme pour rappeler, sous forme d'avertissement de la conscience, que l'on doit se sentir de plus en plus proche de son prochain. Sinon, c'est que l'on fait fausse route.

Nabil se plut quant à lui à rapporter que dans sa tradition, quatre choses bannissent le chagrin et le souci, et suffisent à procurer la joie : l'eau, le vin, les jardins fleuris et les beaux visages. Et qu'avait à voir l'argent dans ces contrées riantes de l'amitié pure qui regorge de générosité confiante et de félicités partagées ? Malgré cette aubaine de l'argent tombé à leurs pieds, Nabil s'obstinait à distinguer la bonne fortune, c'est-à-dire la chance, et la fortune tout court – trop courte sans doute pour rejoindre les faveurs du ciel et qui, de ce fait, pouvait devenir une malédiction.

— Les gens très riches deviennent des mendiants d'amour parce qu'ils comprennent que les seules choses qui comptent sont celles qui ne se comptent pas…

Joy trouvait cette poésie très accordée à son monde intérieur. Toutefois, en parlant par images, comme elle en avait l'habitude et le talent, elle tenait à réconcilier les contraires, ainsi qu'elle s'y était ingéniée pour l'action et la méditation.

Sa vraie richesse, Joy l'avait découverte dans le silence de son cœur, tout à fait au creux de ses souffrances. Pour l'avoir éprouvé, elle savait le lien mystérieux et incompréhensible entre le manque et la plénitude. Dans la Maison du silence-qui-parle, des vérités lui étaient apparues sans qu'elle vienne les chercher, sans même qu'elle ait pris le temps de les espérer. Elle expliquait que, parfois, on se creuse la tête pour trouver des réponses, et que d'autres fois, ce sont des moments de grâce qui nous font dire : « l'idée m'est venue ». Non pas : « j'ai trouvé cette idée », insistait-elle afin de manifester l'avènement d'un principe extérieur à toute volonté personnelle, mais bien : « l'idée m'est venue ».

— Dans ce même ordre d'idée, soulignait-elle avec son implacable logique, pourquoi ne pourrait-on pas dire : « l'argent m'est venu » ? On ne l'a pas choisi, mais il est venu tout seul. On ne l'a pas cherché, on l'a trouvé, ou plutôt il s'est imposé à nous. Ce n'est pas ça ? Ce qu'il nous appartient de choisir à présent, c'est ce que l'on en fait, comment on investit quelque chose qui ne nous appartient pas et qui pourtant a fini par nous revenir, à nous…

« D'ailleurs si c'est tombé sur nous, c'est que c'est bien comme ça. Parce que nous, on n'est pas des gourous ou des voyous, on ne va pas transformer notre vie rien que pour se faire remarquer ; on va transformer la vie des autres en leur faisant remarquer des choses qu'ils ont perdu de vue. Vous saisissez ? En mêlant cette petite fortune à de la grande sagesse, je suis sûre qu'on peut atteindre des choses incroyables, des vérités inestimables que même les milliardaires ne pourront jamais s'offrir !

Elle prit un temps de respiration et demanda subitement :

— Et puis, c'est quoi la richesse d'un pays ?

— En termes économiques, c'est la somme de toutes les ressources créées par ce pays, enfin : c'est ce qu'on appelle le Produit National Brut, s'efforça d'expliquer Tommaso.

— Pourquoi brut ? reprit Joy en grimaçant. On n'est pas chez les sauvages ! Un de ces jours, j'irai voir le Président de la République. J'aimerais bien lui causer un peu, tiens !

En réalité, sous ses airs de gamine qui ne sait pas comment le monde tourne, Joy était en train d'inspirer au groupuscule cette idée subversive, turbulente et absolument révolutionnaire dans ce monde désenchanté : répandre la beauté et la fraternité comme une contagion d'amour. Frère Théophane, qui savait que l'enthousiasme est parfois un feu follet, crut bon d'ajouter :

— La parole est ardente, mais l'action est souvent faible. Soyons tout à fait dignes de ce que la destinée attend de nous !

Par une subtile périphrase, qui faisait allusion au terrorisme tout en le démantelant jusque dans ses fondements, Nabil trouva une abréviation redoutable en guise de nom de guerre clandestin : FLJV. Ce qui signifiait, en clair : Front de Libération de la Joie de Vivre. C'était bien d'une guerre d'amour qu'il s'agissait. Et c'est à Joy, égérie historique de ce nouveau mouvement activiste, qu'échut le choix des armes. Elle mit peu de temps à se décider : ce seraient des roses !

Le fleuriste du marché de la rue de Buci n'en croyait pas ses yeux. C'était le troisième matin qu'une gamine de douze ans mettait la main sur toute sa production de roses ! Et elle payait rubis sur l'ongle. La gamine avait beau soutenir que c'était pour mettre de la beauté dans la vie des gens et euphoriser le monde, le marchand avait du mal à se contenter d'une intention aussi éthérée.

Il avait tort. Lorsqu'il s'enquit de suivre la fillette pour examiner de plus près le sort réservé à ses roses, il fut édifié. Le petit manège de ce qu'il pensait être « le gang des fleurs » était simple comme bonjour ou merci. À chaque fois que le feu rouge arrêtait la circulation automobile sur le boulevard Saint-

Germain, la gamine, escortée d'un acolyte coiffé d'un amusant chapeau, s'avançait au milieu des voitures pour distribuer une rose à chaque conducteur ou à son passager. Ils accompagnaient leur geste de formules allègres comme celles-ci :

« Célébrez la beauté de la vie ! »

« Fleurissez votre vie, et votre vie fleurira ! »

« N'oubliez pas de dire à ceux que vous aimez combien ils sont chers à votre cœur ! »

La difficulté de cet exercice, et le fleuriste en fut vite témoin, c'est que cette distribution était gratis pro Deo, et que la gratuité n'est pas de ce monde, en tout cas pas du monde des grandes villes ! Certains automobilistes rechignaient à descendre leur vitre, de peur de se voir quémander quelque aumône. D'autres tendaient spontanément une pièce et Joy avait toutes les peines du monde à expliquer que c'était pour la beauté du geste, et que les roses n'avaient pas de prix ! Joy et Sagamore décidèrent d'aller dans le métro pour distribuer des roses aux passagers, mais ils se heurtèrent à une semblable méfiance et aux réticences de citadins campés sur leur quant-à-soi, ou accaparés par la lecture de leur journal ou de leurs pensées.

Un peu désemparés, les deux colporteurs de

beauté restèrent sur un quai, pour s'inventer d'autres horizons.

— Tu vois, mon Sagamore, commença Joy avec un regard rêveur, ouvrir le monde à la beauté et à la gratuité, c'est un sacré travail ! Les grandes personnes ont tellement, tellement de mal à se laisser rencontrer par le bien ! Jésus-Christ le Magnifique, c'était pareil : il voulait donner tout l'amour du monde, il était même prêt à se donner lui-même, eh bien ça n'a pas suffi. Les gens de son époque continuaient leurs affaires, l'air préoccupé, passant à côté de tout l'amour du monde en prenant des airs très importants : « Vous croyez que l'on a que ça à faire ! On ne peut tout de même pas passer son temps à s'entr'aimer les uns les autres ! » Alors que justement, c'est le plus haut sommet que nous puissions atteindre !

« Je n'arrive pas à comprendre : le grand but des gens, c'est d'aimer et d'être aimé, mais ils ont toutes les peines du monde à laisser la porte ouverte, et ils s'étonnent de voir l'amour rester à la porte ou passer son chemin ! Tu vois, le bonheur, c'est un peu pareil : il est là, mais on ne le reconnaît pas ! On le croise sans s'en apercevoir, ou on tourne les talons, en courant dans la rue suivante ou vers l'instant d'après.

Et le bonheur, qui s'attendait à ce qu'on lui fasse un triomphe, reste planté là, face à l'indifférence de la foule, en attendant que quelqu'un veuille bien reconnaître ses qualités et faire de lui son ami.

Sagamore cherchait des mots pour consoler la petite Joy. Ce qu'elle énonçait provoquait un resserrement si douloureux dans son cœur !

— Les grandes personnes des grandes villes doivent avoir des grands soucis : ça doit être proportionnel, non ? Il faut peut-être leur pardonner d'être un peu perdues : elles connaissent si peu le chant des fontaines…

— Justement, reprit Joy avec une ardeur renouvelée, c'est quand on se montre disponible, accueillant à l'imprévu, sensible aux signes, ouvert à l'inconnu, que le filet d'eau peut devenir cascade. Mais si on ne se laisse pas déborder, alors comment veux-tu… Comment veux-tu trouver le chemin qui mène au puits, et découvrir l'eau qui apaise toutes les soifs, celles du corps, du cœur, de l'âme et de l'esprit ?

Joy était devenue toute pâle, et serrait son immense brassée de roses rouges contre elle. Ses yeux émergeaient à peine de l'ample bouquet : on aurait dit qu'elle se noyait dans la beauté, une beauté qu'elle aurait tant aimé semer dans tous les cœurs, et qu'elle se voyait trop souvent refuser parce que la gratuité, non, ça n'existe pas, et que les élans du cœur, c'est bien, mais il ne faut pas exagérer, tout de même !

Sagamore n'eut que le temps de rattraper Joy pour l'aider à s'asseoir sur un banc. La petite semblait avoir du mal à respirer. Ce n'est pas qu'elle perdait connaissance, c'est plutôt que la connaissance la submergeait. Et cela lui procurait un semblable sentiment de vertige. Ils se retrouvèrent seuls, sur un quai de métro désert, tout encombrés de roses et de tendresse à ne plus savoir qu'en faire, comme deux mendiants d'amour persistant dans cette folle idée : réenchanter le monde. « Le résultat importe peu, disait Frère Théophane, seul compte l'esprit ». Le don divin du discernement, essentielle richesse intérieure, n'était certes pas monnaie courante dans les échanges de la vie moderne. Disciples de l'enfance éternelle, Joy et Sagamore n'en étaient pas moins fermement décidés à cultiver l'Espervérance, et à continuer à distribuer de la beauté gracieusement – dans le double sens du terme : gratuitement, et avec grâce.

17.

Qu'as-tu fait de beau ?

— Alors, qu'as-tu fait de beau aujourd'hui ?

Ces moines étaient de drôles de créatures, tout de même ! À les entendre, il faudrait passer son temps à faire du beau ! Pourquoi ne demanderaient-ils pas aussi par la même occasion : « Qu'as-tu fait de vrai, aujourd'hui ? » Du reste, cela reviendrait un peu au même : nos instants de beauté ne sont-ils pas nos instants de vérité ? À sa manière de se mordiller les lèvres, Sagamore vit bien que Joy brûlait de poser une question au moine, qu'elle se décida enfin à aborder de la sorte :

— Dis-moi, Théophane, est-ce que c'est possible d'être… milliardaire en roses ?

— Que veux-tu dire exactement, Joy ? Voir la vie en rose, c'est cela ?

— Non, non ! insista Joy. Être milliardaire en roses… par exemple si l'on a la responsabilité d'un immense jardin de roses ?

— Mon Dieu, voilà bien une drôle de question ! Il me semble qu'avec des roses, on est bien plus que milliardaire ! On est au-delà des chiffres…

— Ah ! Et… qu'est-ce qu'il y a au-delà des chiffres ?

— Au-delà de ce qui peut se mesurer ou se chiffrer, il y a l'infini. Mais tu sais, on ne possède pas l'infini, pas plus qu'on ne possède véritablement des roses. On est au service de la beauté, c'est tout. C'est dans ces moments que l'on est véritablement vivant. On n'a plus besoin d'être justifié d'exister : on fait simplement partie de la beauté de la Création. Et ça suffit pour être pleinement heureux et pour faire de sa vie quelque chose de plus beau encore qu'une œuvre d'art. On se sent ajusté, bien à sa place dans une civilisation définitive.

— Moi, c'est quand je regarde les étoiles les soirs d'été, dans la symphonie des grillons : j'ai l'impression d'être une note de musique dans l'harmonie de l'au-delà. Je me sens filigrane ! La profondeur se mêle à l'altitude ; c'est comme si je tombais vers le haut ! J'te jure : comme si j'étais aimantée par le ciel. D'ailleurs, je crois que quand on a le cœur aimant, on se retrouve irrésistiblement attiré par le ciel : c'est autrement mieux que de rester terre-à-terre, non ?

Joy ne tarda pas à s'endormir ce soir-là. Escortée par Sagamore, elle avait accompli sa mission d'ange toute la journée et s'en trouvait épuisée. Le matin, elle avait croisé Joël qui, pour entretenir sa légendaire mauvaise humeur, maugréait contre la pollution en général et celle des esprits en particulier. Et juste avant de s'endormir, elle savourait comme une secrète victoire cette euphorie du même Joël dont la voix surexcitée transperçait la cloison de sa chambre.

— Sais-tu, Théophane, que je vais finir par croire tout à fait aux sortilèges de la Providence ! Écoutez-moi tous, vous n'allez pas croire à ce qui m'est arrivé ! Un vrai cadeau du ciel !

En sortant de chez lui, Joël avait buté sur un accordéon diatonique déposé sur son paillasson. Il s'agissait non pas de la restitution de l'accordéon qu'on lui avait volé, mais chose incroyable : d'un instrument tout neuf, et d'un modèle rare qu'il n'aurait jamais espéré pouvoir s'offrir un jour ! Joy avait cette fois pleinement réussi sa mission d'ange : Joël semblait vraiment ne se douter de rien !

— Pour fêter cela, vous allez m'entendre ! Je vais jouer sur le trottoir toute la nuit ! s'exclama-t-il dans cette espèce d'ébullition qui lui servait d'enthousiasme.

— Quand il se met à brasser comme cela, murmura Mamika à laquelle Joël donnait le tournis, on dirait une machine-à-laver en cycle essorage !

— Bonne et heure soirée ! lui lança Théophane en faisant un clin d'œil entendu à Sagamore.

On entendit Joël descendre quatre à quatre les escaliers, puis s'attarder à une aubade sous les fenêtres de Mamika, avant de s'éloigner sur des airs de bal musette, bien décidé à égayer les parisiens et les touristes venus prendre le frais sur les terrasses du quartier Latin.

Sagamore le rejoignit dans la soirée. Le cœur joyeux, il s'approcha flûte au bec en faisant écho à l'accordéoniste qui claquait du pied et s'enflammait de plus belle. Un groupe de jeunes nordiques se mit à danser sur le trottoir au son joyeux des instruments, amplifiant l'attroupement des badauds. Cette fête improvisée subjuguait les passants : peu à peu, c'est une véritable farandole qui se constitua, occupant tout le trottoir sous l'œil médusé des automobilistes.

Lorsque Sagamore, sur le coup de minuit, retrouva la solitude de son marronnier après ces improvisations festives, il se remémora cette phrase qu'avait prononcée Frère Théophane avant qu'ils ne se quittent et qui faisait singulièrement écho à sa quête : « Si les gens savaient qu'on ne trouve son propre bonheur qu'en faisant le bonheur d'un plus grand nombre d'autres, ce serait le paradis sur terre ! » Et puis, Sagamore avait enfin lu la réponse au rébus existentiel du plus grand amour : en rentrant chez Mamika, il avait découvert sur le petit tableau noir de l'entrée la deuxième ligne complétant la phrase inachevée :

Il n'est pas de plus grand amour
que de donner sa vie pour ceux qu'on aime

Ce n'était pas véritablement une surprise, mais plutôt à l'instar de la pièce manquante du puzzle de son enfance, une manière de voir s'ajuster parfaitement le fragment de vérité dans la place qui lui était destinée. C'était le joli mariage d'une évidence et d'un mystère ; et de ce mariage, allait naître, assurément, toute la lignée des élans purs et des grands sentiments.

— Des changements de température pareils, cela devrait être interdit par décret parlementaire ! s'offusqua plaisamment Mamika en s'efforçant d'aménager des courants d'air pour tempérer quelque peu les pièces de son appartement.

— Tu dors, Joy ? demanda doucement Sagamore en s'approchant dans la pénombre de la pièce.

— Non, je ne dors pas. Je fais juste du silence…

— Comment vas-tu à présent ? l'interrogea Sagamore qui s'était enroulé au pied du lit de la petite comme un gros animal de compagnie.

— Si tu veux vraiment savoir : ce matin, je ne me sens pas très formidable ! J'ai une fatigue terrible qui me monte aux yeux. J'ai l'impression d'être annulée, de ne servir à rien de rien : j'aimerais faire sourire tout le monde, consoler tout le monde, et puis soudain je m'aperçois que je suis tout petite. Une toute petite Joy de rien du tout ! Il y a tellement de grandes choses à faire, et moi je me sens si petite ! Alors, je reste là, un peu bête, comme un papillon qui voudrait déplacer une montagne !

— C'est peut-être une faute de perspective, Joy ! Ce n'est pas l'emplacement de la montagne qu'il faut modifier, c'est ton regard !

— Tu as sans doute raison, mais ça n'empêche : il y a des jours où je ne me sens pas éternelle du tout !

Mamika entra dans la chambre avec une discrétion de papillon. Elle cherchait tellement à prendre soin de son petit monde qu'elle avait la vulnérabilité des mamans qui ne savent faire fructifier leur propre bonheur qu'en le plaçant dans le bonheur des autres. Partout où elle passait, elle cherchait à apporter le meilleur de sa présence. Son élégance de vivre s'accordait à déjouer les pièges subtils de la morosité et tenait tout entière dans cette devise :

Ne dérangez pas l'autre pour l'assombrir avec vos soucis.

Dérangez-le pour l'entraîner dans votre joie !

Joy avait expliqué de quelle savante manière Mamika pratiquait le métier d'ange gardien auprès de ceux qui fréquentaient sa maison, en veillant sur leur bien-être et même sur leur être tout court. Elle étendait cette mansuétude à des correspondants lointains voire inconnus. Mamika avait le cœur sentimental et l'âme bienfaitrice. Chaque mardi matin, elle partait au bureau de poste du quartier avec un petit paquct : cllc y mettait des chocolats, ou bien un livre, des recettes sur l'art de cuisiner ou sur l'art d'être heureux, enfin quelque chose de revigorant ! Et elle adressait cela de manière anonyme à telle ancienne connaissance, tel ami déprimé ou tel autre en mal de communication, ou encore à tel écrivain qui, par la fraîcheur de ses écrits, l'avait rajeunie de dix ans ! Elle s'entraînait chaque jour à la sérénité comme d'autres s'exercent au saut en hauteur : avec acharnement.

— Tu as remarqué, dit Joy à Sagamore en évoquant leur pérégrination altruiste de la veille : les gens des grandes villes ne veulent pas trop croiser le regard. Parce qu'ils ont peur de se découvrir vulnérables… Le regard, c'est de la porcelaine. Attention, fragile !

— Oui, eh bien en ce moment, c'est toi qui

es fragile, intervint Mamika alors que Théophane pointait le nez dans la chambre.

Joy se mit à hoqueter, submergée par la honte d'être à la fois si jeune et si peu vigoureuse :

— J'ai le cœur qui pleure comme un nuage qui s'est retenu trop longtemps de pleuvoir pour ne pas contrarier le bonheur insouciant des gens !

Se défiant de la compassion émolliente, Mamika lui tapota la joue en lui disant : « Courage, ma jolie ! Et ne cherche pas à chiper ma place de vieille dame percluse de rhumatismes et de bobos en tous genres ! ». Puis elle s'éclipsa à la suite d'un « Bon, moi, je pars avec mon petit paquet à la Poste ! »

Joy se mit à sourire délicatement, tout attendrie :

— C'est beau de faire le bien clandestinement, sans que personne sache d'où ça vient.

Puis, avec l'application d'une jeune collégienne qui fait effort pour restituer dans sa mémoire une leçon difficile à comprendre, Joy déclara doucement :

— Si tu accomplis les choses sous le regard des autres, tu acquiers la reconnaissance. Si tu accomplis les choses dans le secret du cœur, tu acquiers la plénitude.

« C'est un secret de joie parfaite, ça ! C'est un peu comme la prière : elle est vraiment vraie quand ce n'est plus toi qui prie, mais quand c'est Dieu qui prie à travers toi. Cela passe par toi, mais presque malgré toi. Regarde une femme qui attend un enfant : l'enfant se forme en elle, elle a juste à donner la vie. Nous, c'est tout comme : on a juste à donner la vie aux bébés-événements qui se présentent ! Tu te rappelles aussi ce que tu disais au sujet de la musique qui sort de ta flûte : elle n'est jamais plus belle que lorsque tu te laisses traverser par le souffle. N'est-ce pas un peu cela que tu disais ?

— Je crois bien, Joy. Mais je crois aussi que Théophane dit vrai. Il faudrait que tu restes bien au calme, toute seule pour te reposer.

— Tu as raison, je vais en profiter pour cultiver un p'tit peu l'Espervérance ! C'est toi, Théophane qui disais que la foi, c'est un mouvement et un repos, hein ? Flux et reflux. Pour l'instant, je suis plutôt vague à l'âme que lame de fond. Je vais demander des contes à Jésus-Christ le Magnifique !

— Tu le sais, petite Joy, quand tu es dans le cœur de Dieu…

— Je sais, Théophane, interrompit la fillette. Par lui, avec lui et en lui, tout luit !

Avec ses métaphores, son vocabulaire bien à elle et …ses impertinences théologiques, Joy avait le pouvoir de créer des feux d'artifice de sentiments dans le cœur de Sagamore. À travers les propos de Joy, celui-ci sentait que si l'invisible est invincible, c'est parce qu'il n'offre pas de prise à nos petites volontés désordonnées et à nos accaparements jaloux.

— Tiens, fit Joy, on dirait que le soleil se voile.

— C'est à cause d'une concurrence déloyale ! répliqua Frère Théophane.

Devant l'air interloqué de la petite, le moine crut bon d'ajouter :

— Tu rayonnes tellement que le soleil en prend ombrage !

Joy répondit par une pirouette de silence.

18.

Les petits déjeuners de silence

En réalité, malgré le mot galant de Théophane, l'état de Joy n'était guère brillant. Elle dut garder le lit plusieurs jours durant. Sagamore occupait la petite chambre en rotonde que lui avait proposée Mamika. Il pouvait ainsi plus aisément répondre aux appels de Joy qui avait assurément besoin de se reposer mais aussi de se sentir entourée.

Sagamore rendait visite à la petite chaque matin : ils partageaient un petit déjeuner de silence, puis s'échangeaient des propos qui étaient vite devenus des connivences. Il arrivait que ces instants s'accompagnent d'une sorte d'oraison silencieuse que Frère Théophane animait de sa présence. Il s'agissait de demeurer sur la ligne mélodique du silence, en se rappelant ce que disait saint Cyprien, à savoir que « Dieu n'écoute pas notre voix, il écoute notre cœur ».

À en croire Frère Théophane, la méditation devrait être comme une médication destinée à favoriser les guérisons intérieures. Il disait volontiers qu'il faut remplir de prière le silence comme l'on remplit d'air ses poumons. Se laisser inspirer… Sur le petit tableau noir de l'entrée ne venait-il pas d'inscrire à la craie, en belles lettres cursives :

Dieu est le souffle de vie.
Laisse-toi inspirer par Dieu,
afin de respirer la paix et l'unité.

Aussi, plusieurs fois par jour, poussait-il la porte de la petite Joy souffrante, tenant le rôle d'un médecin de l'âme qui instille des doses d'espérance à intervalles réguliers.

— Frère Théophane, dit une fois Joy avec une petite voix suppliante, c'est bien gentil de me donner à boire de tes paroles : elles me font du bien, c'est sûr. Mais si tu viens me voir trop souvent, tu vas complètement rater tes examens divins !

— Mes… quoi ? Ah ! Ah ! Ah ! Tu veux parler de ma thèse ! Eh bien, figure-toi que je ne l'ai jamais travaillée avec autant de sérieux que dans ta chambre !

— Ça n'empêche : tes pages vont être aussi blanches qu'un cachet d'aspirine ! Ce n'est pas en me contemplant au fond de mon lit…

— Eh bien si, figure-toi ! reprit Théophane sur un ton tout à fait sérieux. En contemplant la toute petite Joy au fond de son lit, frileuse, repliée sur elle-même et toute vulnérable, j'enrichis ma perspective comme jamais il ne m'aurait été donné de le faire dans l'ambiance studieuse et la surabondance livresque d'une bibliothèque.

« En ce moment, toi Joy, tu es absente au monde. Tu es dans le reflux, comme tu l'as dit toi-même. Et, au plan symbolique, je me pose la question : que serait le monde sans la présence de la joie, sans le flux naturel de la joie ? Eh bien, veux-tu que je te dise ? Le monde sans joie, ce serait un monde sans énergie vitale, sans élan, sans lumière, sans rien qui vaille de vivre. Un monde mort, car le soleil aurait disparu.

« Je vais te confier à présent de quoi parle ma thèse. Elle est consacrée à la joie parfaite dans les différentes traditions monastiques. Comme tu peux l'imaginer, il s'agit moins d'un travail universitaire que d'une expérience de vie. Or, quoi de plus enrichissant que les rencontres pour parfaire cette expérience dans la vérité du cœur ? La vie n'est-elle pas truffée de signes à la fois visibles et cachés, comme le sont les points rouges des coquelicots qui parsèment les champs de blé ? J'ai quitté le monastère pour approfondir le thème de la joie, et voilà que j'entretiens un tête à tête avec la joie elle-même qui a pris l'apparence d'une petite fille…

— Ben dis donc, fit Joy avec les sourcils dressés, c'est de moi dont tu parles comme ça, ou bien de la p'tite Thérèse de l'Enfant-Jésus ?

— Taratata ! Ne prends pas la poudre d'escampette, je te prie ! Après tout, nous sommes tous appelés sur le chemin de sainteté…

— …Et Joy, c'est une sainte en miniature, pas vrai ? s'aventura Sagamore.

— Avant de nous frayer un passage vers l'éternité, commençons par vivre dans la plénitude du temps ! rectifia Théophane. Ce que l'on peut dire, c'est que lorsque la joie plane sur un champ de conscience, c'est un heureux présage : la moisson sera bonne !

« Mais revenons à mon histoire, si vous le voulez bien. Je quitte donc le monastère, disais-je, découvre que tous les chemins mènent à Joy, en tout cas à la joie parfaite, qui est naturellement le but sublime à laquelle tend toute existence humaine. Ensuite, par un de ces mystères dont la Providence a le secret, je rencontre un petit seigneur des ruisseaux et des sources, prénommé Sagamore, qui est précisément dans la divine quête du bonheur. À l'instar d'un prophète en exil, il se perd dans le désert pour mieux se retrouver, puis découvre les fascinations et les turbulences de la civilisation moderne. Il médite alors sur l'équivoque de nos étranges cœurs qui n'ont de cesse de réclamer l'amour par des élans, par des actions, des réactions, des prières, des désirs, des folies, que sais-je encore ? et qui sont capables tout aussi promptement de se détourner des manifestations les plus sensibles de l'altérité aimante, d'être dans le refus de la beauté, dans la dénégation de la pure gratuité à laquelle, pourtant, est suspendu l'amour véritable. L'amour rapporte non seulement à celui qui reçoit mais aussi à celui qui donne, de sorte qu'en la matière, les recettes s'ajoutent aux dépenses et aboutissent à un résultat positif surmultiplié ! Mais les hommes d'aujourd'hui ont l'esprit probablement trop accaparé par des préoccupations matérielles pour saisir ce genre d'arithmétique du cœur !

« Ainsi donc, sans perdre contact avec l'arbre de vie de manière à ne pas se perdre, Sagamore, l'homme venu d'ailleurs, demeure dans une sorte de simplicité primitive au point de faire de sa demeure, un arbre, un arbre solidement enraciné et tourné vers le ciel. De là-haut, si je puis dire, il contemple le spectacle à la fois magnifique et déroutant des allers et des venues, et il se dit en substance : « À quoi tiennent au fond, les destinées d'hommes ? À un petit rien. Une pichenette de grâce ou un instant d'égarement. Un petit rien, et tout s'accomplit. Ou bien tout se défait… Cruauté et splendeur de l'infime instant ! » Funambule de l'espérance, il réalise alors cet exploit : troquer sa volonté, dont il perçoit soudain les limites, les entêtements et les aveuglements, contre un bienheureux abandon à un silence-qui-parle et qui lui souffle la juste attitude en toutes circonstances. Dans un mouvement de conversion admirable, au lieu de n'en faire qu'à sa tête, il décide désormais de n'en faire que selon son cœur. Il découvre l'exercice de la foi comme un entraînement au bonheur.

« Ce faisant, il dégringole de son arbre un beau matin – n'est-ce pas, Sagamore, que c'était un beau matin ? – redécouvre simultanément la joie de l'enfance et l'enfance de la joie, apprend en tout cas que ce n'est pas le trop-plein qui conduit à la plénitude, mais le manque. Car le manque, c'est le désir, le bienheureux appétit de vivre. Sans savoir l'expliquer le moins du monde, il s'aperçoit que le vide du désert a comblé une part de lui-même, en ouvrant en lui une symphonie, tandis que la poursuite de désirs matériels laisse entrer dans le cœur de l'homme des villes une insondable mélancolie, un appauvrissement de l'attention et de la relation, une absence de disponibilité au don divin du discernement.

« Toute cette histoire, la nôtre, faite de destinées croisées, d'instants à peine ébauchés et déjà porteurs de sens, n'obéit-elle pas à une logique irréductible qui nous dépasse infiniment ? Ce qui doit se faire se fait insensiblement, par ondes légères et subtiles dont nous n'avons qu'à être les récepteurs !

« Ainsi, ne faites pas l'erreur commune de

parler du hasard des rencontres : en vérité, c'est une des manières qu'a Dieu de nous rapprocher de l'être que nous sommes appelés à devenir ! Nous allons à la rencontre des événements que nous appelons implicitement de nos vœux, de nos attitudes ou de nos actes. Nous rejoignons ceux qui nous ressemblent. Joy, Sagamore, mes amis : ne voyez-vous pas à quel point vous appartenez à la même famille ? Vous êtes tous deux à la fois dans l'enracinement et dans l'envol. Sans le savoir, vous êtes inspirés par la même voix d'en-haut, vous êtes aspirés par la même énergie jusque dans vos actes symboliques, toi Sagamore dans ton arbre entre terre et ciel, et toi Joy, sur ta marelle, également entre terre et ciel.

« C'est le propre des êtres en quête, et qui se tiennent dans la conscience savourante de vivre, de cheminer sur une spirale ascendante qui se déploie autour d'un axe précis, et selon une direction nécessaire. L'axe est le même, mais la perspective change à chaque pas, et la spirale s'élève, le chemin d'ascension fait aborder de nouvelles altitudes – de nouvelles attitudes aussi. C'est toujours le même chemin, mais à chaque fois un peu plus haut.

« J'ai l'impression que nous vivons des événements en vrac et que c'est à nous qu'il appartient de leur donner un ordre, une suite logique ou une continuité. Nous avons à agencer les événements de notre vie, et c'est ainsi que nous passons du hasard à une destinée. Écoutez Mozart. Croyez-vous qu'il ait inventé les notes de musique ? Non bien sûr, il les a ordonnées pour en faire une harmonie. Et une harmonie à nulle autre pareille. Au point que quelques notes suffisent, ensuite, à évoquer l'univers de Mozart.

« Notre vie est à cette image. Nous n'avons rien à inventer. Nous avons à découvrir, à relier, à délivrer une harmonie qui fera de notre vie quelque chose d'unique. En ce sens, créer, c'est révéler ce qui existait déjà de manière invisible… »

Sagamore et Joy écoutaient Théophane avec l'attention émerveillée que l'on accorde aux déchiffreurs d'invisible, capables d'identifier derrière l'événement ordinaire le signe indubitable d'une réalité supérieure sur le point de naître. Dans l'énoncé de ce courtisan du silence, tout semblait couler de source, ou plus exactement tout méritait que l'on remonte aux sources.

— Ma bouche aime à répéter les paroles

d'une éternelle actualité, celles qui viennent de la lumière des origines, se plaisait-il à dire en humble serviteur d'une vérité sans âge.

Aussi, ces journées d'absence de Joy furent-elles aussi des journées de lumière, cadencées par des rituels nouveaux. Mamika, qui égrénait sur le piano du salon les célèbres notes de l'Ode à la Joie, avait incité Joy à faire écho à cet air qu'elle entonnait doucement. Et Sagamore, puisque la chambre en rotonde qu'il occupait jouxtait celle de Joy, poursuivait l'hymne de l'autre côté de la cloison. C'était devenu un jeu enfantin entre eux, une manière d'être discrètement présents l'un à l'autre, de se sentir en lien par ce code de connivence spontané.

Frère Théophane, sans qu'il y eût quoi que ce soit d'intentionnel de sa part, avait inauguré un autre rituel, assez proche de la *lectio divina* à laquelle il avait autrefois initié Joy, avant qu'elle-même ne s'empresse de faire des émules. Aux petits déjeuners de silence succédait la lecture d'une parole d'Évangile que chacun laissait reposer dans le secret de son cœur. Tant il est vrai que ce qu'il y a de plus secret en nous, c'est aussi ce qu'il y a de plus sacré. De cette méditation émergeaient des mots venus du dedans, du fin fond d'une région indéterminée située quelque part entre l'âme, le cœur, la perception sensible et les méandres du subconscient. Il s'agissait d'être un passeur d'espérance, de paix ou de joie en jetant un pont entre les deux rives du discernement : le raisonnement et la résonance.

Rarement ces trois êtres, dont le destin avait apparenté la ferveur spirituelle, éprouvèrent une telle griserie à se laisser égarer par une grâce virtuose et prodigue en vérités insoupçonnées. Voici, entrecoupées de longs et profonds silences, les paroles d'une délicate et lumineuse ferveur qui surgirent des lèvres de l'enfant, du moine et du petit seigneur des ruisseaux et des sources :

— Concentre-toi sur ce qu'il y a de beau dans la vie. Et tu verras comme ta vie deviendra belle et pleine de fruits !

— L'important ce n'est pas d'avoir le dernier mot, c'est d'avoir le courage du premier mot de réconciliation.

— Quoi qu'il arrive, rien ne peut nous arriver de mal, si l'on s'aime.

— Il est beau d'accomplir ses rêves, mais il y a plus beau encore : c'est de laisser s'accomplir le rêve qu'a Dieu pour nous.

Frère Théophane clôturait cette prière du cœur par une de ces invocations brèves et fortifiantes qu'il maniait avec l'ardeur d'une sentinelle prête à défendre jusqu'au bout la cité endormie, assaillie surtout par des démons intérieurs :

« Seigneur, donne-nous la sagesse de discerner ce qui est juste, l'ardeur de chercher la vérité où qu'elle se trouve, et la force de la défendre en toutes circonstances. »

19.

De paysages en visages

Sagamore s'étonnait de constater l'importance qu'il avait pris en quelques jours dans la vie de cette enfant qui, à la manière d'une rose, réclamait les soins attentifs d'un jardinier afin de grandir en beauté. Il reconnaissait là une sorte de trait de sa destinée, lui qui avait reçu de son père cette très intuitive sensibilité à l'égard de tout ce qui doit s'épanouir et prospérer.

— Cette nuit, lui confia Joy avec une grande rêverie dans le regard, j'ai rêvé à quelque chose de très très joli que je poursuivrai toute seule tranquille dans mon coin quand les autres se mettront à courir dans tous les sens.

« Je vais le partager avec toi, comme on

partage quelque chose qui se dissimule en évidence pour devenir invisible. Parce que, bien sûr, les gens passent à côté des évidences sans les remarquer ni les reconnaître. C'est aussi secret qu'un coucher de soleil, mais pas plus : je veux dire que c'est livré au regard de tout le monde, mais il n'y en a que quelques-uns qui s'attardent et s'émerveillent.

« J'ai imaginé les gens comme si c'était des endroits à visiter. Oui, dans mon rêve, les visages… c'était des paysages. Et les personnes, c'était plus personne, c'étaient des pays ! Ils avaient leurs creux et leurs bosses, leur relief, leurs beautés et leur arrière-pays pittoresque, leurs coins reculés, leurs petits chemins qui mènent quelque part sans que personne ne sache trop où, leurs limites, leurs frontières, et surtout, ils avaient un climat et des saisons. Mais c'étaient pas des pays installés pour toujours sur une carte de géographie, c'étaient, comment dire ? des pays en marche ! Ils étaient faits pour se croiser, pour se rencontrer, et chacun pouvait changer de paysage intérieur et même de climat en fonction des rencontres ou de sa météo personnelle. Les saisons, il y en avait beaucoup plus que quatre ! Ou plus exactement, il pouvait se dérouler les quatre saisons dans la même journée ! Parfois du soleil, et parfois pas. Parfois du brouillard impossible à dissiper, parfois un beau fixe imperturbable ! Ce qui était extraordinaire, c'est de s'apercevoir que chacun avait une définition de son propre pays : beau ou fragile, heureux ou douloureux.

« Cette définition, ils pensaient que c'était leur réalité, et ils faisaient tout pour lui être fidèle ! Ainsi, pour l'enfant qui avait entendu dire qu'il n'arriverait jamais à rien, c'était devenu sa petite musique personnelle : il habitait le pays-où-les-choses-ne-se-passent-jamais-comme-on-l'avait-imaginé ; il y avait le pays du « De-toutes-façons-je-n'y-arriverai-jamais », le pays du « C'est trop dur pour moi », et puis aussi des pays enchantés comme « La vie est belle », « Ce n'est pas grave », « Je garde confiance, quoi qu'il arrive »; « Je suis sûre que cela va se réaliser ». Bien entendu, c'était des pays que les gens s'inventaient. Mais, à force de vivre avec, ils étaient devenus les habitants de ces pays, bien acclimatés, et leur vie s'accordait à leur climat intérieur.

« C'est un peu méli-mélo-Dieu, ce que je te raconte, non ? Tu vois, j'ai l'impression que chacun a un climat général : c'est le caractère, si l'on veut. Mais c'est nous qui décidons de faire beau ou de faire pleuvoir, d'ensoleiller ou d'assombrir. Et chacun peut, par le jeu des rencontres, modifier l'ambiance de l'autre, changer sa température, ouvrir son ciel, l'envahir de lumière, installer dans sa grisaille une trouée de ciel bleu qui va le gagner peu à peu, ou un arc-en-ciel s'il est sous la pluie insistante de la tristesse.

« Parce que finalement, à force de vivre avec, on croit que les choses sont installées pour toujours, et tous les matins, on ressort plus ou moins le même paysage, la même image de soi, comme un décor qui fait partie de notre vie. Alors que rien ne nous empêche de changer de perspective, d'explorer de nouveaux paysages intérieurs – inconnus et pourtant tout aussi réels que ceux qui nous sont familiers. Rien ne nous empêche de continuer à rayonner même s'il pleut tout autour.

Joy sortait de ses moments de solitude et de silence avec un telle verve expressive que Sagamore exerçait son art de l'écoute attentive, en se rappelant que s'il nous a été donné deux oreilles et seulement une bouche, c'est pour écouter deux fois plus qu'on ne parle. Écouter l'autre, réalisa-t-il subitement, c'est lui donner de découvrir ce qu'il pense à travers ce qu'il exprime.

— Tu vois, reprit Joy, il y en a qui sont sous un grand ciel bleu et qui prennent le premier nuage venu comme un signe de mauvais augure. Ils se disent : « C'était trop beau ; ça ne pouvait pas durer ! »

« Et puis, il y en a d'autres qui se trouvent dans le brouillard complet et qui s'accrochent au tout petit carré de ciel bleu qui apparaît. Ils le remarquent tout de suite, ils s'y accrochent, ils barbouillent leur espérance de ce bleu, et rêvent d'un lendemain qui chante à tue-tête. Ils se disent : le bonheur, ça doit ressembler à cela, à ce petit carré de ciel bleu qui gagne peu à peu sur la grisaille, et finit par couvrir le brouillard le plus tenace. Le carré de ciel bleu, c'est comme un p'tit bonheur la chance qui passait par là dans un coin de ton ciel. Si tu y plonges ton espérance, tu peux le transformer en grand bonheur la foi. Alors, ton ciel s'ouvre et le grand bleu commence à se déployer jusqu'à emplir tout l'infini et à te délivrer un bonheur sans mélange.

« Tu sais, il y a un truc qu'on n'enseigne pas

à l'école, et c'est dommage, parce que cette connaissance, on pourrait s'en servir toute la vie : c'est d'apprendre à faire clair en soi. Malgré les obscurités environnantes, il faut créer son clair de soi. Comme la lune a son clair de lune. Autrement, c'est la nuit noire, et quand ça arrive, on est terriblement malheureux.

Comment Joy pouvait-elle avoir expérimenté de la sorte les ténèbres insistantes et trouver assez de ressources en elle-même pour les dissiper, voilà qui laissait Sagamore admiratif et pantois. Dans cette mélancolie apprivoisée qui accompagnait sa santé fragile, Joy se laissa aller à quelques confidences très personnelles.

— Je vole des yeux les p'tits bonheurs de la rue, des sorties de métro ou de derrière les portes cochères ; les amoureux qui vont bras-dessus, bras-dessous, qui s'embrassent furtivement ou plus précieux encore : qui se jettent un regard de tendresse comme on jette une couverture chaude sur l'épaule qui a froid.

Un jour, c'était au sommet de la butte Montmartre, Joy était venue prendre de la hauteur pour contempler Paris. Au sommet de l'escalier, elle avait vu un homme jeune (peut-être même un jeune homme) s'élancer pour monter les marches quatre à quatre. Elle était à contre-jour et l'homme l'effleura légèrement, ébloui qu'il était par le soleil. Il y avait un bonheur ardent dans l'éclat de son sourire et un bouquet de fleurs dans sa main droite. Surtout émanait de lui un élan magnifique. L'élan de quelqu'un qui sait où il va sans trop savoir ce qui l'attend et qui est heurcux que l'inconnu s'écrive au féminin. Un rendez-vous galant sans doute. Et Joy se dit quant à elle : « Ça doit être quelque chose de frémissant comme cela, l'amour ! ». Depuis ce jour, elle rêvait d'être rencontrée et de devenir irremplaçable.

20.

Maîtrise de l'Être : pardon-merci-je t'aime

Les journées qui suivirent, Sagamore les trouva étrangement cadencées. Entre les mots d'innocence de Joy et les mots de sagesse de Théophane, il y avait de telles similitudes qu'il était bien impossible de déterminer qui, de l'ingénue ou de l'initié, détenait la primauté des intuitions justes. Ce qui était sûr, c'est que l'un influençait l'autre, et ce qui était à peu près aussi sûr, c'est que la réciproque était vraie.

En réalité, Joy portait son prénom comme une parure sur mesure. Elle incarnait même joliment toutes les subtiles expressions de la joie, des plus secrètes et silencieuses prières, jusqu'aux jubilations festives, en passant par toutes les saisons de l'amitié, de la connivence et du simple désir de se sentir ensemble. En suivant Joy dans la Maison du silence-qui-parle, Sagamore ignorait encore qu'il allait se voir délivrer les clés de sa maison intérieure. Tout s'était passé comme si Joy avait ouvert des tiroirs pleins, mais qui jusqu'alors étaient restés fermés. Sagamore avait beaucoup de questions non résolues dans son cœur, et de claires évidences qu'il avait encore du mal à exprimer. Songeait-il à Dieu ou à Joy lorsque lui parvenaient des phrases comme celle-ci :

— Tu étais dans ma vie avant même que je te connaisse, mais je ne le vivais pas car je ne le savais pas.

Ironie du sort : Sagamore, qui avait entrepris de découvrir le vaste monde, se retrouvait coincé dans un périmètre étroit, entre la chambre d'une petite fille malade, les voûtes de l'église Saint-Germain dont il allait savourer chaque jour l'écho de silence, et le trajet jusqu'à la Seine auquel le conviait Frère Théophane avant que celui-ci ne s'éclipse sur l'autre rive pour rejoindre le lieu qui lui permettait de parachever sa thèse sur la joie parfaite. Ce cercle fermé, dans lequel se trouvait Sagamore, était pourtant de nature à ouvrir des perspectives sur la vie, plus vastes que celles qu'il avait jamais connues.

Sagamore ressentait la liberté comme un appel, et il s'était réjoui d'apprendre, de la bouche même de Théophane que Jésus-Christ le Magnifique avait dit un jour : « C'est à la liberté que vous avez été appelés ». Il s'était entretenu un matin avec Mamika sur ce thème. Sagamore pressentait que la liberté était une condition primordiale dans sa quête du bonheur. Mais pas forcément à la manière dont il l'avait d'abord conçu. Lorsqu'il avait décidé d'effectuer son périple, c'était avec l'idée d'ouvrir ces perspectives ; et voilà qu'il s'apercevait que le grand but ne consiste pas à parer sa destinée de réalités multiples, mais à faire de sa vie véritablement quelque chose d'unique. Et, pour ce faire, de déserter le *no man's land* des réalités interchangeables pour rejoindre le lieu exigu et inoubliable des liens uniques.

Mamika, si portée sur les relations humaines, ne manqua pas de le troubler un peu plus sur l'ambiguïté de ces liens qu'au fur et à mesure de sa quête, il aspirait tant à nouer.

— Le lien, tu es d'accord, c'est ce qui maintient l'âne au piquet, disait Mamika avec sa voix chaleureuse. On dit aussi : pieds et poings liés, et ce n'est pas franchement une posture enviable, n'est-ce pas ? Mais le lien, c'est aussi une réalité de relation, de personne à personne. Quand on est attaché à quelqu'un (et tu concevras que cet attachement n'a rien à voir avec celui de l'âne au piquet !) eh bien cela signifie que l'on sacrifie sa liberté pour une valeur qui paraît supérieure à la liberté ! Aimer quelqu'un, être attaché à quelqu'un, c'est renoncer à sa liberté, puisque nous faisons dépendre notre bonheur de ce quelqu'un, nous remettons notre bonheur entre ses mains ! Et cependant, la relation, lorsque nous la vivons authentiquement, dans une recherche constante d'équilibre et d'harmonie, dans le don réciproque, ce lien est à la fois celui qui nous lie et celui qui nous libère. C'est un immense paradoxe, n'est-ce pas : nous sommes libérés par ce qui nous lie ! Tiens : tu devrais en parler à Théophane ; je suis bien certaine qu'il pourrait faire un prêche enflammé sur le sujet !

Sagamore se souvint de ce moment, rue du Cherche-Midi, où il avait réussi le sombre exploit de douter de sa propre existence ! Il conçut que sa quête du bonheur prenait un autre tour, avec cette conviction que sa liberté ne consistait pas à faire ce qu'il voulait au moment où il le désirait, mais dans cette libre décision de convertir sa liberté en engagement pour en revitaliser le sens.

Par ses lumières, Joy fit refluer un peu plus les zones d'ombre qui persistaient dans l'esprit de Sagamore. Frère Théophane aurait probablement tressailli d'allégresse à l'écoute de cette limpide et enfantine démonstration :

— Je vais te dire, le bonheur, ça tient en trois mots. Et comme ces trois mots sont aussi bons que le silence, c'est pas un péché de rompre le silence pour le dire. Même un silence religieux peut être rompu pour dire cela. Parce que ce silence rompu, il se partage comme le pain... Ces trois mots, c'est : PARDON, MERCI et JE T'AIME.

« D'ailleurs, si tu y réfléchis, ce sont trois mots qui s'emboîtent les uns dans les autres et qui finissent par tenir dans un seul mot. Et ce mot capable de contenir les trois autres, c'est : AMOUR.

« Parce que *Pardon*, ça veut toujours dire un peu : pardon de ne pas avoir aimé assez, de m'être placé au centre, de ne pas avoir d'abord cherché la faute en moi.

« *Merci*, ça veut toujours dire un peu : merci de m'aimer assez pour m'accorder toute cette attention, de partager tous ces *présents* – sous forme de cadeaux ou de temps.

« Et *Je t'aime*, ça veut toujours dire un peu : j'aime en toi cette part super vivante qui me met en vie, comme d'autres sont mis en appétit ou comme d'autres encore se mettent en marche. L'amour me réinvente sans cesse, et ceux que j'aime sèment en moi des graines de bonheur garanties vrai de vrai et de qualité supérieure !

« PARDON. MERCI. JE T'AIME. Ce sont les trois sommets du bonheur, qui forment la chaîne de l'amour. Promets-moi de t'en souvenir toujours !

Sagamore considérait avec ébahissement la petite créature chétive qui, du fond de son lit, refaisait le monde ou, du moins, exaltait les saveurs de la vie !

— L'amour ne cesse de donner la vie, de me mettre au monde, de me réinventer, poursuivit quant à lui Sagamore pour bien se souvenir. Je nais et je renais à chaque fois que je ressens l'amour sur moi, même si c'est aussi insaisissable que le murmure d'une brise légère.

Mamika intervenait pour que Joy se repose vraiment, et c'est à regret que Sagamore quittait la petite prophétesse. Frère Théophane venait lui aussi à la mi-journée encourager la petite en partageant avec elle quelques instants :

— Tu sais, Joy, cette épreuve du repos et de l'isolement qui t'est imposée, il faut la prendre comme une grâce. C'est comme le manque qui conduit à la plénitude, te souviens-tu ? Il faut basculer de l'autre côté de ta souffrance et de ton ennui pour découvrir la vraie joie, et par la même occasion la vraie Joy ! En vérité, très peu de gens ont vraiment expérimenté l'intériorité. Le grand silence intérieur qui précède le recueillement et conduit à la contemplation. Vois-tu, j'aime beaucoup rencontrer des gens, m'immerger dans ce champ de vie et de questionnements. Mais je sais aussi que rien ne remplace la solitude, la grande solitude intérieure. Pas une solitude de repli, de fuite ou d'échec, non. C'est même tout le contraire : une solitude qu'habite l'immensité de Dieu. Tu as en toi un monde intérieur. Il est fabuleux et tu l'ignores. Ou bien tu lui assignes des frontières. Or, tu as en toi quelque chose d'illimité ! C'est à toi de faire émerger ce monde intérieur, ces îles aux trésors qui t'offrent la grande paix du cœur au milieu de l'océan tumultueux des événements ! Je te laisse à présent, petite Joy. Bonne et heureuse journée !

Sagamore attendait Théophane devant le petit tableau de l'entrée dont il méditait la nouvelle inscription :

Apprendre à sentir le vent,
même lorsqu'il ne souffle pas.
Apprendre à sentir la joie,
même quand elle semble absente.

— Alors, persifla le moine, tu médites le menu du jour ? Est-ce que cela te met en appétit et te donne le goût de la vie, au moins ?

Sagamore fit une moue légère qui correspondait moins à sa manière de goûter la vie qu'à ses préoccupations à l'égard de la santé de Joy.

— Comment vois-tu ta vie, en ce moment, frère Sagamore ? demanda Théophane avec une humeur égale.

— Dense !

— C'est bien ou c'est mal, cela dépend comment tu écris le mot. Si la vie est DENSE, c'est que tu fais peser sur elle tout le poids de tes aspirations. Ce n'est pas un péché, bien sûr, mais il est préférable que la vie soit DANSE aussi, afin que tu fasses planer sur elle toute la grâce de ta vraie présence… Souviens-toi que la somme de toutes tes petites volontés ne produira jamais autant d'effets bienfaisants sur ta vie que le moindre souffle de la Providence !

— Et… le souffle de la Providence… Rassure-moi, frère : il passe aussi dans la chambre de Joy, n'est-ce pas ?

Théophane déglutit imperceptiblement puis, avec une gravité inhabituelle, se pencha vers l'oreille de Sagamore sur le ton de la confidence :

— Joy a dans son cœur un peu de ce que le rossignol a quand il chante, et qui est relié directement à la beauté de la création. Et Dieu se reconnaît dans ce chant. Quand je la vois toute pâle et toute vraie écarquiller les yeux sur des vérités que nous peinons, nous, à reconnaître, je songe immanquablement à ce mot du cardinal Newman : « C'est comme si l'enfant venait près de nous, encore tout chargé des images qu'il a puisées dans l'invisible ».

— J'ai l'impression que si je mourais, eh bien le monde ne s'en apercevrait même pas… déclara Joy piteusement.

— Moi, je m'en apercevrais ! rectifia

Théophane. Bon écoute, ce n'est pas le moment de mourir. Les roses ont besoin de toi. Et puis, moi aussi, j'ai besoin de toi. Et Mamika aussi. Et Sagamore plus que tu ne crois. Et puis Tommaso et Marie-Aimée. Cela fait déjà du monde, même si ce n'est pas le monde entier ! Et puis, Jésus-Christ le Magnifique aussi, il a besoin de toi, non ?

— Pfff! Tu dis ça pour me faire plaisir…

— Bien sûr. Mais aussi parce que c'est vrai ! Si tu disparaissais, je m'en apercevrais à la seconde même. Quand on aime quelqu'un, le quelqu'un qu'on aime fait partie de l'air que l'on respire.

— Alors, si je mourais, tu ne respirerais plus ?

— L'air que je respirerais serait différent. Ma joie ne serait pas complète. Plus jamais. Mais peut-être que je continuerais à respirer le parfum de ta présence. Même dans l'absence.

— Ça se peut, ça ?

— Du côté de l'éternité, ça se peut. Mais il n'y a aucune bouche humaine pour le dire. Ou plutôt aucune oreille humaine pour l'entendre. Ou plus exactement aucun œil humain pour le voir.

« Qu'est-ce qui a changé, au fond ? Tu es

toujours sous le ciel. C'est en toi qu'il y a des choses brouillées. Alors, c'est à toi de te débrouiller. Débrouille les choses qui sont embrouillées en toi ! Et puis, prends l'habitude de mettre ta mauvaise humeur et tes petites misères avec les affaires sales : c'est une excellente hygiène de vie, crois-moi !

Théophane avait remarqué que Joy ponctuait souvent ces phrases de cet euphémisme « un p'tit peu », comme pour s'excuser de prendre trop de place. Présentement, elle se situait dans ce trop peu comme si elle avait peur de n'être « pas assez »…

— Quand on a oublié les clés de sa maison, soutenait Frère Théophane, on se retrouve enfermé dehors. Eh bien, je crois que c'est la grande tragédie des hommes d'aujourd'hui d'être trop incités à déserter les chemins d'intériorité. On a tous en soi une maison intérieure. Même si on dort dans la rue ou dans un arbre, cette maison, on peut s'y réfugier quand on veut. C'est un endroit où l'on se sent forcément bien, car lorsqu'on s'y rend, il y a une parfaite coïncidence entre notre être profond et notre vérité fondamentale. Seulement voilà : si l'on perd l'habitude d'ouvrir cette porte, il y a des risques pour qu'on finisse par en perdre la clé. Le trésor est dedans, intact et toujours à notre disposition, mais nous sommes enfermés dehors. Alors, par dépit ou par défi, certains proclament : mais voyons, il ne faut pas rester enfermés dedans, c'est tellement mieux de profiter de sa liberté en courant de par le monde ! Le paradoxe, qu'il faut parfois toute une vie pour comprendre, c'est qu'on est souvent prisonnier à force d'être libre dehors, alors que l'on est souvent libre lorsqu'on s'enferme à l'intérieur…

— Je ne comprends pas bien, rétorqua Joy. Moi, quand je suis dehors, eh bien je ne me sens pas prisonnière du tout, je me sens même souvent drôlement bien !

— Pourtant, si tu y réfléchis bien, quand tu es tout entière tournée vers l'extérieur, il y a toujours quelque chose qui cloche. Tu es prisonnière d'une multitude de contraintes : la contrainte des événements, des imprévus, des contrariétés, des petits incidents de la vie, la contrainte du temps qui passe, la contrainte des autres qui ne font jamais tout à fait comme on l'aimerait.... Et toutes ces contraintes t'amènent à seriner : je n'ai pas une minute à moi ! Preuve que tu vis en dehors de toi-même... Et tu finis par t'éloigner de ton centre et donc de ton équilibre, et peut-être à t'égarer complètement, sans plus trop savoir où est le chemin pour rentrer chez toi.

« C'est seulement quand tu mêles aux événements du dehors un élan du dedans que ta vie devient belle. Le temps-qui-passe devient du temps-qui-demeure. Les temps morts préparent les plus merveilleuses résurrections ! Tu convertis ta liberté en engagement et cela transforme pour toujours le sens de ton action et jusqu'à ta qualité d'être ; ton sentiment des choses éternelles métamorphose ta façon de vivre l'instant ; la saveur et le sens te viennent de ce que tu vis les choses du plus profond de toi, et que tu te recueilles souvent dans ta maison intérieure. Veille à ce que cette maison te devienne sacrée et que le silence des heures que tu y passes finisse par rassembler des chants de louange et de profonde joie. En exerçant ton cœur à la contemplation, tu finiras par intérioriser le cloître, à faire danser la terre joue contre joue avec le ciel, à faire entrer en toi une lumière qui brillera toujours, même aux jours sombres. La vie alors sera à l'image d'un arrière-pays intact irrigué par la joie et tu goûteras à la plénitude promise dans un sentiment de douceur ineffable.

« Paix du cœur, petite Joy ! Oui : que Dieu te garde dans Sa paix et dans Sa joie et t'inspire continûment dans tes prières, dans tes rêves et dans toutes tes actions !

21.

L'immobilité triomphante

Joy retrouva l'air libre avec une impatience fébrile. Il y avait tant de choses à voir, tant d'événements à vivre ! Voilà plusieurs jours qu'elle était cloîtrée dans sa petite chambre. Or, n'en déplaise à Frère Théophane, la méditation contemplative ne suffisait pas à combler la vitalité très expansive d'une fillette de douze ans. Aussi Joy s'empressa-t-elle de réinvestir les lieux majeurs de son petit royaume dans le quartier Saint-Germain.

En cette fin de matinée, il y avait un grand attroupement près du café de Flore, et Joy se fraya un passage dans la foule des badauds pour voir de plus près la nature de l'attraction. La scène était effectivement d'un pittoresque saisissant. Un homme faisait la statue, dans une posture insolite : il avait figé sa course en plein élan, jambe droite et main gauche en avant, attaché-case au bout du bras, dans ce déséquilibre du corps vers l'avant coutumier aux hommes d'affaires pressés. Cette dynamique à l'arrêt avait quelque chose de fascinant, car on eut dit un cliché pris sur le vif, à la différence près qu'il s'agissait d'un tableau bien vivant. L'homme qui interprétait la scène non sans brio (un fil de fer maintenait sa cravate et un pan de sa veste en arrière, comme soufflés par le vent) s'efforçait de maintenir ce mouvement immobilisé, dans une parodie parfaite : il était habillé à la manière de l'un de ces jeunes businessmen fringants – costume-cravate, lunettes de soleil, chevelure gominée – et maintenait un sourire immaculé de play-boy à qui tout réussit. Lorsqu'un passant jetait une pièce dans sa sébile, il remuait comiquement les sourcils, sans se départir de son sourire éclatant.

Joy trouva la scène si réussie qu'elle brûla de convier Sagamore à venir la contempler. Aussi se faufila-t-elle à nouveau pour courir en direction de la cour de Rohan. Soudain, prise d'un doute insistant, elle fit demi-tour, retrouva sa place devant le groupe de badauds et mis la main devant sa bouche, stupéfaite : « Mais,

mais… »

Mais oui, c'était bien lui : Sagamore ! Il s'était tellement attardé à observer les moindres faits et gestes des Parisiens aux heures de sortie de bureau, qu'il en avait composé une magistrale caricature. Et les longs moments de méditation immobile dans la Maison du silence-qui-parle l'avaient entraîné à l'art de s'abstraire du monde de l'action et d'être à ce point absorbé que le simple fait de ciller aurait été de nature à ébranler toute une construction intérieure.

Les lunettes noires et la chevelure gominée le rendaient presque méconnaissable, et c'est à son sourire à fossettes que Joy avait fini par l'identifier. Mais le plus extraordinaire de la scène tenait à un autre détail auquel les badauds semblaient vouer une indifférence absolue : une liasse d'authentique billets de banque sortait de sa pochette extérieure, mais aussi de la sébile supposée recueillir l'aumône des admirateurs ! Et un petit panneau indiquait :

SERVEZ-VOUS.

Joy était stupéfaite par ce cumul de paradoxes : aucun des badauds n'aurait songé à répondre à l'invitation du panneau, en prenant ne fut-ce que quelques-uns des billets de banque offerts ; en revanche, tous se précipitaient à saisir en cliché la seule image qu'aucun appareil photo ne saurait restituer : le mouvement immobile !

Depuis combien de temps Sagamore maîtrisait-il cette posture pétrifiée de l'homme en plein élan, sans bouger d'un centimètre ? Ce qui était sûr, c'est que ses minutes étaient comptées – Joy s'en rendit compte à l'approche d'une menace. Le panneau *Servez-vous*, s'il semblait une aimable ironie pour le public, avait retenu l'attention de deux policiers qui passaient par là. Ils accostèrent l'homme statufié, en lui demandant ses papiers, et celui-ci, pour ne pas perdre la face ni l'équilibre, ne sut répondre que par un mouvement de sourcils, mimique qu'il réservait habituellement à ses généreux donateurs. Un peu décontenancés, les deux policiers tapèrent sur l'épaule de Sagamore, comme pour le faire revenir au monde réel, mais celui-ci maintint imperturbablement son attitude et son sourire radieux, sous le rire unanime des spectateurs improvisés, qui finirent par se demander si les policiers n'étaient pas de facétieux comparses, conviés à donner du piment à ce numéro de mime. Pressentant que les événement allaient mal tourner, Joy s'esquiva cette fois pour de bon et courut sur le boulevard aussi vite qu'elle put. Elle monta à toute vitesse chez Mamika… et buta dans l'escalier contre Tommaso qui justement était en train de descendre.

— Tommaso ! Vite ! Ils vont mettre Sagamore en prison…

— Quoi ?

Joy expliqua la situation de manière précipitée et quelque peu confuse, mais Tommaso n'eut pas de mal à reconstituer la situation. Et pour cause : il en était le complice. C'est lui qui avait aidé Sagamore à constituer sa panoplie pour son spectacle de rue et à comploter ce scénario ! Il descendit les marches quatre à quatre, arriva en trombe sur le trottoir, et n'eut que le temps de voir un véhicule de police s'éloigner sous l'œil ébahi d'une foule qui ne comprenait pas que l'on arrête quelqu'un qui, à l'inverse d'un fuyard, se trouvait en plein exercice d'immobilité !

Lorsqu'il arriva au poste de police, flanqué de Joy, Tommaso intervint juste au moment où les quiproquos s'accumulaient assez pour placer Sagamore dans la fâcheuse situation des suspects à récidive : n'avait-il pas déjà été interpellé pour trouble à l'ordre public, alors qu'il jouait de la flûte au petit matin sur la place Furstenberg, puis chassé du carrefour de l'Odéon sous prétexte qu'il perturbait la circulation en distribuant des roses au beau milieu de la chaussée ? On lui avait demandé quelles étaient ses sources de revenus, et à cette question, qu'il avait interprétée de manière littérale, il avait répondu que Aurore était la source de son amour, Joy la source de sa joie, et que Jésus-Christ le Magnifique, dont il avait fait la connaissance depuis peu, était probablement la source de sa vie.

Ce à quoi, il s'entendit répondre par le commissaire de police chargé de l'interroger que son ironie mal placée serait assurément à la source de ses ennuis.

Tommaso arriva au moment où Sagamore était sur le point de déclarer officiellement sa domiciliation dans un majestueux marronnier qui lui servait de logement de fortune – de grande fortune même, eu égard au contenu du sac qui y était dissimulé. Mais Tommaso n'avait-il pas susurré un péremptoire : *motus et bouche cousue* ? Sagamore n'était pas sûr d'avoir compris le sens exact de cette expression, mais il n'avait aucune raison de ne pas se sentir fortement impressionné par les mines de conspirateurs que ce mot avait suscité. Sagamore se trouvait dans cette impasse infiniment problématique de la parole en suspens en plein interrogatoire, quand Tommaso lui trouva une issue, en prenant le relais juste à temps :

— Écoutez, ce jeune homme est un ami. Il séjourne chez moi, avenue du Président Kennedy, et je me porte garant de sa parfaite intégrité.

Pour appuyer ses dires, Tommaso ouvrit son portefeuille afin de décliner son identité et étala quelques documents officiels qui, apparemment, firent effet sur l'officier de police. Il rassembla ses documents, remit son portefeuille dans sa poche avec l'élégante désinvolture qui colorait de charme son indéniable autorité naturelle, et il ajouta :

— Vous vous interrogez sans doute sur ces billets de banque ! Ne cherchez pas plus longtemps : c'est un acte symbolique destiné à bouleverser les clichés culturels et à brouiller les cartes de la mendicité. Car cet homme à qui tout réussit, ou du moins sa représentation emblématique, que fait-il ? Il mendie : il demande expressément au simple quidam de l'extraire de ce matérialisme triomphant dont il amplifie la caricature, de l'acquitter définitivement de cet esclavage de l'argent. Ne finit-on pas par être possédé par ce que l'on possède ? Il est prêt à tout pour cela : il est prêt à figer le temps, à se maintenir dans un savant déséquilibre, à être la proie de tous les regards, à s'interdire le moindre geste, le moindre mot, à être dans une situation d'extrême vulnérabilité. Il offre son argent et il s'offre lui-même… en spectacle ! On ne saurait être plus magnanime ! Et que fait donc l'homme de la rue ? Rien ! Il ne fait rien. N'est-ce pas un paradoxe tout à fait extraordinaire ? Le commun des mortels passe son temps à gémir sur la précarité de son sort, tente régulièrement sa chance au loto, perd sa vie à la gagner, se fourvoie dans des rêves de « toujours plus », et au moment où un hasard providentiel se plante sur le trottoir et s'offre à lui pendant une heure, il se montre incapable de s'emparer de ce qu'on lui offre en toute gratuité ! On dirait que même les voleurs en sont réduits à faire l'offrande d'une pièce ! C'est à désespérer de la dextérité des pickpockets ! Rendez-vous compte, commissaire ! Non seulement, personne n'a osé s'emparer d'un seul billet, mais en plus, la foule a eu le conformisme de donner de l'argent ! On leur dit : « Servez-vous » et ils donnent encore ! Moyennant quoi, c'est le comble : l'homme encombré par sa richesse, repart plus riche encore qu'il n'était arrivé ! Quel pathétique fatum, ne trouvez-vous pas ?

Le commissaire sortit un mouchoir pour s'éponger le front. Il faisait chaud dans son bureau, mais c'est la brûlante et inhabituelle logique de Tommaso qui lui donnait des vapeurs en le plaçant dans une situation totalement inédite et déconcertante. Sagamore retrouva l'air libre avant que l'intarissable Italien n'ait eu le temps de parachever sa plaidoirie. Le commissaire n'avait pas la psychologie calibrée pour entendre les doléances des riches... Mais son esprit était doté d'assez d'humour pour s'en sortir auprès de son secrétaire, présent à cette altercation surréaliste, à l'aide d'une devise suisse qu'il se plut à restituer avec l'accent : « quand on voit ce qu'on voit et quand on entend ce qu'on entend, on n'est pas étonné de penser ce qu'on pense ! »

Trop brutalement extirpé de la torpeur que lui infligeait sa posture figée d'homme-statue, Sagamore n'avait pas tout à fait saisi la vertigineuse accélération des événements qui s'étaient succédés et qui avaient failli le conduire au cachot.

— Eh bien dis donc, fit-il sobrement, ce n'est pas de tout repos d'être riche !

Et il hochait la tête, dubitatif, en songeant au talent de sourcier de son père : « Mes sources de revenus, mes sources de revenus… Comme si les revenus étaient des sources ! »

22.

Les mystères de l'homme à la Rolls-Royce noire et ivoire

Bien évidemment, une pareille révélation allait considérablement modifier l'ordre des choses, la lecture des événements et surtout la nature des amitiés. C'était conseil de guerre à la cour de Rohan. Tous les familiers de la maison s'étaient réunis pour délibérer du cas de Tommaso qui semblait faire cavalier seul en se dérobant aux règles franches et loyales d'une confrérie spontanément constituée. Nabil était absent de l'assistance ; il semblait de mèche avec l'Italien dans un rôle trouble et non élucidé.

Sagamore avait été troublé par l'impact qu'avaient eu les papiers de Tommaso sur le commissaire de police. Fallait-il que l'Italien ait des relations haut placées ou représente un personnage à ce point important qu'un tel retournement de situation puisse s'opérer de manière aussi instantanée !

L'enchaînement des circonstances permit de dénouer cette intrigue plus précocement que prévu. Par le hasard des allers et des venues, Sagamore vit sortir Tommaso d'un parc souterrain dans une automobile à l'allure si élégante et si racée qu'il ne put s'empêcher de balbutier : « De ma vie, je n'ai vu plus belle voiture ! »

Une sculpture sur roues avec des flancs galbés et une statue d'argent en figure de proue d'un capot démesuré. Noire et ivoire. Comme des touches de piano. Avec le flanc des roues blanc, précisa même Sagamore.

— Rolls Royce Silver Cloud ! diagnostiqua l'Irlandais au vu des détails. Il n'en fallut pas davantage à l'assistance pour imaginer que Tommaso était un richissime collectionneur. L'autre élément troublant, c'est que Nabil l'accompagnait non pas exactement à la manière dont on accompagne un ami, mais avec une fébrilité contenue, scrutant en permanence alentour tel un gangster aux aguets.

Les suppositions allaient bon train : Tommaso était peut-être le digne rejeton d'une grande lignée aristocratique, ou bien le richissime héritier d'un groupe industriel transalpin, à moins qu'il n'ait quelque fâcheuse accointance avec la mafia... Et Nabil, quel rôle jouait-il ici ? On le croyait étudiant en philosophie, et voilà qu'il prenait des allures de gangster en semblant tout à fait familier des gestes du milieu.

À propos de milieu, Sagamore ressentit le besoin de recourir au discernement de Frère Théophane : ne l'avait-il pas justement surnommé *l'homme du juste milieu* ? Il avait donc rallié illico la cour de Rohan dans la naïve résolution de rapporter le détail de cette apparition tout à la fois matérialiste et onirique : celle de l'homme à la Rolls noire et ivoire. Mamika ne réagit pas véritablement à la révélation du supposé train de vie de Tommaso, et nul n'aurait su dire sur le moment si son mutisme était de surprise, de complicité ou encore de bienveillance inconditionnelle. Joy rapporta la manière équivoque dont Tommaso avait discouru devant le commissaire de police sur le thème de la richesse. Elle se souvint aussi qu'il avait fourni une prestigieuse adresse avenue du Président Kennedy.

Marie-Aimée manifestait beaucoup de hargne à l'encontre du bel Italien :

— Il mène une double vie, c'est manifeste ! Il débarque chez Mamika pour mendier l'hospitalité, alors qu'il a visiblement les moyens de louer une suite dans le plus grand palace de Paris ! Il nous a tous dupés, voilà tout. Et tout cela, pourquoi ? Que cherche-t-il à cacher exactement ? Tout cela ne me paraît pas très catholique !

— Taratata ! Ne mêle pas la religion à tout ça, veux-tu ? la tança Théophane avec un soupçon d'ironie.

— Et Nabil, bouillonnait Joël, qui est-il dans l'affaire ? Son homme de main, son secrétaire particulier, que sais-je encore ?

— C'est peut-être un prince marocain, un type du même milieu, de la haute société... Et vous, Mamika, vous ne dites rien ?

— Je n'aime pas juger, et vous le savez bien. Tous ceux qui ont pris place dans ma demeure, et dans mon cœur, je les aime comme des enfants. Et rien ne m'empêchera de continuer à les aimer, quoi qu'il arrive, quoi qu'il en soit. Il fut un moment, dans ma vie, où j'étais trop souvent déçue par les gens ; j'ai fini par comprendre que ce n'étaient pas les gens qui étaient en cause, mais l'image que j'avais d'eux, l'attente que j'entretenais. Quand on veut que les autres soient conformes à l'idée que l'on s'en fait, on ne respecte pas leur liberté ; on est dans l'accaparement, l'enfermement, autant dire l'erreur. J'ai appris la mobilité du réel, le caractère imprévisible de la vie, l'extraordinaire complexité de chaque être. Aujourd'hui, je désire respecter chacun dans son mystère et jusque dans ses paradoxes. Parce que la seule manière de comprendre un être, c'est de l'aimer. Voilà pourquoi, ceux que j'invite chez moi, je ne leur demande pas de comptes, je ne cherche pas à savoir d'où ils viennent. C'est leur richesse intérieure qui me les rend attachants, rien d'autre.

— Si je comprends bien, vous seriez prête à héberger un malfrat, quel que soit son forfait ? s'effaroucha Joël.

— J'ai dit mille fois que ma maison n'est pas ouverte à tous les vents. Mais quand je l'ouvre à tel hôte, ce n'est pas pour le renier un jour. Même si l'un d'entre-vous accomplissait quelque chose de blâmable, ma porte lui resterait ouverte, et mon cœur aussi. Peux-tu imaginer qu'une mère puisse claquer la porte au nez de l'enfant qui tourne mal ? Une mère sait au contraire qu'elle est peut-être le dernier refuge, l'ultime chance de salut. Elle ne se privera pas de condamner l'acte, mais jamais la personne.

— Bien dit, Mamika ! rétorqua Frère Théophane. Toutefois, mes amis, ce qui m'intrigue, c'est que vous soyez unanimement enclins à suspecter Tommaso des pires maux ? L'idée de la richesse vous paraît-elle à ce point méprisable ? Est-il si déshonorant de rouler en Rolls-Royce ? Tommaso devait-il préalablement vous présenter sa carte grise pour savoir s'il vous paraissait dignc dc figurer dans le cercle de vos amis ?

— Ce n'est pas cela, Théophane, et tu le sais bien, dit Marie-Aimée avec une lassitude à peine contenue. C'est le côté dissimulation qui me chagrine, rien d'autre…

— Il n'y a rien de pire que de juger une situation sans savoir vraiment. Et c'est exactement ce que vous faites, tous. Ne serait-il pas préférable d'attendre que Tommaso lui-même se raconte ? Joy, qu'en penses-tu, toi ?

— Tu vois, la vie c'est pas plus facile à comprendre que la forme des nuages dans le ciel : ça change tout le temps. On dit par exemple les riches et les pauvres. Et en fait, il y a des pauvres qui sont vraiment casse-pied, et des riches qui donnent des milliards de sentiments…

Malgré sa volonté de défendre celui qu'elle considérait comme un père, Joy était préoccupée par une énigme : l'origine de toutes ces liasses de billets de banque découvertes à côté des poubelles. Elle le découvrait à présent, les billets n'étaient pas tombés du ciel mais devaient forcément venir de Tommaso. Elle refaisait le chemin à l'envers, revoyait la scène du commissariat. Tout était simple et lumineux. Tout ? À l'exception du pourquoi, qui amenait dans l'esprit de Joy beaucoup de perplexité : Tommaso avait-il juste voulu s'amuser, ou cherchait-il authentiquement à se débarrasser de sa fortune ? Et dans ce cas, par quelle folie ?

23.

La richesse du dedans

Tommaso n'apparut pas de la soirée. Et pour cause : avec son scooter, l'Irlandais avait réussi à pister la Rolls-Royce jusqu'à son point de destination, l'Hôtel de Crillon qui dominait majestueusement la place de la Concorde. Ce n'est que le lendemain soir que les hôtes de la cour de Rohan revirent Tommaso, qui se montra tout à fait charmant et charmeur, comme à l'accoutumée. Il jaillit chez Mamika dans son éternelle tenue d'été – pieds nus dans des mocassins de cuir clair, chemise blanche grande ouverte, pantalon de toile – et fit des grâces à tous et à chacun le plus naturellement du monde. Marie-Aimée se montrait prodigieusement agacée par ce flambeur aux allures de play-boy qui jouait de son grand sourire charmeur et de ses prévenances appuyées pour enjôler les gens et entretenir sa petite cour. Joël ne s'embarrassa guère de périphrases de circonstance pour ouvrir les hostilités, tant il lui paraissait urgent de démasquer l'imposteur :

— J'aimerais que tu nous parles de la richesse, Tommaso. Que tu nous dises comment on voit le monde derrière la vitre d'une Rolls-Royce…

— *Ma*… en vérité, pas bien différemment que derrière celle d'un taxi ou d'un train ! répondit Tommaso sans se départir de son à-propos et de sa gestuelle appuyée.

Le coup de Joël, cependant, avait porté. Tommaso avait compris qu'il avait été repéré dans sa prestigieuse limousine anglaise et que c'en était fini de son incognito. Par dessus tout, il ressentit comme un courant d'air froid l'inimitié presque palpable qui venait d'envahir la pièce. Il regarda à terre d'un air un peu embarrassé, frotta sa bouche du dos de sa main droite comme s'il avait peur de trop en dire. Il savait que chaque regard était suspendu à ses lèvres et que les mots qui y transiteraient étaient placés sous haute surveillance. Alors, Tommaso décida de raconter sa vie, la fortune colossale qu'il avait amassée dans l'informatique, grâce à ce seul talent qu'il se reconnaissait : une imagination ouverte en permanence à 360°, qui aurait pu tout aussi bien faire de lui un écrivain prolifique ou un inventeur fou. Il avait ce talent des visionnaires qui savent concilier les intuitions avant-gardistes et les irremplaçables bienfaits de la tradition. Au lieu d'être retraité à trente-cinq ans, ainsi que les rentes de son capital auraient pu l'y inciter, il conçut le projet de rencontrer et d'aider tous ceux qui dépensent leur talent absolument hors des lois du monde et du temps.

Il sillonnait le monde à la rencontre de princes, d'artistes, d'ermites et de fous qu'inspirait une vision poétique de la vie, de la mort et de l'entre-deux.

— Savez-vous comment on appelle au Japon les sages qui sont dépositaires d'un savoir-faire ancestral ? On les appelle des « trésors vivants ». Au pays du Soleil-Levant, on a compris que cette race était en voie de disparition et qu'il fallait la protéger, exactement comme une espèce animale ou végétale rare et irremplaçable ; alors, ces artisans-artistes sont pris en charge tout au long de leur vie afin qu'aucun souci de rendement ou de rentabilité ne vienne altérer la qualité de leur art. Ils sont, si l'on veut, à l'abri du temps qui passe : ils travaillent un peu pour l'éternité ; ils se consacrent à préserver l'âme de leur pays, la fine fleur de leur civilisation. Eh bien, pour moi, mes amis, vous tous qui êtes rassemblés dans cette pièce, oui : chacun d'entre-vous est un trésor vivant ! Mamika, toi qui détiens les secrets de toutes les saveurs de la vie, jamais mon palais ni mon cœur n'ont autant savouré de bonnes choses que chez toi ! Rien ne saurait rivaliser avec tes inventions culinaires, tes mots consolateurs aux soirs de tristesse, ou les notes de l'Ode à la Joie que tu égrènes nuitamment sur ton piano avec ce je-ne-sais-quoi de nostalgie qui me retourne le cœur. Marie-Aimée, si Mamika est la gardienne des saveurs de la vie, vous êtes quant à vous, à votre manière, la gardienne des valeurs de la vie ! Frère Théophane, bonté divine ! si des hommes de ta trempe n'existaient pas, nous ne saurions plus que le soleil existe, au même titre que bien d'autres choses de toute éternité. Et toi, Joël, que deviendrait le monde si des bulles de gaité et de musique n'éclataient pas sur les trottoirs, pour rappeler aux hommes que le sens de la fête est le fruit le plus précieux de notre civilisation ? Quant à Joy, mon Dieu, pourrait-on imaginer un monde sans joie, sans Joy !

— Et Nabil, que fait-il exactement ? reprit

Joël, qui ne consentait à lâcher prise. On le croyait étudiant en philosophie…

— Précisément. Il lui faut payer ses études. Voulez-vous savoir dans quelle situation extravagante je l'ai rencontré ? C'était un jour d'automne de l'an dernier. J'étais au pub de la cour du Commerce Saint-André, et en fin de soirée, un individu surexcité et passablement ivre se voyait refuser son é-nième verre d'Irish whiskey. Nabil est intervenu au moment où celui que chacun appelait l'Irlandais commençait à casser les tables et à provoquer une fameuse échauffourrée. Après un échange de coups assez violent, Nabil réussit à ceinturer l'énergumène et à le pousser sur le trottoir. L'autre n'en resta pas là, et le règlement de comptes se poursuivit en un pugilat sévère, jusqu'à la paisible cour de Rohan. Nabil est costaud, mais l'Irlandais était coriace et les effets de l'alcool renforçaient sa furie guerrière ! Je me suis efforcé de m'interposer entre les deux hommes au moment où l'Irlandais était à terre. Contre toute attente, cela sembla les calmer d'un coup : il est vrai qu'ils avaient tous deux le visage tuméfié et étaient à bout de forces. Nabil aida l'Irlandais à se relever, et passa son bras sous son épaule pour le soutenir jusqu'à la fontaine, où ils se débarbouillèrent l'un l'autre. C'est ainsi qu'ils finirent par se taper sur l'épaule comme deux compères fanfaronnant sur leurs frasques respectives. Réveillée par cette algarade à une heure avancée de la nuit, Mamika avait été aux premières loges pour voir la scène de la fenêtre de son salon et s'émouvoir du retournement de situation, qui s'apparentait fort à une virile séquence de saloon dans un western. En fait, pour arrondir ses fins de mois, Nabil avait mis sa carrure athlétique au service du pub irlandais. En effet, ce genre de rixe de fin de soirée n'était pas rare, et le gérant de l'établissement cherchait à régler ces incartades de manière discrète, craignant que des descentes policières trop régulières ne finissent par attenter à la notoriété de son établissement. Comment cela s'est-il terminé ? Mamika recueillit les deux cow-boys dont elle pansa les plaies en leur infligeant une cinglante leçon de morale. L'Irlandais ivre et le Marocain redresseur de torts, finirent la nuit tête-bêche sur un tapis du salon ! Depuis ce jour, Nabil et O'Sullivan sont devenus comme deux frères… Quant à moi, j'avais eu quelques inquiétudes, un soir près des Champs Élysées. J'avais fait mien cet impossible rêve de Degas : être illustre et inconnu. Malheureusement, quand vous attirez l'argent, vous attirez aussi des ennemis puissants et déterminés…

« C'est ainsi que Nabil est devenu mon garde-du-corps, du moins pour certaines sorties à risques. Et puis, c'est un type épatant, qui a une culture phénoménale, et qui me sort des proverbes comme d'autres racontent de bonnes blagues ! Il m'arrive de me demander si je ne l'emploie pas surtout pour des exécutions sommaires…

— Que dites-vous là ? s'effaroucha Marie-Aimée.

— Oui. Je lui demande surtout de m'énoncer des proverbes destinés à expulser l'affreux bonhomme qui risquerait de prendre la place en moi si je n'y prenais garde !

— C'est une drôle de manière de percevoir…

— Disons que Nabil est pour moi autant un garde-champêtre qu'un garde-du-corps. Il préserve l'équilibre de mon arrière-pays intérieur ! J'aime les esprits libres et profondément sincères de sa trempe. Il lui arrive de me citer telle vérité populaire de son pays : « Un esclave qui accepte la volonté de Dieu est un homme libre mais un homme libre qui est obsédé par l'ambition est un esclave ». Il formule aussi des choses mystiques très belles : « Quiconque contemple Dieu en gardant son attention sur les pensées qui passent par son cœur, sera exalté par Dieu dans tous ses actes extérieurs ». Ou encore : « Si une seule goutte de cet amour qui s'est rassemblé dans le cœur des amis de Dieu devait déborder, elle inonderait le monde entier, si bien qu'il n'y aurait plus de place pour aucune autre eau ». J'ai une particulière prédilection pour cet extrait du livre des Proverbes : « Ne te fatigue pas à acquérir les richesses, cesse d'y appliquer ton intelligence. Lèves-tu les yeux vers elle, elle n'est plus là, car elle sait se faire des ailes comme l'aigle qui vole vers le ciel ». Il faut dire que Frère Théophane lui a fait découvrir la saveur de la Bible dont il se délecte, sans pour autant renier sa propre tradition. Bref, à chaque fois qu'il m'est donné de répondre à des invitations mondaines, comme hier soir au Crillon, je lui fais répéter ce proverbe biblique avant de sortir de la Rolls ! Ce n'est pas que je sois honteux de ma richesse, c'est que – Joy me l'a soufflé un jour : l'orgueil, c'est un géant ! Et la sagesse seule a le pouvoir de dissoudre les vanités de ce monde.

Tommaso n'en était pas quitte pour autant.

Malgré son évidente sincérité, il ne put empêcher Marie-Aimée de revenir à la charge :

— Entre nous, Tommaso, ces billets de banque à la poubelle, c'était un coup monté ? Franchement, vous m'avez déçue ! Que vouliez-vous prouver, au juste, avec cette supercherie ?

— Prouver ? cela ne m'intéresse guère. Bien moins en tout cas que d'éprouver. Et pourquoi parlez-vous de supercherie ? Chacun est libre de donner ce qu'il a comme il l'entend. Moi, j'aime donner à ceux qui cherchent : ça les incite à donner à leur tour. Ce n'est pas la possession qui est mauvaise en soi, c'est l'absence de partage, l'accaparement jaloux. Après... seule la Providence a le pouvoir de convertir les cœurs !

— Et la Providence fait partie de vos relations haut placées ?

— Vous voulez me faire de la peine, Marie-Aimée. Votre ironie est blessante, et vous allez vous blesser vous-même en la manipulant. Ai-je forcé quelque chose, me suis-je joué de vous ? J'ai suggéré, Joy a trouvé. Et vous tous êtes partis à la recherche d'un autre trésor caché, beaucoup plus essentiel en réalité que ces liasses de billets de banque : vous vous êtes interrogés sur ce qui fait la véritable richesse au dedans de vous. Et vous voudriez appeler cela de la supercherie ?

— Quelle exquise excuse ! Cela n'explique toujours pas pourquoi vous avez dissimulé qui vous étiez vraiment ?

— Ce que je suis vraiment, croyez-vous que l'on puisse le mesurer à l'importance de mon compte en banque ? En quoi suis-je différent de vous face à la vie, face à l'amour, face à la mort ou face à la maladie ? C'est quoi, au juste, être riche ? Une grâce, une malédiction, un métier, un passe-temps, une image qui brille, un statut social ?

— En tout cas davantage une étiquette qu'une éthique ! souffla Marie-Aimée tout empourprée.

— Franchement, croyez-vous que j'ai pour ambition de devenir un jour l'homme le plus riche du cimetière ?

— Bien dit, Tommaso ! s'exclama Théophane, qui ne perdait pas une occasion de prêcher pour sa paroisse. Après tout, on n'a jamais vu un coffre-fort suivre un corbillard ! Seules subsistent les valeurs éternelles. Misez, investissez tout sur l'amour ! Toutes vos actions prendront de la valeur. L'amour ne se dévalue jamais. Il fait de vous quelqu'un de riche pour toujours ! Pas vrai, Joy ?

— Joy… tu ne dis rien ? demanda Tommaso avec ce fond d'inquiétude qu'ont les grandes personnes face aux réactions trop silencieuses des enfants.

Joy haussa les épaules, en tortillant nerveusement ses aimants dans ses doigts.

— Parce qu'il n'y a rien à dire. Qu'est-ce que ça me fait que tu sois riche ou pauvre, hein ? Tu n'es pas un truc de magasin avec une étiquette ! Ce qui est sûr, c'est que dans mon cœur, tu es très très cher. Tu es aussi inestimable qu'une œuvre d'art !

« D'ailleurs, continua-t-elle avec une moue un peu boudeuse, je savais bien qu'il y avait en toi quelque chose de… comment dire ? de démesuré ! Mais pas de la richesse qui se voit. De celle qui ne se voit pas.

Joy s'éclaira soudain, comme si elle venait de trouver la clé de l'énigme :

— Ta vraie richesse, elle passe par ton regard. Ta vie est belle parce que tu portes un beau regard sur la vie, c'est tout ! Tu veux que je te dise comment on devient riche – je veux dire : riche vraiment ? Eh bien, il faut être aimé et aimer aussi. Plus tu es aimé et plus tu es riche.

— Merci, merci Joy de nous inviter à partager autour de ce qui n'a pas de prix ! se réjouit Théophane.

— Moi, reprit Joy, si j'avais beaucoup d'argent pour de vrai…

— Justement, qu'en ferais-tu, toi, de cet argent ? demanda Tommaso dans une sincère attente.

— Exactement comme toi : j'aimerais qu'il taquine l'imagination, qu'il ouvre des portes, qu'il fasse pousser des fleurs de vérité, qu'il donne du fruit en abondance, en surabondance même !

— Et comment t'y prendrais-tu, au juste ?

— Eh bien, je le mettrais au service de ceux qui sont dignes de le recevoir, c'est-à-dire de ceux qui s'en serviraient non pas pour eux mais pour faire grandir quelque chose dans ce monde. L'argent, il faudrait que ce soit comme la joie quand elle nous inonde : ça déborde tellement qu'on ne peut pas la garder pour soi tout seul. Oui : on la fait grandir en la partageant. D'ailleurs, tous les sentiments qui donnent de la saveur et qui nous font grandir sont des sentiments qui se multiplient en se partageant : l'amour, la joie, l'espérance…

« L'important, ce n'est pas le point de vue,

l'avis que chacun a sur un sujet comme ci ou un sujet comme ça, c'est *le point de vie*... Comment tu mets de la vie dans ce que tu vis : c'est un peu bête à dire, mais il faut arriver à passer du *douteur* au *goûteur*. Au lieu d'avoir toujours quelque chose à redire, eh bien se mettre en marche sans savoir, apprécier sans comparer, regarder devant sans se retourner, savourer tout simplement. Tiens : tout à l'heure, en passant devant le supermarché, tu sais ce que j'ai lu ? C'était écrit avec des lettres d'enfance qui dansaient sur la vitrine : « Oui à l'augmentation du goût de la vie ! »

— Joy ! s'écria Théophane. Tu sais quoi ? Tu es en train de redéfinir la divine pauvreté !

— Ah bon ! Je ne savais pas que ça s'appelait comme ça, moi ! fit Joy en haussant les épaules.

— Justement, tu as le génie de l'enfance spirituelle ! Ton cœur a découvert par inadvertance un précieux trésor que ton esprit mettra du temps, beaucoup de temps à découvrir à son tour. Tu énonces les choses avant de les savoir vraiment. Derrière la clôture des monastères, on appelle cela des fulgurances mystiques. Ah ! mes amis ! nous sommes toujours gagnants quand nous laissons Dieu nous gagner !

— Bon, c'est bien gentil, tout ça, reprit Joy. Mais alors, on commence quand à contaminer le monde avec cette… cette divine pauvreté ?

— Je propose demain matin ! Le repos doit toujours précéder les grandes actions…

Avant de se retirer, Tommaso fit face à Marie-Aimée qu'il saisit fermement par les épaules. Il la scruta au plus profond des yeux, avec le désir sincère de gagner à nouveau son estime :

— J'ai gardé le désir de beaucoup gagner. Mais désormais autre chose que de l'argent. Comprenez-vous ?

Le temps : de l'argent à dépenser ou du bonheur à revendre ?

C'était devenu la problématique essentielle du milliardaire italien. Et Joy, la petite fille qui faisait de la philosophie en jouant avec une plume de tourterelle, ou bien de la mystique en sautillant à la marelle, ou encore de la symbolique avec deux bouts d'aimant, avait eu assez de perspicacité pour lui remettre les idées en place. Elle lui disait sans ambages ce qu'elle avait sur le cœur, et cela lui faisait du bien :

— On désire ce que l'on n'a pas. C'est ça qui cloche ! On devrait apprendre à désirer ce que l'on a. À vivre ce désir. Alors, ce serait comme si le bonheur nous précédait, au lieu de toujours se faire attendre !

Et elle ajoutait :

— Ceux qui passent leur temps à compter quelque chose n'ont plus le temps de compter pour quelqu'un. Tu comprends ?

— Tu veux dire : au lieu de passer son temps à compter quelque chose, il faudrait passer son temps à compter pour quelqu'un… Pas mal comme idée !

Avec Joy, c'était le monde à l'envers, comme si c'était la chose la plus naturelle du monde qu'une petite fille devienne le guide spirituel d'un milliardaire !

Tommaso avait un esprit de discernement assez affûté pour ne pas devenir esclave des vanités de ce monde. Et s'il recherchait la compagnie des gens simples de la cour de Rohan, c'est que ceux-ci étaient heureux avant d'avoir les moyens de l'être, alors que d'autres avaient tout pour être heureux… et l'étaient si peu.

Il avait en lui une règle sentimentale à laquelle il accommodait une sorte de principe arithmétique. À chaque fois qu'il se laissait aller à ses humeurs ou qu'il avait le sentiment de s'être mal conduit avec quelqu'un, il s'arrêtait de vivre, c'est-à-dire qu'il suspendait toute activité jusqu'à ce qu'il ait trouvé le moyen de compenser ses humeurs vagabondes par d'authentiques élans de gratuité. C'était son acte de contrition. Et c'est ce qui lui permettait de garder la paix du cœur. Ce qui frappait assurément chez tous ceux qui connaissait intimement le bel Italien, c'est cette capacité qu'il avait de générer de la richesse d'argent ou de cœur. Toujours avec panache.

— Si je fréquente toujours des hommes d'affaires, ce sont essentiellement des hommes chargés d'affaires spirituelles ! Ceux-là m'ont fait comprendre que partager ne consiste ni à diviser ni à soustraire, mais à multiplier. À leur contact, j'ai peu à peu compris ceci : certains hommes, formidablement insérés et célébrés dans ce monde, peuvent être aussi formidablement éloignés de la vie. Les gens dont la motivation n'est que le seul intérêt… manquent souvent d'intérêt ! C'est ainsi qu'en devenant immensément riche, je suis devenu immensément seul.

« Joy a réveillé mon esprit d'enfance, et c'est probablement ce qui m'a sauvé. Grâce à elle, j'ai conçus l'idée de faire cohabiter deux personnes en moi. À chaque fois que l'une d'entre elles, le monsieur riche, énonçait des paroles très justes et très sentencieuses, par exemple :

Rien ne remplace les années d'expérience !

...l'autre, le petit garçon espiègle, lui rétorquait en s'amusant :

Rien ne remplace les années de connivence !

Au début, bien sûr, ce petit duel à deux voix n'était pas bien sérieux. Et puis cela est devenu plus insistant. Comme toutes les grandes personnes raisonnables, je ne doutais pas posséder une certaine vérité quant à l'appréhension des choses de la vie. Jusqu'au jour où je me suis aperçu que le petit garçon était plus sage que son côté drôlatique et imprévisible ne l'aurait d'abord laissé imaginer. Et j'ai peu à peu changé de vocabulaire. J'ai fini par mettre à la porte ce Monsieur moi-même qui se prenait très au sérieux, pour écouter pleinement l'Enfant-moi, en veillant bien sûr à ce qu'il ne devienne pas un enfant-roi qui aurait fait la loi à tort et à travers au point de soumettre ma souveraineté intérieure à la force de ses fantaisies et de ses caprices.

— Et ensuite, tu as ouvert la porte de ta maison intérieure à l'Enfant-joie… glissa Joy malicieusement.

— Assurément, on gagne toujours à remonter aux sources ! Et l'enfance est la source de notre vie. J'ai donc troqué le « Quelles sont mes sources de revenus ? » contre le « Quelle est la source de ma vie ? »

Après toutes ces justifications, Tommaso offrait le visage d'un petit garçon débordé de bonnes résolutions et qui jure qu'on ne l'y reprendra plus.

— Frère, donne-moi une Parole !

— Pour connaître le précieux des choses, répondit Théophane, demande-toi simplement : et si cela n'existait plus ? Pose la question pour redécouvrir le goût de l'eau, la juste dimension de ce qui t'entoure ou tout simplement la qualité d'une présence. Et réjouis-toi de ce qu'il t'est offert de vivre au moment où tu le vis. Il faut garder beaucoup d'enfance en soi si l'on veut être pleinement vivant.

Tommaso aimait ces leçons d'enfance, cet émerveillement dépouillé, ces règles de vie apaisantes et retranchées du monde offrant une sérénité sembable à celle qu'apporte l'ombre des grands saules en affranchissant les siestes des servitudes de la journée.

Allongé dans sa toile de parachute, les yeux grand ouverts sur la Voie Lactée, Sagamore était en train de découvrir son bonheur en ces termes curieux :

— Que voulais-tu dire au juste, Joy, quand tu soutenais que ce qui mc manquait… c'était le manque ? Peut-être cherchais-tu à signifier à l'instar de Théophane que ce n'est pas le trop-plein qui mène à la plénitude, mais le manque ? Et au fond, si c'était cela qui me manquait confusément au moment où j'ai décidé de me mettre en route : le manque ? L'explorer encore et encore comme une faille vertigineuse ou, ce qui revient au même, comme une question inépuisable. L'éprouver comme une brûlure, et que la plainte qui m'en vient soit pareille à un chant. Car le manque aiguise le désir jusqu'à la fine pointe de l'âme.

« En fait, je possède beaucoup plus que ceux qui possèdent. Je possède le manque. Plus exactement : je suis possédé par le manque. Cela doit cacher quelque chose – peut-être même quelqu'un. Pourquoi pas un

Dieu radieux derrière tout cela ?

Et Sagamore songea à la face réjouie de Joy lorsqu'elle avait parlé de Jésus-Christ le Magnifique de manière aussi insolite que d'une secrète évidence.

24.

Petite échappée belle

Il faut toujours prendre au sérieux les appels indirects des enfants qui ont peur de ne pas être assez aimés, de manquer d'amour. Sur un air un peu renfrogné, Joy avait murmuré :

— Mamika a raison : il faut dire aux personnes les plus proches de nous qu'on les aime. À force d'être tout près, on ne les voit plus. On ne les regarde plus à force de les voir. Si l'on n'y prend pas garde, au lieu de nager dans le bonheur, on laisse se noyer quelque chose qui ne refera plus jamais surface. Et c'est ce qui nous tue !

Une porte qui claque. Des pas précipités dans le couloir. L'apparition de Tommaso, tout échevelé, dans la chambre en rotonde où s'était retiré Sagamore :

— Joy a fugué !

— Qu'est-ce que tu me chantes-là ?

— Ça n'est pas vraiment une chanson ! Elle n'est pas rentrée ce soir, je l'ai cherchée en vain à l'église Saint-Germain, Marie-Aimée ne l'a pas vue à la librairie, personne ne sait où elle est passée… Tu as une idée ?

— Pas vraiment. Mais il ne faut pas perdre de temps. Faisons le tour des lieux qui lui sont familiers, veux-tu ? Passe les Jardins du Luxembourg au peigne fin. Moi je file vers la place Furstenberg ! On se retrouve ici dans une heure.

— Et moi, implorait Mamika, que puis-je faire pour vous aider ?

— Attendre le retour de l'enfant prodigue ! lança Tommaso en feignant la désinvolture.

Une heure plus tard, la petite restait introuvable. La nuit commençait à tomber. Mamika était dans tous ses états. Marie-Aimée, qui avait rejoint la cour de Rohan, s'efforçait de conjurer sa propre inquiétude en lui caressant la main et en lui délivrant des mots qu'elle voulait rassurants.

Sagamore tournait comme un lion en cage. Chacun savait que chaque minute devenait capitale, d'autant que la petite, fraîchement convalescente, n'était guère vaillante.

Tommaso sonna le branle-bas de combat, et ordonna à Nabil :

— Bon, trouve-moi le numéro de l'Élysée !

— Quoi... Les Champs-Élysées ?

— Mais non, enfin ! L'Élysée, la Présidence de la République !

— Attends : tu veux demander une escorte de gardes républicains, ou quoi ?

— Écoute, elle avait dans l'idée de parler de notre Association de Bienfaiteurs au Président ! Et tu sais, quand Joy a une idée en tête...

Nabil s'exécuta de mauvaise grâce. Lorsque le contact fut établi, Tommaso s'empara nerveusement du combiné téléphonique :

— Allo ! L'Élysée ? Vous n'auriez pas rencontré une gamine dans les onze-douze ans qui aurait demandé à voir le Président ?... Comment ça, une plaisanterie ? Mais je ne plaisante pas le moins du monde ! Quand son visage apparaîtra aux informations nationales, vous n'aurez pas l'air malins !

Contre toute attente, Tommaso resta suspendu au combiné. L'entretien téléphonique se prolongea. Chacun dans la pièce retenait son souffle et s'efforçait de traduire les expressions ébahies de Tommaso, lequel semblait accorder une attention redoublée aux explications de son interlocuteur. Enfin, avec une voix subitement ralliée aux règles de la politesse, il balbutia un :

— Je vous remercie… Je vous remercie infiniment.

Et il raccrocha le téléphone, songeur, avant de se retourner vers les regards interrogateurs de l'assistance, et de rapporter ce qu'il venait d'entendre.

Le planton de l'Élysée se souvenait qu'une très jeune personne s'était effectivement présentée Faubourg Saint-Honoré en fin de journée pour offrir soixante-dix sept roses au Président de la République afin qu'il fasse prospérer le « Bonheur National Tendre » de tous les gens de son pays ! Insolite alternative au Produit National Brut explicité par Tommaso et que Joy avec compris assez confusément… Constatant qu'aucun mot n'accompagnait l'énorme bouquet, le planton avait tendu un papier à la petite demoiselle pour qu'elle y inscrive son nom. Avec de jolis pleins et déliés, celle-ci s'était prêtée au jeu avec un sibyllin : Joy de la Cour de Rohan.

Cette révélation ne renseignait personne sur l'endroit où, à cette heure-ci, Joy pouvait errer.

Soudain, Sagamore eut comme une illumination :

— Joy, la cour de Rohan ! Bon sang, je crois savoir…

Et il s'élança dans le couloir avant de dévaler les marches quatre à quatre, en lançant derrière lui cette phrase terriblement équivoque :

— Nous n'avons aucune chance de la retrouver sur terre !

— Aide-moi donc, je n'arrive pas à descendre de ton arbre !

L'intuition de Sagamore était la bonne : il s'était planté au milieu de la petite cour et avait eu l'idée d'entonner l'air de l'Ode à la Joie, en espérant que la réponse ne tarde point trop. Et la réponse était venue… d'en-haut, ou du moins du beau milieu du marronnier.

— Joy, je te prends donc en flagrant délit d'infraction, l'interpella Sagamore : tu as pénétré dans mon domicile sans mon autorisation, et en plus, tu n'arrives plus à en sortir ! Tu veux peut-être qu'on appelle la grande échelle des pompiers ?

— Surtout pas ! Y'a pas le feu, d'abord ! rétorqua Joy.

Enfin, après quelques grands écarts, enjambées et appuis incertains, Joy revint sur terre et s'ébroua sur le sol ferme comme elle l'avait vu faire par Sagamore. Ce dernier entendait bien donner une correction mémorable à la petite effrontée, qui avait mis tant de monde en émoi !

— Dis donc, l'interpella Joy, ton hamac, c'est confortable. Mais alors pour aller dormir, moi je préfère monter les escaliers de Mamika ! C'est moins raide...

— Et tu trouves encore le moyen de faire de l'esprit ! s'écria Sagamore en haussant le ton. Tu ne manques pas de toupet, toi ! Tout le monde t'a cherchée partout ! Même le Président de la République a failli passer une nuit blanche ! Et moi aussi, d'ailleurs ! Mais qu'est-ce que tu faisais dans le marronnier de la cour de Rohan ? Hein ? On n'a pas idée ! Tu es quand même un drôle d'oiseau !

Venant de Sagamore, qui avait institué ces rituels perchés, la remontrance ne manquait pas de sel ! Mais Joy était encore toute grelottante de témérité, et resta sans réplique. Elle ne trouva à prononcer que des mots qu'on dit à une maîtresse d'école pour atténuer la sévérité d'une punition légitime.

— Je voulais… je voulais m'endormir avec le chant des étoiles ! Ça ne t'arrive jamais de te sentir incompris du monde entier, et d'avoir envie de te dissoudre dans le ciel, pour rejoindre l'essentiel ? Je voulais être plus près, tout à fait au creux de la tendresse du monde, tu comprends ? Et puis… je voulais être sûre d'être vraiment indispensable, enfin… voir si on m'aimait vraiment, quoi !

— Et quelles sont tes conclusions à ce sujet ?

— Je ne sais pas trop. Toi, par exemple, est-ce que tu m'as recherchée fiévreusement ? Est-ce que Mamika est tombée dans les pommes en apprenant la disparition de sa petite Joy chérie ? Et est-ce que Tommaso était prêt à donner toute sa fortune à mes ravisseurs pour me délivrer ?

— Quels ravisseurs ? Que tu sois ravissante, passe encore, mais que tu sois la proie de ravisseurs, il ne faut tout de même pas exagérer !

— Ça n'empêche. Je trouve que le monde n'est pas très attentif en ce moment…

— Comment ça : pas très attentif ?

— Ben oui, je n'sais pas moi, tu pourrais me dire que tu m'aimes, que je suis importante à tes yeux, quoi ! Des trucs comme ça !

— Mais Joy, bien sûr que tu es formidablement importante à mes yeux ! bredouilla Sagamore, décontenancé par le chantage affectif de la petite.

— Oui, mais ce serait mieux que tu n'attendes pas que je te le demande pour me le dire ! Tu y penseras la prochaine fois, hein, promis ?

Délire mystique ou poésie enfantine ? Cochez la case correspondante ! Sagamore, bien entendu, cocha pour sa part la case n° 2. Une fois de plus, Joy le laissait désemparé, flottant au grand large de la tendresse, dans l'incapacité d'accoster ses fermes résolutions. C'est pourquoi, pour faire bonne mesure, il s'approcha d'elle, et pointa un index menaçant tout près de son minois désappointé, avant de déclarer avec une voix de stentor :

— Je serais capable de te retrouver au bout du monde, m'entends-tu ? Et même à te dénicher dans un arbre de la cour de Rohan à Paris !

— Même si… se hasarda Joy avec cette sorte de timidité victorieuse qui sied si bien aux coquettes.

— Même si, reprit Sagamore en s'éloignant, en pointant du doigt le ciel et en affectant un ton courroucé, …même si tu es une gamine absolument insupportable : fantasque, parfaitement imprévisible, impérieuse et…

Il se retourna vers elle en écartant les bras puis leva les poings au ciel, tout en découvrant un magnifique sourire carnassier :

— …et si chère à mon cœur que tu en es hors de prix !

Joy oublia son air renfrogné, redressa tout à fait la tête, se précipita dans les bras largement ouverts de Sagamore et, dans son élan, renversa celui-ci par terre. Elle ressemblait à présent à un jeune fauve enfouissant son museau dans le cou du roi de la jungle, et Sagamore – superbe dans le rôle du grand félin – la faisait rouler par terre en lui administrant quelques coups de patte joueurs. Enfin, se souvenant de sa condition humaine et surtout de la gravité de la situation, Sagamore reprit ses esprits et sa position verticale, et une fois sur ses pattes antérieures, donna quelques gifles à son bout de feutre pour le transformer en couvre-chef, dont il prit soin de lisser les bords après l'avoir ajusté sur sa tête. Alors, et alors seulement, il s'enquit de rappeler sa jeune interlocutrice à de très urbaines préoccupations et, dans une posture surannée de majordome, sourcil gauche dressé, déclara sur un ton docte :

— Bon, c'est pas tout, ça, mais nous sommes très attendus chez Mamika. Et il est grand temps de lui faire savoir que miss Joy est revenue sur terre, si l'on ne veut pas que toutes les sirènes de police de Paris ne se mettent à déchirer l'élégante mélancolie du crépuscule !

Un soupir de soulagement accueillit le retour de Joy sur la terre ferme et salua le sauvetage méritoire réussi par Sagamore. Mamika et Marie-Aimée s'occupèrent du sort de la petite, en l'entraînant dans la salle de bains, dans la maternelle perspective de lui faire regagner le plus vite possible le confort réparateur d'un lit douillet. Cette destination nocturne semblait assurément plus adaptée à la condition encore chancelante d'une petite convalescente, qu'un hamac arrimé à un arbre.

— Et que t'a-t-elle dit ? demanda Tommaso.

— Ce qu'elle m'a dit ? La première chose qu'elle m'a demandé, c'était : « est-ce que tu m'as recherchée fiévreusement ? ». Je te promets : en ces termes très exactement ! Tu parles d'une coquette ! Compte sur moi pour lui administrer une sacrée correction !

Moins d'une demi-heure plus tard, l'ampleur de la correction avait subi le même sort qu'un soufflé au fromage ayant eu le temps de dégonfler avant l'arrivée tardive des hôtes.

— On dirait une petite fille modèle ! ironisa Sagamore en découvrant au fond de son lit la petite fugueuse, soigneusement coiffée et pommadée. On peut dire que tu trompes bien ton monde, toi ! À te contempler comme ça, on dirait davantage une sage petite princesse qu'un garçon manqué qui grimpe aux arbres ! Bien, il reste le choix de la sanction. Tu as de la chance : je viens de découvrir une promotion sur les paires de claques ! C'est excellent pour la circulation du sens, enfin, je veux dire : la circulation du sang ! Ainsi donc, préféres-tu une application directe et sensible sur la joue droite ou sur la joue gauche ? Mais non ! Où ai-je la tête ? Comme c'est une paire, il y en aura pour tout le monde ! Pas de jalouse : sur la joue droite ET sur la joue gauche !

Joy riait de bon cœur comme elle l'eut fait devant des mimiques de Charlie Chaplin ou un spectacle de Guignol. Sagamore se planta à nouveau devant elle, cette fois au garde-à-vous.

— Qu'est-ce que tu fais ? demanda Joy, interloquée.

— Je suis le douanier du pays des rêves, fit-il en prenant l'accent suisse. Est-ce que vous avez quelque chose à déclarer avant de vous endormir, ou bien ?

— Sagamore ! l'interpella-t-elle avec une gravité soudaine.

— Oui, c'est bien moi ! À qui ai-je l'honneur ?

— Tu sais, si j'étais un peu plus grande, je crois que je serais vraiment très amoureuse de toi !

— C'est ça, bien sûr ! Le cavalier héroïque dans le rôle du chevalier servant, n'est-ce pas ? Pour que j'aille te dénicher dans les arbres et te soustraire à la rude correction des gardiens de la paix, hein, c'est pour ça que tu m'aimes ?

— Dis donc : tu crois sincèrement qu'ils m'auraient retrouvée dans mon arbre ? D'ailleurs, ce soir, c'était moi la gardienne de la paix ! Je gardais même les étoiles !

— Eh bien ! Je ne sais pas comment les étoiles vont faire maintenant que tu n'es plus dans ton arbre à jouer leur ange gardien, mais cette nuit, elles n'auront pas le choix ; elles devront se débrouiller toutes seules pour présenter la Voie lactée en bonne et due forme ! Je sais, je sais, cela va être très difficile, on prend le risque d'une révolution des planètes, de fâcheux précédents intergalactiques, mais c'est ainsi ! Allez, maintenant : dodo ! J'ai déjà décroché la lune pour te retrouver, je ne peux guère plus ! Assez d'émotions pour ce soir !

— Et toi, qu'est-ce que tu vas faire maintenant ?

Sagamore s'approcha pour embrasser Joy sur le front, avant de lui chuchoter dans le creux de l'oreille :

— Dormir. Dans un marronnier de la cour de Rohan ! Mais ne le répète à personne, promis ? Après toutes ces émotions, j'ai vraiment besoin d'une paix royale !

25.

La parabole des mauvaises herbes, des framboises et des orties

Il fut convenu avec le médecin de famille qu'il serait bon de mettre Joy au vert, et Frère Théophane n'eut pas de mal à convaincre Mamika de placer la petite en retraite à l'abbaye, en promettant de se débrouiller avec le frère hôtelier. Sagamore ferait partie du voyage et Mamika accompagnerait la petite. Tommaso se proposa immédiatement de tous les y conduire. Un brin embarrassé, Théophane balbutia :

— Pour quelqu'un qui a fait vœu de divine pauvreté, arriver en Rolls-Royce à l'abbaye…

— …constitue un sacré pied-de-nez aux vanités de ce monde ! s'empressa de compléter Tommaso afin de désamorcer sans délai l'explosive équivoque.

C'est donc en Rolls-Royce que Frère Théophane regagna l'abbaye plus tôt que prévu, accompagné de ses amis de Paris.

Joy était ravie de cette escapade. C'était comme une fugue, mais version officielle. Pas de sirène de police, pas d'échelle de pompiers, juste les clés du paradis. Nul doute en effet qu'une abbaye, tout emplie de prières et de silence-qui-parle ne pouvait être qu'une préfiguration terrestre du paradis. Peu de temps après son arrivée, Joy ne manqua pas de se rendre dans les jardins dudit paradis. Elle y découvrit un homme à la tonsure monastique, mais en bleu de travail, qui s'échinait à débarrasser de ses mauvaises herbes une haie d'assez respectable longueur.

— C'est toi, le jardinier ? l'interrogea Joy tout de go.

— Si l'on veut. Officiellement, je suis le prieur du monastère.

— Ah ! Et ça signifie quoi ? Tu es le grand chef ?

— Chez nous, on ne dit pas tout à fait comme cela ! Je préfèrerais que tu m'appelles

« le jardinier en son royaume » : ce serait plus joli, et plus juste aussi.

— Mais, il n'y a pas des gens pour s'occuper de ces choses à ta place ? C'est un travail qui n'est tout de même pas très intéressant d'arracher toutes ces vilaines ronces !

— Je ne ramasse pas des vilaines ronces ! Je prie.

— Ah bon ! Excuse-moi, mais on n'dirait pas ! À Paris, dans les églises, on ne fait pas comme ça !

— Bien sûr, tu vois mes mains accomplir une tâche, mais tu ignores mes pensées dans le même moment. Mes mains sont au travail, mais mon cœur est à la prière.

— Ah ! Et comment ça se peut ?

— C'est très simple : en vérité, prier et arracher des orties et des ronces, c'est à peu près pareil ! L'un se confond avec l'autre. À moins que l'un ne mène à l'autre…

— Tu es sûr de ce que tu racontes ?… En fait, tu es jardinier ou tu es moine ?

— Je suis l'un et l'autre, et bien d'autres personnages encore. Tout comme toi, d'ailleurs : quand je te regarde, tu me donnes l'apparence d'être une mignonne fillette, mais ce n'est peut-être qu'une apparence. Il se peut que tu sois tout aussi bien une princesse en son royaume, et que ton âme vibre avec le vent ou avec le murmure de la rivière. Il se peut aussi que ton cœur soit tantôt comme un filet d'eau, tantôt comme un tourbillon et tantôt comme une cascade. Je peux te reconnaître comme une magnifique créature de Dieu, un cadeau du ciel, une histoire sacrée, une porte qui s'ouvre sur l'infini… Ou encore voir en toi l'ange de l'émerveillement, le symbole de l'espérance, la petite annonciatrice de la beauté du monde…

— Ça alors ! Tu es sûr ? Je suis capable d'être tout cela, à moi toute seule ? Dis donc : tu ne serais pas un peu poète aussi, par hasard ?

— Naturellement, comme tous les moines et tous les enfants ! Comme toi ! Comme tous les êtres qui ont assez exercé leur regard pour voir la beauté derrière l'apparence des choses.

— Et alors, ton travail de jardinier-en-son-royaume, ça consiste en quoi exactement ?

— Eh bien, cela consiste à ordonner, à restaurer sans cesse l'harmonie, en arrachant les mauvaises herbes, pour que régne la beauté…

— Et c'est ce que tu fais en ce moment ?

— En ce moment, je le fais au-dehors, parce que tu vois toutes ces orties et ces ronces : si je les laissais prospérer, le jardin du monastère ressemblerait davantage à une jungle qu'au paradis. Et ce n'est pas dans l'esprit de la maison ! Ensuite, ce travail de jardinier-en-son-royaume, je le ferai au-dedans, dans l'enceinte de l'église et dans le cœur des hommes, parce qu'il faut là aussi prodiguer beaucoup de soin, afin que l'humanité soit belle comme un jardin. Comprends-tu ? Et c'est un peu le même travail au fond : semer, cultiver, favoriser la croissance, mettre en ordre, débarrasser le jardin de tout ce qui est mauvais, de tout ce qui menace l'harmonie. Et recommencer toujours. En faire un rituel, une liturgie. Faire pleuvoir sur ce jardin, comme dans le cœur des hommes, quelque chose qui ressemble à un hymne à la joie, à une ondée de lumière ou à un silence d'après prière. Voilà. Parce que, à l'image de chaque aube nouvelle, notre vie est un éternel recommencement.

— Tout à l'heure, tu disais que arracher des mauvaises herbes et prier, ça revenait au même. C'était une image de poète ?

— Si tu veux, mais c'est une réalité vivante aussi. Personne ne m'a ordonné de faire ce travail ingrat et nécessaire. C'est juste mon bon plaisir…

— Ton bon plaisir, vraiment ? s'étonna Joy.

— Bien sûr. C'est un chemin de sagesse. Il faut de la persévérance et même une certaine obstination, car les mauvaises herbes sont redoutablement têtues : on a beau les traiter sans ménagement, leur montrer à quel point elles sont indésirables, elles réapparaissent sans répit. Il faut de la docilité car si l'on s'écoute, on préfère mille fois la cueillette des framboises, la répétition des chants de louange ou la méditation dans le cloître : cela paraît a priori mille fois plus beau et harmonieux ! Cependant, il faut bien que quelqu'un accomplisse ce travail, et c'est un bon travail parce qu'il apprend la douceur, la patience et une grande humilité. On se retrouve à genoux comme à l'église. Et puis, à y bien réfléchir, lorsque tu arraches les mauvaises herbes, tu t'occupes aussi de ton jardin intérieur. En te consacrant à ces humbles tâches, tu changes quelque chose en toi. Tu vas rire sans doute, mais il m'arrive de prendre les mauvaises herbes pour des mauvaises actions ! Tu les arraches, tu tires sur les ronces et quand tu arrives tout au bout de la haie, tu as le sentiment de t'être affranchi, ou si tu veux d'avoir franchi le seuil de l'humilité qui permet d'entrer dans le sanctuaire de la sagesse.

Simplement pour avoir mis de l'ordre, pour avoir fait net et beau. Employé de beauté… cela commence par ce travail pénible. Et entre nous, c'est un exercice intérieur aussi instructif que bien des exercices de piété ! Ce n'est pas une punition ni une corvée, mais bien plutôt une initiation et une récompense. Tous les novices passent par là. Et plus tard, il n'est pas inutile de renouer avec cette servitude. Outre que l'on doit être genou à terre pour faire ce travail, cette tâche rend humble de cœur parce qu'elle est sans cesse à recommencer. Comme la prière. Comme l'amour. Ou comme le ménage, spécialement dans sa maison intérieure ! Il n'y a pas d'aboutissement. On comprend mieux ainsi pourquoi le vrai seigneur est serviteur. Et le soir venu, quand tu as terminé ta tâche, tu te sens libre et léger. Le soleil couchant projette en un éclat, de concert avec les élégantes ombres du soir, une certaine qualité de la lumière. Tu n'imagines pas combien c'est doux, le moment de s'endormir, quand on finit la journée à rendre beau son jardin !

Joy proposa son aide au moine, sous l'œil amusé de Sagamore et de Tommaso, qui avaient eux aussi assisté à la parabole des mauvaises herbes.

— Petite fille, dit le moine, si tu veux m'aider, prends ces récipients que j'ai posés là-bas au pied du muret. Tu vois tous ces buissons près de la barrière en bois ? De loin, cela ressemble à un gentil fouillis de verdure pas très ordonné. Et sais-tu ce que c'est ? *Paradisus Terrestris !* Vas donc voir de plus près ! Cherche, cherche bien !

Joy suivit le geste du moine-prieur-jardinier-poète et découvrit les denses tiges de framboisiers de l'abbaye. Elle commença la cueillette des fruits veloutés et s'aperçut que plus elle en cueillait, plus elle en trouvait. En soulevant les feuillages, on eut dit que les petits fruits rouges naissaient au fur et à mesure que l'on tendait la main. C'était une profusion de délices qui poussaient là. Le religieux, venu rejoindre Joy, se mit à en chanter les louanges :

— Toutes les œuvres du Seigneur sont belles, mais dans l'ordre des choses savoureuses, j'ai un faible pour ces framboises. Les as-tu goûtées ?

Joy acquiesca avec ravissement.

— Tu peux picorer comme tu le veux ! Il

s'en trouve ici dans une telle surabondance que c'est un privilège qui est presque de l'ordre du péché ! Si tu commences la cueillette maintenant, tu te feras surprendre par le coucher du soleil avant même d'avoir fini la première rangée ! Et demain, tu pourras revenir vers les mêmes buissons : tu en trouveras tout autant ! Un peu plus loin, près du marronnier, tu découvriras des framboises toutes pâles, qui ne semblent pas mûres ; ne t'y trompe pas : ce sont les meilleures ! On les appelle : « Merveilles blanches des quatre saisons ». Si tu savoures la vie comme les framboises, tu découvriras la surabondance de la Providence ! Plus tu cherches, et plus tu trouves. Plus tu t'approches des merveilles de la Création, plus ta joie est complète ! Bon, moi je retourne à mes mauvaises herbes…

— Aïe ! Aïe ! Aïe ! s'écria Joy soudainement.

— Ne bouge pas, petite fille ! Cela démange n'est-ce pas ? Eh bien, il ne faut surtout pas te gratter les bras ! Ce sont les orties ! Eh oui ! Elles aussi aiment bien les framboisiers. Tu sais quelle est la seule chose à faire ? Ne rien faire ! Les piqûres d'ortie provoquent des cloques assorties de démangeaisons ; si tu parviens à résister à ces démangeaisons plus de trois minutes, elles disparaissent d'elles-mêmes, et les cloques aussi, comme par enchantement. Si tu contraries ta douleur, si tu fais comme si la piqûre n'avait pas existé, elle n'existe pas, tout simplement. C'est aussi une bonne philosophie de vie, dans la mesure où nos souffrances nous font d'autant plus souffrir que nous leur accordons de l'importance. Allez ! Oublie tout cela, et bonne cueillette ! Tout à l'heure, quand tu entendras la cloche, ce sera la prière ; et puis ce sera le repas du soir. Je te reverrai à l'hôtellerie avec tes amis !

— Et… je peux prier moi aussi en mangeant des framboises ?

— C'est ton cœur qui dicte ! Tu peux prier dès que le cœur t'en dit ! Il vaut toujours mieux en faire selon son cœur, plutôt qu'à sa tête !

Joy rumina des chapelets de framboises – au sens mystique et gustatif du terme – tant et si bien qu'elle fut dispensée tout à la fois des vêpres et du repas du soir. Tout juste se contenta-t-elle d'une soupe, qu'elle trouva délicieuse. Lorsque le prieur vint lui souhaiter bon appétit, elle ne manqua pas de faire l'éloge de l'onctueux potage. Le moine s'approcha d'elle pour lui glisser à l'oreille, avec un sourire espiègle :

— C'est de la soupe d'ortie ! Excellent pour la santé : plein de vitamines et de sels minéraux ! Tu vois, l'abbaye est spécialisée dans les conversions : même les méchantes choses qui piquent, on les transforme pour qu'elles fassent du bien !

Le prieur avait aussi confié à Joy en un plaisant jeu de mots :

— Si tu reviens à la prochaine lune, tu pourras goûter aux *mûres mûres* de l'abbaye ! *Paradisus Terrestris !*

Sagamore, quant à lui, n'avait pas eu besoin d'attendre la prochaine lune pour mûrir cette paix du cœur qu'il recherchait à présent comme l'un des plus authentiques témoignages du bonheur. Son bref séjour à l'abbaye l'avait à ce point marqué qu'il ressentait une suave attirance pour tout ce qui en constituait l'architecture spirituelle : la docilité à une règle, le respect d'une discipline communautaire, le rythme du cérémonial sacré, la ritualisation des jours et la louange des heures. Il percevait à quel point cette vie cadencée, grande ouverte sur l'offrande, était nécessaire à l'équilibre fondamental de l'être, à son désir de paix intérieure profonde et à sa capacité de bonheur durable. Sagamore se montrait subjugué par les bénédicités, dont il percevait désormais le sens profond. Le moment de bénir s'annonçait comme une fête secrète qui prenait naissance dans le cœur de quelques-uns et qui était destinée au bien de tous. C'était l'occasion de demander une grâce particulière avec une intériorité et une douce ferveur permettant de s'ajuster très exactement à la situation pour entrer de plain-pied dans le mystère d'une célébration, d'une intention universelle, d'une joie partagée.

« Frère, donne-moi une parole » : cette vibrante imploration qu'il avait entendue la première fois dans la bouche de Tommaso, rejoignait au fond le recueillement précédant les bénédictions de table. Cela signifiait tout aussi bien : « Frère, donne-moi du pain rompu, afin que ma faim d'absolu soit rassasiée ».

La récente parole que lui avait confiée Frère Théophane, dans l'enceinte même de l'abbaye, s'accordait avec cette perception qu'avait Sagamore de la nécessité de faire de l'ordre dans sa propre maison intérieure :

— Suis ta loi intérieure ! La constance de

l'attention aux êtres et aux événements – autrement dit la fidélité – est la clé du secret des choses.

Tout, en ce lieu, était propice à l'élévation intérieure et à un sentiment de beauté harmonique ineffable : la maison du silence-qui-parle, bien sûr, mais aussi les framboises et les soupes d'ortie, l'écho du pas qui s'éloigne dans le cloître, la coulée dans les profondeurs successives de l'oraison, les hauts murs clos et le jardin destiné à faire prospérer la beauté, la dalle ancestrale rendue luisante par les sandales des moines accourus à la prière plusieurs fois par jour depuis près de huit-cents ans. Ces bénédicités enfin, le regard baissé sur les fleurs toute simples disposées sur la table du repas – témoignage de la beauté à la fois humble et parfaite :

« Bénis sois-tu Seigneur, toi qui nous permets de partager ce repas en frères. Qu'il nous donne des forces pour notre travail de ce jour et inaugure des heures qu'il nous plaira de vivre en harmonie et en paix selon ta très sainte volonté et avec le secours de ta grâce. Amen ! »

Sagamore ressentait ces moments de belle et ample solennité comme une sorte de privilège hors du temps. Il avait le sentiment de partager le serment renouvelé d'un cercle chevaleresque rappelant l'âme aux plus hautes vertus. Et la seule invasion qui risquait de s'ensuivre – il l'avait lui-même expérimentée – était celle de la joie.

26.

Le don divin du discernement

Joy avait retenu l'attention du Père-abbé par la simplicité très pure de ses propos. Frère Théophane avait aussi beaucoup fait l'éloge de la petite et de ses élans mystiques.

— Sais-tu quelle est ton espérance, mon enfant ? demanda le Père-abbé.

— Je vais là où je suis irremplaçable, répondit Joy tout de go.

— Et... où te sens-tu indispensable ?

— Là où il manque de la joie. Donc, j'ai beaucoup de travail !

— T'a-t-on déjà parlé du discernement ?

— Frère Théophane, c'est son grand truc à lui, il ne parle que de ça ! Vous devriez l'interroger là-dessus : il est incollable !

Le Père-abbé ébaucha un large sourire.

— Bien. Au risque de répéter ce que tu connais déjà, j'aimerais te confier quelques propos sur cet important sujet. Vois-tu, si notre monde court souvent à sa perte, c'est que la claire vision que chacun est supposé avoir est obturée par toutes sortes de mirages. La claire vision, c'est le regard juste porté sur les choses. Et la clairvoyance, c'est l'esprit juste qui en découle. Le discernement consiste à redonner la vue à notre monde, pour lui redonner vie, revivifier ses perspectives et ses espérances. Il faut que tes choix coulent de source, c'est-à-dire qu'ils soient dans la continuité de ton intime conviction, de ce que tu ressens de toutes les fibres de ton être comme une nécessité intérieure, dans l'ordre du beau, du bon ou du vrai.

« Une chose encore : tu as remarqué qu'à l'abbaye, il nous arrive de chanter en latin. Or, on dit du latin qu'il s'agit d'une langue morte. Alors, me diras-tu, pourquoi utiliser ce qui est mort ? Pour une raison simple, c'est que notre langue vivante est née de cette langue morte, elle est bâtie dessus comme des églises se sont bâties sur des édifices anciens, sans lesquels peut-être elles ne seraient rien. Maintenant, essaie de concevoir que la gratuité ressemble à une langue morte : elle est la racine de toute communication vraie, et cependant, elle est de moins en moins pratiquée. Mais cela ne doit pas te décourager de continuer à célébrer la gratuité, comme nous, sous nos capuchons, nous réjouissons de chanter en latin !

— J'ai une question, interrompit Joy, est-ce que le bien que vous faites, c'est de naissance, ou bien ça s'apprend ?

Le Père-abbé était captivé par cette petite créature changeante à laquelle on accordait parfois cent ans de sagesse et qui, à d'autres moments, donnait l'impression d'être née la veille au soir. Il résorba un trop large sourire afin de ne pas mettre la petite dans l'embarras, et déclara quelque chose de compliqué que Joy se promit de méditer :

— Il faut être aussi fier du mal que nous ne faisons pas, que du bien que nous faisons.

Mais le Père-abbé était un homme d'écoute. Plus encore que parler, il aimait délivrer la parole des autres. Il savait que Joy était initiée à la *lectio divina*. Aussi la laissa-t-il s'exprimer sur la prière, en se délectant de cette loquacité formidablement expressive et inhabituelle qui animait cette toute jeune créature. Son interlocutrice se montrait à la fois si proche des ingénuités de l'enfance et si proche aussi des intuitions de la maturité !

— Je crois que la prière, ça me dépasse. Et plus ça me dépasse, plus je sens qu'elle est belle, parce qu'elle n'a pas besoin de moi pour exister pleinement. Vous allez croire que je suis un p'tit peu loufoque, mais prier, pour moi, c'est presque un péché de gourmandise : on mord dans la prière comme dans un fruit gorgé de suc et de saveur ! D'ailleurs, le plus souvent, quand je prie, je n'arrive pas à trouver de mots. Je savoure en silence. Je me sens dépassée par mes événements intérieurs. Alors, je prends simplement dans mon cœur tous ceux que j'aime et que je n'aime pas assez, je leur fais plus de place qu'à moi-même pour qu'ils finissent par me déborder. Je les serre très fort dans mon cœur, jusqu'à ressentir un bonheur qui fait mal, et en ressuscitant en moi leur plus beau visage tout illuminé du dedans. C'est à cela que sert ma collection de sourires, aussi. Je sais alors que c'est comme si je les visitais, comme si je semais des petites graines de Joy dans les cœurs qui s'aiment. Et cela les rend un peu plus riches dans le bonheur, un peu plus grands dans l'amour, un peu plus sereins dans la vie. À force, on finit par créer de la bénédiction autour des gens. Et en s'exerçant un peu, par une opération du Saint-Esprit, on peut faire dégringoler du pollen d'amour sur le monde entier. Ça aide à faire venir le printemps dans le cœur des hommes. Et c'est tellement bon, j'vous jure, que je ne me fais jamais prier pour prier !

— Peut-être bien que tu as compris l'essentiel, mon enfant ! En restaurant le langage perdu qui permettait de relier l'instantané à l'éternel, on redécouvre la poésie de l'univers. Et dans ce grand poème de la Création, Dieu réinvente sans cesse le monde avec des mots qui viennent du silence et qui conduisent au silence.

« Vois-tu, quand la bouche se tait, reprit le Père-abbé en joignant les mains, l'âme continue de parler. Et quand tes yeux se ferment, l'âme s'exprime encore dans le secret des secrets. Telle est la très mystérieuse vérité de la prière. C'est tellement important, merveilleux et doux de pouvoir goûter au Seigneur ! Sois toujours joyeuse. Je te bénis.

— Paix royale à vous ! répondit Joy gravement, selon la salutation favorite et désormais légendaire qu'elle avait mise au point pour souhaiter tout le bonheur du monde à ceux qui lui étaient chers.

Quand il referma la porte après le départ de Joy, le Père-Abbé murmura quant à lui : « Béni sois-tu, Seigneur, d'avoir caché aux sages et aux savants ce que tu as révélé aux tout petits ! »

Le lendemain soir, après une journée cadencée par la prière et les sorties vivifiantes dans la somptueuse forêt qui bordait l'abbaye, Joy dut repartit avec ses amis pour Paris. Le Père-abbé souhaita la saluer et la bénir avant son retour dans le monde.

— Alors, ma petite, que retiendras-tu de l'abbaye ?

Joy mit l'index sur ses lèvres et regarda drôlement en l'air avant de faire l'inventaire des bénédictions engrangées :

— La parabole des mauvaises herbes, des framboises et des orties… La joie parfaite selon Frère Théophane… Jésus-Christ le Magnifique selon saint Matthieu… Et puis aussi que l'on devient ce que l'on contemple… Et le principe du Cercle parfait !

— Le Cercle parfait ? Où as-tu trouvé cela ?

— Hier soir, après vêpres, dans la Maison du silence-qui-parle !

— Mais où exactement ? Dans un missel, un cahier liturgique ?

— Ben non ! Dans le secret de mon cœur !

— Oh oh ! Et quel est donc ce principe du Cercle parfait ?

— Ça disait comme ça : Plus tu es toi, plus tu donnes. Plus tu donnes, plus tu es toi.

« J'ai répété cela en boucle avant de m'endormir, et j'ai basculé tout sereinement vers le sommeil. D'ailleurs c'était mieux que ça : le sommeil, c'était du soleil ! Je vous promets : je me suis roulée dans le soleil, et c'était tellement éblouissant que je me suis endormie. Après, c'était beau, vous ne pouvez pas savoir ! C'est comme si j'avais découvert un autre monde, simplement pour avoir cligné des yeux au bon moment !

D'un petit fenestron de la tour ouest de l'abbaye, au bout d'une salle qui lui servait de scriptorium, le Père-Abbé vit s'éloigner dans les ondes vespérales ce curieux équipage, constitué de Frère Théophane, dans sa bure monastique, de ces deux gaillards sympathiques qu'étaient Tommaso et Sagamore, de cette dénommée Mamika aux manières élégantes et à l'accent charmant, et de Joy, cette petite jeune fille qui semblait ressusciter, à travers ses paroles de lumière, toute la ferveur des origines. Joy était une vraie « fidèle », parce qu'elle prenait la Parole au pied de la lettre, et l'Esprit au sommet de son cœur.

— Cette enfant a dans la bouche des chansons de ciel comme si l'infini s'était engouffré en elle par inadvertance. Sans qu'elle s'en aperçoive. Elle est traversée par le souffle de l'Esprit comme une flûte de laquelle jaillissent de célestes harmonies.

Dans un bruit feutré, la Rolls-Royce Silver Cloud s'éloigna de l'abbaye qu'enveloppait déjà le silence de la nuit.

— Alors, demanda Théophane, c'était plutôt l'enfer ou plutôt le paradis ?

Joy habilla ses lèvres d'un sourire rêveur qui lui allait joliment bien :

— Il faisait bon, j'avais une infinie douceur en moi ! Je me sentais riche et célèbre, mais attention : pas limousine et paillettes ! Non : j'étais très riche de sentiments et je m'imaginais drôlement célèbre parce que Dieu me connaît jusque dans mes mystères, alors que moi, je ne le connais pas si bien ! Alors, tu imagines !

— Sagamore, qu'as-tu pensé du supérieur de l'abbaye à quatre pattes pour ramasser les mauvaises herbes ?

— J'ai pensé à mon père. Il est de la même race, un serviteur de la beauté et des choses bien ordonnées… Je crois que s'il leur était donné de se rencontrer, ils auraient peu à dire pour se comprendre et seraient dans une immédiate connivence.

— Et toi Tommaso ? demanda Joy sur un ton non dénué de sarcasme. Je parie que tu as une armée de jardiniers à ton service. J'ai remarqué : tu n'as pas cessé de sourire pendant cette histoire de mauvaises herbes. Tu te moquais un p'tit peu, non ?

— Pas le moins du monde ! C'est même tout le contraire ! Simplement, ce que Théophane dit salutaire pour l'homme de méditation, c'est aussi bon pour l'homme d'action. Connais-tu l'histoire du milliardaire et des mauvaises herbes ? C'est mon histoire. Si je suis devenu très riche sans perdre de vue les valeurs subtiles de l'équilibre et de l'harmonie, si dans les tribulations de ce monde, mon cœur est resté fixé là où se trouvent les vraies joies, c'est parce que je ne me suis jamais dérobé aux petites servitudes de la vie quotidienne. Sincèrement, la chose la plus extraordinaire qui puisse arriver dans nos vies, c'est de considérer les choses ordinaires avec le sentiment de leur immense valeur. Après, ce que l'on fait ne change rien à l'affaire : que l'on soit homme d'affaires matérielles ou spirituelles, nous entrons dans une spirale d'amour et d'attention qui nous vaut toutes les faveurs de la destinée !

— En tout cas, reprit Joy sur un ton mutin, le jour où à l'école on apprendra des leçons comme celles que j'ai apprises à l'abbaye, eh bien, j'te jure, on sera drôlement calé en amour divin. Et il n'y aura plus de souci à se faire pour l'avenir de l'humanité !

25.

Occasions de bonheur et bonheurs d'occasion

Tommaso avait une idée, comme toujours démesurée et magnifique. Et pour en livrer la teneur, il commença par soigner ses effets, en conviant tous ses amis dans le pied-à-terre qu'il avait à Paris, et qui était effectivement situé sur l'avenue du Président Kennedy, en bord de Seine, face à la Tour Eiffel. Il s'agissait d'un duplex au sommet d'un prestigieux immeuble en pierre de taille, et l'on accédait par un petit escalier à une terrasse sur les toits. Cette terrasse était superbement aménagée et évoquait un paysage toscan en miniature, avec cyprès d'Italie, oliviers et orangers, tonnelle et petit muret en pierres sèches.

— Un appartement comme cela, ça doit coûter un prix exorbitant ! se hasarda Joël à demi-mot.

— *Ma !* rétorqua Tommaso en le prenant fraternellement par l'épaule. C'est beaucoup trop cher ! Sais-tu à quoi je me suis amusé ? J'ai reporté la surface de cet appartement sur mes terres de Toscane, et tu sais quoi ?

— Non.

Tommaso ouvrit les mains et rentra la tête dans les épaules, dans cette attitude typique qu'ont les Italiens pour ponctuer les évidences.

— Eh bien, c'est tout simplement ridicule ! C'est tout *piccolo*, perdu dans l'immensité des collines. C'est pour cela que la richesse, c'est du vent ! Tous les gens d'ici disent : il doit être très très riche, l'Italien ! Mais le berger de chez moi, lui, il se tape sur les cuisses ! Deux cent-soixante mètres carrés, c'est un truc de millionnaire dans l'immobilier à Paris, mais la même surface en terrain agricole, c'est la misère noire ! Tu n'y fais pas paître trois brebis !

« Tu sais, mon fin plaisir quand je rejoins mes terres, en Toscane, c'est de me laisser happer par la contemplation des étoiles, tout l'infini du ciel, si proche et si lointain. Tout alors reprend sa juste place et sa réelle proportion. Et je me dis : tout cela est gratuit, tout cela est à chacun et à tous, depuis la nuit des temps. Que pèse ma carte de crédit face à cet invisible, si plénier, à la fois si lourd et si léger ?

« Sagamore, lui, a tout compris : il est beaucoup plus riche que moi ! Moi j'ai un pied-à-terre, lui il a trouvé dans son marronnier ce qu'aucun agent immobilier ne saurait dénicher : un terre-à-ciel ! Et ça, ça vaut tout l'or des étoiles !

— Ça veut dire quoi : exorbitant ? demanda Joy en s'agrippant au bras de Joël

— Ça veut dire : vraiment très cher…

— Alors, c'est un p'tit peu comme Sagamore : il est exorbitant à mon cœur !

Au moment de passer à table, Tommaso s'informa discrètement auprès de Théophane :

— Et Marie-Aimée, elle ne vient pas ?

— Ma foi, il me semblait bien qu'elle en avait l'intention. Elle semblait même heureuse de cette soirée.

L'interphone retentit. Théophane fit un clin d'œil à Tommaso :

— Tu vois : la Providence intervient toujours au bon moment, c'est-à-dire au moment qu'on espère le plus et auquel on s'attend le moins !

C'était bien Marie-Aimée. Elle portait une robe de lin au sage décolleté carré, une tenue chic et simple qui lui allait à ravir en faisant ressortir sa carnation mate et ses dents très blanches. Elle salua Tommaso avec une élégance un peu distante, puis se hâta en direction du petit groupe d'amis dont elle se plaisait à reconnaître l'atmosphère familière. Un « ah ! » domina la rumeur des conversations lorsqu'elle apparut sur la terrasse. Les invités étant tous présents, chacun fut convié à s'approcher d'une table dressée avec beaucoup de raffinement. À l'invitation de Tommaso, Théophane prononça solennellement son bénédicité préféré avec la belle solennité qu'il affectionnait :

— Que la lumière qui, par la foi, brille dans nos âmes, resplendisse dans nos actions, afin que dans les fluctuations de ce monde, nos cœurs restent fixés là où se trouvent les vraies joies. Amen !

Chacun prit place autour de la grande table ovale. Marie-Aimée était assise entre Sagamore et Tommaso, lequel accordait aussi son attention galante à Mamika, située à sa droite. Un maître d'hôtel tiré à quatre épingles servait des mets délicieux et présentés avec art. « Il est habillé comme dans les films », ne manqua pas de relever Joy en écarquillant les yeux. Le soleil couchant projetait une lumière dorée sur la Seine. Sagamore contemplait la Tour Eiffel avec une telle fascination que Tommaso chercha à l'en distraire, de peur que ne lui vienne l'idée d'y accrocher son hamac. Nul n'était tenu d'enrichir les rapports de police de la Ville de Paris d'extravagances inédites !

— Vous savez, entama Sagamore à l'adresse de Marie-Aimée, sa voisine de table, il faut que je vous avoue : la première fois que nous nous sommes rencontrés dans votre boutique, vous vous souvenez, vous m'avez demandé si j'avais trouvé mon bonheur. Et c'est précisément la raison de ma présence à Paris !

— Comment ? Mais qui a pu soutenir cette idée saugrenue qu'il fallait venir à Paris pour trouver son bonheur ? s'exclama Marie-Aimée à la cantonade.

— Personne ne m'a dit quelque chose de semblable ! répondit pudiquement Sagamore comme s'il craignait d'être la risée de tous. Je sais simplement que lorsqu'on a le cœur en quête, la Providence intervient pour nous guider vers des lieux et des rencontres qui sont autant d'occasions de bonheur…

— Voilà un débat splendide ! s'illumina

Frère Théophane, qui avait décidément l'art de s'emparer de conversations anodines pour les convertir en hautes spéculations spirituelles.

Plus en verve que jamais – il est vrai que le vin était bon – il tamponna ses lèvres de sa serviette et se lança à force gestes, dans un lyrisme qui autorisait le doute sur son identité oscillant entre le prédicateur et l'homme de théâtre :

— Mes amis, contemplez un instant ce qui se passe autour de nous : de cette terrasse, nous bénéficions de l'un des plus étonnants panoramas qui soient sur l'une des plus belles capitales du monde ! Tentons de regarder la vie dans une perspective aussi admirable !

— Théophane, tu me donnes une idée ! s'enthousiasma Tommaso. Que diriez-vous si chacun rapportait son propre témoignage sur le bonheur ? Frère, toi qui es familier des confessions, veux-tu commencer ? Quelle est ta vision à toi, du bonheur ?

— Le bonheur ? Ne pas s'écarter de la route… Ne pas déserter les chemins d'alliance… Ne pas troubler les sentiments de paix mutuelle… Selon saint Paul, la joie est l'hommage le plus essentiel de notre foi en réponse à la tendresse de Dieu. Le bonheur, pour moi, c'est l'évidence de l'indicible. Quelque chose que l'on ne peut pas prouver et qui en même temps correspond à une intime conviction. Comme lorsqu'on découvre une âme sœur dans le filigrane d'un être. Ou sa vocation dans l'éloquence sacrée d'une parole. On ne sait ni le lieu, ni le jour, ni l'heure, mais la destinée est en mouvement vers quelque chose dont on ne connaît rien encore et dont on pressent déjà l'avènement. Quelque chose ou quelqu'un est en marche. Rien n'est sûr, et pourtant tout se passe comme si on était déjà prêt à donner sa vie pour ceux qu'on aime…

— Il n'est pas de plus grand amour… s'exclama Sagamore dans un ample sourire complice.

— Pour ma part, commença Marie-Aimée, je ne saurais dissocier la notion de bonheur de la confiance. La confiance est la clé de tout succès, de toute relation durable, de tout dénouement heureux.

— Et où places-tu ta confiance, Marie-Aimée ? demanda Théophane, sur le ton d'un confesseur.

— Écoute Théophane, je vais te rapporter quelque chose, répondit Marie-Aimée sur un ton enjoué. À une période où le doute s'immisçait dans ma vie, où justement j'avais tendance à perdre confiance – en Dieu, dans les autres, dans la vie, dans l'avenir, dans ma destinée, en moi – j'ai reçu de mon correspondant anonyme ce message qui m'a paru singulièrement divinatoire :

Le trouble est le fruit amer de la tiédeur.
La grâce est le fruit succulent de la ferveur.

Cette phrase, on gagne non seulement à l'apprendre par cœur, mais aussi à la savourer avec le cœur. La ferveur, c'est la confiance portée à ébullition, c'est quand on brûle de vivre pleinement les instants de son existence et que notre cœur est tellement inspiré par l'Amour que tout ce que nous entreprenons est voué à donner du fruit. A contrario, le trouble s'installe en nous lorsque nous sommes dans la retenue, lorsque nous n'arrivons pas à nous décider, à nous engager, à y croire. Je crois bien que c'est cela qui nous est demandé, rien que cela : y croire, continuer d'y croire contre toute espérance. Alors la grâce vient par surcroît. J'ai été profondément marquée par cette exhortation mystique : « Fais-toi capacité, je me ferai torrent ». Dieu nous demande quelque chose de très simple : il nous demande d'être dans l'accueil, dans la disponibilité silencieuse ;

il nous demande de veiller, de nous tenir sur le seuil de lumière dans l'attente émerveillée de quelque événement extraordinaire qui n'adviendra dans notre vie que si nous l'attendons corps et âme avec une confiance et un désir brûlants.

— « La grâce est le fruit succulent de la ferveur ! » répéta Joy avec un petit air illuminé. C'est drôle, on dirait des mots-graines à faire fleurir !

— Tu ne crois pas si bien dire, répondit Marie-Aimée, car j'ai reçu une fois au fond d'une enveloppe de la poussière grossière où étaient cachées quelques graines de fleurs, avec ce mode d'emploi en forme d'interrogation existentielle : « Qui saura distinguer, au tout début, la graine de la poussière ? » Et n'en est-il pas de même pour les événements que nous abordons : qui peut dire sur le moment, si ces événements ne sont que poussière ou sont destinés à s'épanouir et à prendre racine dans notre jardin intérieur afin d'embellir notre vie ? Le bonheur en préparation, est-ce déjà du bonheur ? Savons-nous le reconnaître lorsqu'il n'apparaît que sous la forme d'une graine infime, que nous pouvons piétiner sans le savoir, par simple manque d'attention ou de patience. Nous devrions être plus attentifs à l'incidence qu'a notre regard sur notre état de conscience. En effet, pour que les choses poussent, il faut du temps, beaucoup de temps, et c'est vrai aussi pour les sentiments ; on ne peut précipiter les rythmes et les saisons ; ou bien l'on prend le risque de gâcher beaucoup d'éclosions subtiles et de provoquer des dégâts irrémédiables.

— Je suis assez d'accord avec Marie-Aimée, intervint Théophane. Il faut laisser macérer les choses, ne pas boire goulûment pour apaiser sa soif d'un coup, mais accepter de souffrir de soif. Ne dit-on pas couramment « je meurs de soif » ? Et puis, laisser macérer, ce n'est pas perdre son temps. Demandez aux fabricants de cognac s'ils perdent leur temps en faisant traîner leurs précieux tonneaux au fond des caves !

« La soif, c'est le désir. Et le désir : est-ce du bonheur ou de la souffrance ? C'est les deux, inextricablement liés. Et c'est ce qui en fait la beauté, non ?

— Alors moi, dans ces conditions, je veux bien souffrir d'être heureux ! s'écria l'Irlandais.

— Est-ce si sûr ? rétorqua Théophane, qui

avait l'art de pousser ses interlocuteurs dans leurs « retrangetés ». Fais bien attention à ce que tu dis ! Es-tu prêt à endurer mille maux avant d'être heureux ? Si tel est le cas, tu es déjà à l'orée de la joie parfaite !

— En ce qui me concerne, avança timidement Nabil, je me méfie toujours un peu du bonheur. Je ne crois pas être d'une nature pessimiste, mais il me semble que le bonheur, en tout cas dans le sens d'un paradis de délices, ne correspond pas au cœur de l'homme. J'ai l'impression qu'il s'agit d'une faveur divine ponctuelle et que ce qui est donné nous sera repris. C'est pour cela que les instants de bonheur me font toujours un peu mal : dans ces moments, j'aimerais être emporté ailleurs et ne plus revenir !

« Pour moi, le bonheur, c'est l'unité, c'est quand on est bien ensemble. Comme en ce moment. Le grand poète français Paul Valéry a eu un jour cette exhortation : « Mettons en commun ce que nous avons de meilleur et enrichissons-nous de nos mutuelles différences ». C'est cette alliance-là qui m'intéresse.

« Vous savez dans ma tradition, il nous faut un territoire rude, des odeurs d'après-pluie, de lourdes frondaisons parmi lesquelles se fraient des trouées d'espérance. Il nous faut conquérir avant de vivre doux et de nous en remettre à la grâce.

Théophane se caressait le menton, comme un juge d'instruction en proie à une délibération malaisée :

— Étrange ! Étrange chose dans le cœur de l'homme, que cette tendance à considérer lorsqu'il fait beau que cela ne va pas durer, que l'obscur est plus insistant que le lumineux, que les labyrinthes de l'émotion valent mieux que les délivrances de l'intelligence… Et vous, Mamika, vous qui faites tant pour que les autres soient heureux, quel est votre bonheur à vous ?

— Eh bien, vous venez de le dire : mon bonheur, c'est quand ceux que j'aime sont heureux, et qu'en plus, ils en ont conscience ! Il me semble… comment dire ? Oh ! mon propos va vous sembler très banal, mais ma vie a pris une amplitude nouvelle quand j'ai réussi à l'affranchir des aléas du dehors. J'ai découvert qu'entre le lever du soleil et son coucher, il y avait mille motifs de s'affliger, mais tout autant pour se réjouir, et qu'il nous appartenait de décider de notre propre arithmétique dans notre manière de comptabiliser les événements, dans nos richesses comme dans nos déficits ou nos manques.

« La forme dégradée de l'habitude, c'est la routine. La forme sublimée, c'est le rituel. Et tout l'art de vivre au quotidien consiste peut-être à transformer la routine en rituel. Si l'on me demandait à moi ma plus succulente recette, je ne donnerais pas les ingrédients et les dosages parfaits pour réussir un mémorable poulet au paprika, je livrerais plutôt quelques arcanes sur l'art de savourer la vie. Ce qui rend ces règles si peu familières à nos contemporains, c'est qu'elles sont d'une simplicité biblique ! Je dirais par exemple : Soyez proche de vos proches ! Ne demandez pas des nouvelles seulement de ceux qui sont loin. Demandez-les à ceux qui sont sous votre toit. Prenez de leurs nouvelles dès le matin. Ne cessez jamais de réveiller l'étonnement jusque dans la présence familière !

« À mes yeux, le vrai grand désir, c'est de considérer que seul compte… ce qui ne se compte pas ; que seul a du prix… ce qui n'a pas de prix : le sourire de la personne aimée, une main qui serre la vôtre, le merveilleux nuage qui navigue au-dessus de votre tête, et que vous oubliez de regarder. Renversez la tête en arrière. Vous verrez que votre désir prend les dimensions de l'infini, s'ouvre au Royaume sans limite, à une vie ample dégagée des brumes de l'incertitude et des menus égarements du quotidien. Ouvrez votre cœur, ouvrez vos bras, ouvrez vos mains. Et fermez les yeux pour regarder au-dedans de vous à quel point le monde est beau !

« D'ailleurs, quand j'ai parlé à Joy de l'art de savourer la vie afin qu'elle en tire profit dès l'enfance, au lieu de perdre autant de temps que moi, savez-vous ce qu'elle m'a répondu avec ce mystère inimitable qui la rend si déconcertante. Elle m'a dit : à présent, tu vas danser sur le fil de la joie !

— Tu exagères, Mamika ! déclara Joy sur ce ton de réprobation mondaine qui sied aux grandes dames et qui ne manqua pas de faire sourire dans la bouche d'une toute jeune fille.

— Mais non, mais non, s'empressa de rectifier l'authentique grande dame qu'était Mamika. Le problème avec toi, ma chérie, c'est qu'il transite par tes lèvres des paroles venues d'on-ne-sait-où et dont il t'arrive de ne pas connaître toi-même l'exacte signification !

— C'est ce qu'on appelle goûter les choses intérieurement, déclara Théophane. C'est le secret de la prière agissante, et peut-être celui de la joie parfaite. Pourquoi souris-tu, O'Sullivan ?

— And I think to myself : what a wonderful world !

— Pardon ?

— Vous ne connaissez pas cette chanson de Louis Armstrong ? « Et je me dis au fond de moi : comme le monde est merveilleux ! » Mon bonheur, à moi, c'est ici et maintenant ! On est submergé de beauté, non ? Est-ce que ce n'est pas ça, le bonheur ? On est bien ensemble, tout est beau pour le regard, tout est bon pour la bouche, tout est délicat pour le cœur ! L'air lui-même est tendre, la lumière est douce, vous êtes tous beaux, mes amis ! Et ton vin français, Tommaso, chasse ma nostalgie du pays : cela remue en moi quelque chose d'aussi tumultueux que des légendes du Connemara ! Unforgettable ! Franchement, comme le dit une chanson française : « Qu'est-ce qu'on attend pour être heureux ? »

— C'est drôle, fit Joy rêveusement. On dirait que tu fais déjà tourner l'usine à souvenirs, alors que les événements sont tout juste en fabrication !

L'Irlandais reprit :

— Vous dites en français « bon vivant » pour les amateurs de bonne chère, n'est-il pas ? Et si l'on dévorait aussi la vie à pleines dents ? Est-ce que ce n'est pas ça, le bonheur ? Ne soyons pas des vivants tièdes. Soyons des bons vivants !

— Moi, ce que j'attends, dit Joël, c'est de partir loin de la civilisation, au milieu de paysages qui n'ont pas changé d'un iota depuis cinq cents ans. Redécouvrir la symphonie pastorale, les joies naturelles. Ça, ce serait pour moi du pur bonheur en tranches !

— OK, Jo ! Je t'emmène quand tu veux dans le Connemara ! répliqua O'Sullivan sur le ton d'un pari. Tu trouveras des paysages qui n'ont pas changé d'une pierre depuis Jésus-Christ ! Mais je te promets qu'il te manquera vite la chaleur humaine. Tu vois, Joël, c'est curieux, ajouta l'Irlandais. Tu définis le bonheur comme une quête un peu solitaire, et c'était aussi mon point de vue en arrivant ici. Et pourtant, je sens de plus en plus que le bonheur est une quête solidaire, comme ce que vient d'exprimer Mamika : le chemin le plus direct vers mon bonheur passe par le bonheur des autres.

Joy déclara avec un sourire béat :

— Le bonheur, c'est quand le monde est proche, tout proche, comme un amoureux. Et le malheur, c'est quand même mes proches me semblent lointains.

— Eh oui ! concéda Théophane. C'est compliqué de manier le gouvernail pour orienter sa trajectoire ! Il faut parfois se recentrer, et parfois prendre du large vis-à-vis de soi-même. Mais tu sais, O'Sullivan, Joël n'a pas tort : la solitude intérieure est une grande dame qu'on ne regrette jamais d'avoir courtisée, tant elle ouvre en soi des sentiments inexplorés. Il faut parfois être plus solitaire pour être mieux solidaire.

Afin que personne ne soit écarté de ce passionnant débat sur le bonheur, Tommaso interpella celui qui enfouissait ses rêves dans les arbres, et qui écoutait avec une respectueuse distance toutes ces paroles qui faisaient de si près écho à sa quête :

— Sagamore, tu es bien silencieux ce soir : et toi, es-tu solitaire ou solidaire ? Est-ce qu'on pourrait savoir, de l'endroit d'où tu viens, quelle perspective tu as sur le bonheur ?

28.

Le bonheur accidentel

Sagamore se sentit rougir. À nouveau, il se sentait transparent, comme si ses désirs et ses aspirations les plus secrètes s'échappaient de lui au vu et au su de tous. Comment aurait-il pu définir le bonheur, lui qui n'avait de cesse de le poursuivre ? Il était un peu comme Marie-Aimée : en correspondance avec quelque chose d'anonyme et de clandestin qui ne voulait pas dire son nom et dont sa destinée, pourtant, dépendait.

— En arrivant dans un lieu, commença-t-il avec hésitation, je suis comme tous les expatriés : je cherche ceux qui viennent du même arrière-pays, qui parlent la même langue, qui aiment à respirer les mêmes parfums. En un mot, je cherche des êtres, des lieux et peut-être même des événements qui me ressemblent : est-ce que nous n'avons pas tous cette inclination ? J'ai d'abord rencontré des oiseaux, des carrés de ciel bleu, des à-coups de lumière et des couchers de soleil, des frondaisons opulentes où enfouir mes espoirs, mes nuits et ma solitude… avant de rencontrer des hommes, et avant tout une petite fille ! Car l'enfance est toujours devant : les hommes sont emplis de préoccupations, ils laissent peu de place à l'inconnu. Tout se passe comme si les grandes étendues d'espérance, de désir, d'amour, de rêve, de tendresse, de générosité appartenaient au pays de l'enfance et qu'en grandissant, ces territoires rapetissaient à force d'être colonisés par d'âpres conquérants, comme l'intérêt, l'égocentrisme, la convoitise, l'ambition, l'accaparement individuel…

Il déglutit, un peu dépassé par une trop large profusion de sentiments, puis habilla son même élan autrement :

— En réalité, je crois que… je cherche des cœurs qui ont le désir de s'ouvrir comme des fleurs après une trop longue nuit et qui sont touchés, comme par une grâce, par la goutte de rosée. Des cœurs qui attendent l'aube nouvelle, une sorte de premier matin du monde, d'un monde neuf tout ensoleillé de joie, de couleurs et de chants d'espérance. Un monde où il n'y aurait plus de séparation entre le dehors et le dedans. De sorte que les gens deviendraient beaux à force de contempler la beauté, les gens deviendraient bons à force de vivre le partage, les gens deviendraient lumineux à force de sourire…

— C'est beau ce que tu dis, mon Sagamore, fit Joy. Tu es vraiment un chevalier à l'armure de lumière !

— Et toi, Tommaso, le goût du bonheur : comment le définirais-tu ? demanda Frère Théophane. Tu as l'art du confesseur : tu arraches des confidences aux autres, mais toi, d'où viens-tu ? Quel est ton chemin ? Et pourquoi as-tu convié autour de ta table des gens simples comme nous, alors que ton train de vie semble t'orienter vers des relations autrement mondaines…

— C'est quoi, *un train de vie* ? demanda Joy ingénument. Est-ce qu'il n'y a pas d'autre moyen de se déplacer pour être bon vivant ?

Chacun se mit à rire du bon mot de Joy, à l'exception de Tommaso, qui fixait la petite à la manière dont un promeneur solitaire, sur une plage, fixe un point digne d'intérêt à l'horizon.

— Mon train de vie ! souffla-t-il de manière ironique, le regard absent. Moi je l'entends comme Joy, voyez-vous : comme quelque chose qui n'a rien à voir avec la vraie vie !

Le maître de céans déploya un large sourire au milieu d'un regard rêveur qui semblait chercher très loin dans la mémoire le fil d'or qui relie entre eux les événements et leur donne sens.

— Écoutez mes amis, je puis attester que tout ce qui s'est accompli de décisif dans mon existence, ne l'a pas été par un choix prémédité ou par un exercice de la volonté, mais est arrivé par surcroît ou par inadvertance. C'est d'ailleurs pourquoi je préfère parler de ce qui s'est accompli, plutôt que de ce que j'ai accompli. Aussi, et cela va sans doute vous surprendre, je puis dire que la plus grande grâce qu'il m'ait été donnée de recevoir, c'est mon accident...

— Un accident ? demanda en chœur l'assistance, médusée.

— Mais oui, mes amis. La plupart des gens ignorent que la matière première des événements positifs, ce sont des événements négatifs ! Toujours, à quelque degré, les difficultés sont, au sens propre, des épreuves de vérité. Leur feu nous brûle — mais nous illumine aussi. Ainsi, les accidents arrivent parfois pour que des cases sur la compréhension du monde puissent être cochées ! Pour moi, ce fut un accident de voiture dont j'ai réchappé miraculeusement. C'était une période de ma vie où la vitesse était pour moi une ivresse, où je ressentais le besoin d'exprimer une énergie vitale ou plus instinctivement : une fureur de vivre. Je n'étais pas dans l'équilibre, mais dans l'excès, l'action fébrile, la créativité permanente. J'avais un besoin dévorant d'inventer mon destin à chaque instant. Cet excès de vitalité m'a fait passé au ras de la mort. Je suis sorti de cet accident indemne, du moins physiquement. Mais ma perspective sur la vie s'est trouvée radicalement changée. Je me suis rendu compte que jamais plus je ne regarderai le monde de la même façon. Jusqu'alors, j'abordais la vie comme un jeu de séduction. Oui, j'aimais plaire, j'aimais conquérir, je voulais goûter à tous les succès. J'y mettais une sorte de hargne jubilatoire. La vie avait pour moi le profil d'une fiancée promise. D'avance, j'avais gagné ses faveurs, tout me réussissait. J'étais né sous la bonne étoile.

« J'avais tout pour être heureux, et je pensais l'être. Du moins prenais-je cet élan vital pour du bonheur, et c'en était une forme, assurément. Mais tellement éphémère, tellement futile, et au fond tellement éloigné de ma vérité ! J'étais trop plein de rêves impatients pour accorder au silence toute la valeur de son mystère. Et même pour accepter qu'un mystère puisse être radieux.

« Ma réussite sociale projetait une image très éloignée de moi, mais je prenais soin d'en être tout à fait digne. Je composais un personnage en m'efforçant de maîtriser cet écartèlement. Mon accident, certains ont pu penser qu'il avait brisé quelque chose en moi, alors que c'était tout le contraire ! Il m'a reconstruit, réunifié, et il m'a revivifié aussi… Oui, il m'a proprement *remis en vie* ! J'y ai trouvé plus encore que le discernement : la paix du cœur. J'y ai trouvé des réponses à des questions que je n'avais même pas pris la peine de me poser. Parce qu'il y a toujours quelque chose en soi à restaurer, comme tu le dis si bien, Théophane. Et aussi parce qu'il faut sans cesse irriguer notre champ de conscience et ne pas laisser se tarir nos sources de joie.

« Tu vois, Joy, tu parlais tout à l'heure du chevalier à l'armure de lumière. Eh bien, pour arriver à cette absolue noblesse du cœur, il faut d'abord se dépouiller de son armure de fer. Et pour cela, il faut quitter l'âge de "faire", l'âge des choses visibles et matérielles, les mirages de la puissance individuelle, cette naïve idée que tout dépend de notre volonté, que nous devons nous battre toujours, alors que c'est tout le contraire qu'il faut expérimenter : la bienheureuse vulnérabilité du dépouillement, la perspicacité de donner aux événements intérieurs et au monde invisible la place supérieure qu'ils méritent, une volonté non plus de gagner la guerre, mais de gagner la paix, et de la propager assez dans son cœur pour que soient définitivement terrassés nos vieux démons intérieurs. C'est le vrai combat et c'est le combat de toute une vie ! Dieu m'a donné le talent de créer beaucoup de richesses matérielles. Comment pourrais-je renier ces richesses, alors qu'il s'agit d'une sorte de faveur que j'ai reçue ? Mais Dieu a mis aussi en moi assez de sensibilité spirituelle pour que je sois enclin à convertir ces richesses en actes de lumière — oui, c'est curieux à dire, mais je ne trouve pas d'autres mots : en actes de lumière. Et mon accident fut le passage nécessaire dans un tunnel pour me permettre de déboucher sur une vérité nouvelle, sur une vie nouvelle.

« Peut-être avez-vous remarqué, dans ces expressions : « Cela tombe bien », « tomber sur une opportunité » ou « tomber amoureux », il y a à la fois l'idée d'une heureuse nouvelle et l'idée d'une chute. Tomber… Tomber bien… Oui, je crois qu'il y a des chutes rédemptrices. Ce que je vous dis, ce n'est pas une théorie, une construction intellectuelle ou une conclusion scientifique : c'est une vérité expérimentée.

« J'ai dû revisiter tous les grands choix de ma destinée, sans en oublier aucun. Contrôle obligatoire ! Vous savez, quand vous passez au tamis les choses essentielles de votre existence, vous êtes surpris de constater que ce qui reste dans le tamis, ce sont souvent des petits instants de rien du tout, des instants simples d'apparence mais où vous étiez extraordinairement présent, attentif, disponible. Vous recueillez humblement ces menues paillettes d'amour pur dans le creux de votre destin, et vous vous murmurez à vous-même, comme un serment : Que jamais plus l'ambitieuse pensée ne l'emporte sur l'amoureux désir ! Car celui qui possède a une joie infiniment moins complète que celui qui sait regarder.

Tommaso interrompit un peu son long monologue, saisi par une vague d'émotion, puis il reprit :

— Il me semble que l'homme moderne doit réapprendre les choses élémentaires comme s'il les avait non pas oubliées mais désapprises. Comme si les distractions du siècle avaient fini par le priver de certaines de ses facultés.

« Par exemple, laisser fructifier la parole dans le silence. Ou encore faire de l'énergie un mouvement perpétuel et non une réserve dans laquelle on puise… jusqu'à épuisement.

« Vous savez, en fréquentant les salons où sont conviées les célébrités du moment, j'ai pu discerner tout le pathétique des vanités humaines. Les sourires sur papier glacé ne sont que des simulacres de bonheur, des instantanés qui ne résistent pas au temps. Ces gens qui s'adonnent aux frivolités mondaines ont troqué des occasions de bonheur contre des bonheurs d'occasion qui ne sont qu'habiles parodies du succès. Ils feraient bien de méditer les grandes figures bibliques, et particulièrement la sagesse de Salomon. Alors que Dieu se montre disposé à accéder à une requête personnelle de sa part, Salomon demande non pas l'argent, la puissance et la gloire, mais la sagesse ! « Il existe de l'or et des pierres précieuses mais la parure la plus précieuse d'entre toutes, ce sont des lèvres instruites » : proverbe ô combien éloquent, extrait des Livres de Salomon !

Tommaso se servit à boire, avala de grandes lampées de vin, tandis que les convives demeuraient dans le plus parfait silence, un silence d'expectative, de respect et d'amitié.

« Enfin voilà, reprit Tommaso en jouant distraitement avec un couteau. De mon accident, je suis sorti vivant, mais j'ai dû mourir à moi-même. Qu'est-ce que cela signifie, au fond, « mourir à soi-même » quand on se sent tellement vivant ? J'abordai cette question à la manière d'une énigme.

« Et soudain, il m'est venu cette fulgurance : un héritage est constitué des biens que nous laissent ceux qui nous ont précédés, vous êtes d'accord ? Pour qu'il y ait héritage, il faut qu'il y ait mort. Eh bien, de la même manière, il m'est apparu que pour accéder aux biens qui nous sont réservés de toute éternité, il faut que quelque chose meure en nous. Là, nous ne sommes plus dans le registre des biens matériels, mais dans celui du souverain bien. Entendez : notre vérité ultime, celle qui nous permet d'accéder à une plénitude promise, celle qui nous permet d'être pleinement homme et de nous aventurer sur le chemin de notre propre accomplissement. Et si nous ne consentons pas à l'immolation de certaines choses de notre vie – ces choses auxquelles nous sommes attachés, par intérêt ou par habitude – ce souverain bien nous est inaccessible.

— Magnifique, Tommaso ! s'exclama Frère Théophane. Ce que tu rapportes est de l'ordre de la conversion du cœur ! Et cette mort à soi-même, qui nous confère en quelque sorte un surcroît de vie, explicite l'espérance de la résurrection ! Mourir pour mieux renaître…

— En fait, intervint Joy en se tournant vers Tommaso, c'est comme si tu t'étais retrouvé en *sur-vie* ?

— Oui, cela doit être ça, Joy, bravo ! *Survivre* : vivre au-dessus du simple sentiment d'exister…

— Mais alors, reprit Joy avec son intarissable perspicacité, mourir à soi-même, est-ce que ça ne voudrait pas dire un p'tit peu : *mûrir* à soi-même ?

— Joy, vraiment, tu as l'art des divinettes !

s'écria Théophane. Jésus-Christ le Magnifique avait raison de dire que le Royaume des Cieux est promis aux enfants ! Avec des nymphes de ton espèce, personne là-haut ne risque de s'ennuyer…

« J'ai une question, Tommaso, reprit Frère Théophane en se lissant le menton pour souligner un ton d'une gravité nouvelle. Dans l'heure, dans les minutes qui ont suivi cet accident, à quoi pensais-tu ?

— Je m'interrogeais sur le mystère de la vie. Pourquoi étais-je vivant plutôt que mort ? Et surtout : qu'est-ce que je faisais de cette vie vivante ?

À ces mots, Sagamore songea à l'embarras qu'il avait ressenti, rue du Cherche-Midi, à se définir présent au monde plutôt qu'inexistant. Tommaso poursuivit, volubile et passionné :

— L'instant qui passe peut m'enlever la vie, comme cette fraction de seconde précédant mon accident, mais ce peut être aussi l'instant qui demeure, qui me *donne vie*. Je ne savais pas à qui dire merci, alors je me suis tourné vers le ciel. N'étais-je pas ce qu'on appelle un « miraculé » ? Tu ne peux pas savoir à quel point j'ai ressenti une folle envie de vivre ! Ça me faisait battre les tempes, je te promets !

Comme si chaque seconde était une goutte de bénédiction à recueillir précieusement dans le calice de ma vie ! Au Nouvel An suivant, en guise de bons vœux, j'ai rappelé à mes amis qu'ils étaient chacun à la tête d'un capital considérable de plus de trente et un millions et demi de secondes, capital que l'année nouvelle venait d'octroyer généreusement à chacun d'entre-nous. J'avais fait le calcul ! Et je les engageais à convertir cette richesse *hors de prix* en énergie positive, en élans irrépressibles, en rêves à réaliser, en beautés à vivre et en joies à partager !

« Quelques jours après mon accident, j'ai ressenti une grosse fatigue, et j'ai dû partir me reposer dans un sanatorium au nord de l'Italie. C'est là que j'ai trouvé un objet de valeur qui traînait au fond du couloir, en la personne d'une toute jeune fée en convalescence… qui s'appelait Joy ! Tu te rappelles, ma jolie ?

— Bon, ça va ! marmonna Joy. Je parie que tu vas raconter une fois de plus que je t'ai pris pour un acteur américain !

— Ah bon ! Tu étais dans un état de demi-somnolence, ou quoi ?

— Mais si, rappelle-toi : c'était vers la nuit ! Au milieu de ma peine, je t'ai trouvé beau comme un arc-en-ciel !

— Enfin bref. Avec Joy, je suis entré en tendresse. Le centre de gravité, je veux dire mon équilibre, la raison pour laquelle je tiens debout aujourd'hui et surtout je tiens à la vie, c'est ma joie ! C'est ma Joy ! Quand je lui ai raconté mon spectaculaire accident, je vous le donne en mille, voilà exactement ce qu'elle m'a dit : « Chaque jour se trouve un instant, une seconde précise, où tu peux rencontrer l'éternité ! Et l'éternité, ça peut être le sommet de ton bonheur ou l'instant de ta mort. En fait, ça se superpose ! »

— J'ai dit ça, moi ?

— C'est du Joy dans le texte ! Version originale certifiée conforme… Tu m'as dit aussi : « Plus la joie est présente, plus la vie est vivante ! » Ça, je ne l'ai jamais oublié !

— Ben, je trouve que c'est pas mal du tout ! Ça a bien vieilli, non ? déclara Joy ingénument en prenant à témoin son entourage.

— Ah ! Joy ! Si tu n'existais pas, j'aimerais bien t'inventer, tu sais ! reprit Tommaso dans un élan d'affection.

— Oui, eh bien c'est trop tard : j'existe. Et je ne tiens pas du tout à être réinventée ! répliqua Joy non sans coquetterie.

— Frère Théophane, toi qui es un homme de Dieu, que penses-tu de mon histoire d'accident, de mort frôlée et de renaissance ?

— Puissance du sens, mon frère ! répliqua Théophane avec son lyrisme habituel. En vérité, tout événement a un sens intérieur profond ! Et la Providence mêle toujours de la lumière à l'obscurité de nos échecs, de nos déroutes et de nos tragédies. Ce qu'il y a de beau dans ton témoignage, c'est que tu as réussi quelque chose de rarissime : tu as transformé un aléa en alléluia ! Le temps imprévu, loin d'en faire du temps perdu, tu en as fait une chance de salut. L'accident, pour toi, est devenu une grâce ! Voilà bien l'art de vivre suprême : considérer les complications et les obstacles comme les matériaux en vrac d'un bonheur en préparation, transformer une contrariété en une possible félicité, et quelque chose d'accidentel en merveille des merveilles ! Et puis, tu as rencontré l'enfance spirituelle en découvrant Joy sur ton chemin : c'est comme si un petit ange, détenteur d'un tout grand bonheur, s'était penché sur ton lit de convalescent pour t'aider à te rapprocher du plus pur de toi-même.

« L'origine du péché, c'est peut-être quand on se laisse éloigner de soi-même. Et le début du salut vient sans doute quand on se laisse réunifier, réconcilier avec le plus intime de soi. Car alors la grâce peut semer dans une terre saine, aérée, pleine des promesses de la moisson. Tu l'as vécu de toutes les fibres de ton être : l'élan du corps peut conduire au fossé, tandis que l'impulsion de la conscience mène toujours vers les étoiles. Les gens qui vivent au cœur du monde ne savent pas se tenir en suspens, dans l'immobilité et l'attente, dans le respect des rythmes et des germinations secrètes. Ils prennent pour du temps perdu ce qui ne s'apparente pas à quelque chose en marche, un effet de la volonté, un choix, un plaisir immédiat. Ce faisant, ils se trompent d'élan et de feu.

« Le feu de l'action procure une énergie et une chaleur qui attirent énormément. Mais c'est un feu follet qui n'éclaire que l'instant et ne projette sur l'avenir que des ombres, car il manque la clarté d'un but. Le feu de la méditation est d'une toute autre nature : c'est une flamme tranquille qui éclaire, illumine, et nous guide et nous conduit. Elle délivre une transparence et une douceur qui nous révélent à nous-même.

« Le feu de l'action est souvent un feu qui dévore. Le feu de la méditation est toujours un feu qui illumine.

Plus encore que les autres, Marie-Aimée avait écouté la longue confession de Tommaso avec une attention d'une singulière intensité, ce qui lui donnait du rose aux joues et exhaussait sa beauté naturelle. Elle s'était laissée capturer par son regard, et cette captivité lui semblait douce. Tommaso remarqua la flamme qui courait dans les yeux de la jeune femme et ne put s'empêcher d'en être troublé à son tour. Cette flamme était de celles qui éclairent et qui continuent de danser même dans les ténèbres profondes. Après s'être livré aussi intimement, le milliardaire italien se sentit aussi désemparé qu'un petit garçon assoiffé abordant une fontaine sur la margelle de laquelle se tenait une fée.

Alors que chacun était enclin à disserter sur l'étonnant témoignage de Tommaso, Marie-Aimée s'était penchée à son oreille pour lui verser cette confidence :

— Tommaso, je voulais vous dire… je suis un peu honteuse… enfin, je me suis trompée sur vous. Vous êtes un flambeur sans doute, mais d'un genre particulier : vous flambez d'espérance. Vous allumez beaucoup d'étoiles dans nos nuits ! Merci de rendre nos vies riches, je veux dire : riches de sens !

Tommaso saisit le bras de Marie-Aimée. Le sourire qu'il lui adressa n'était pas puisé dans le registre des séductions ravageuses dont il avait acquis la maîtrise ; c'était plutôt comme l'expression d'un enfant qui avait peur de ne pas être assez aimé et qui abordait, timidement, les étendues immenses de la confiance.

Afin de ne pas se laisser déborder publiquement par des sentiments un peu inattendus, Tommaso interpella son amicale assistance en donnant soudain de la voix :

— Mesdames et Messieurs, votre attention s'il vous plaît ! Le silence est demandé sur la terrasse, le silence, merci !

« Pardonne-moi, mon cher Théophane, si j'emprunte un peu le ton de tes sermons : ce ne sera pas volontaire. Merci, mes amis, d'être tous venus à cette soirée. Chacune de vos présences est pour moi irremplaçable : ma richesse, c'est vous. Sans vous, je ne suis rien. Et vous savez, après ce que je viens de vous livrer de moi, que ces mots ne sont pas des effets de style.

« Nabil, apporte donc le champagne, je te prie !... Frère Théophane, avec l'aide de l'Esprit, formule un vœu pour nous tous !

Théophane se recueillit brièvement en baissant légèrement la tête, sans cesser de regarder intensément l'assistance qui l'entourait.

— Cessons un instant de prier Dieu. C'est lui qui nous en prie : ne faisons les choses que par amour ! Tout par amour. Il n'a pas d'autre secret à vous livrer. Faites-en une vérité, une religion, une devise, un modus vivendi, un drapeau. Mais de grâce ! Faites-en quelque chose. Faites-le fructifier. Soyez des jardiniers d'amour ! Pour que votre vie donne du fruit en abondance. Que tout ce qui doit s'accomplir, s'accomplisse dans la paix du cœur !

— Théophane, reprit Tommaso, l'instant est venu pour moi de te rendre hommage, ainsi qu'à tes frères dans la foi. En me réconciliant avec la foi de nos pères, tu as été ma chance de salut. J'étais à l'étroit, tu m'as mis au large. L'homme, c'est quelqu'un qui a soif et qui a faim…

— Pas seulement l'homme, intervint Joy vaguement indignée. Les p'tites filles aussi…

— Tu as raison, Joy ! Les femmes et les enfants d'abord ! Nous sommes tous sur le même bateau, d'ailleurs… Quand je parle de faim et de soif, jolie Joy, toi qui es si familière des musiques du ciel et de l'ardeur du soleil, tu sais bien que je veux évoquer bien autre chose qu'un appétit d'avant le souper ou qu'une soif qu'on étanche d'un verre d'eau ! Tu sais que nous avons une grande faim d'absolu et une soif du cœur inapaisée. « Donne-moi de cette eau afin que je n'aie plus jamais soif » : voilà ce que nous aimerions demander, afin de quitter définitivement ces déserts de dévorante solitude et de famine intérieure.

« Les gens d'ici sont en exil. Ils vivent loin d'eux-mêmes, loin du pays de leur cœur. Oui, ils sont comme expatriés, ils ont dépassé les bornes et les frontières. Et moi aussi, je suis expatrié, au propre comme au figuré, nous sommes tous des déracinés ici : Sagamore, Mamika, O'Sullivan, Nabil, et toi Théophane, qui as déserté le silence de ton abbaye, et toi Joël qui rêves de fuir loin du monde et du bruit, et vous Marie-Aimée, avec vos désirs si purs.

— Et moi, alors ? demanda Joy, comme une bonne élève qui s'étonne de ne pas être citée au moment de la distribution des prix. Tu m'as oubliée. Est-ce que je suis un p'tit peu déracinée, moi aussi ?

Tommaso eut ce large sourire que seule Joy avait le pouvoir de faire naître sur ses lèvres, comme si elle était le trait d'union entre lui et son propre bonheur :

— Tu es déracinée comme une fleur d'Espervérance qui pousse dans les altitudes et qui doit s'acclimater sur le balcon d'une grande ville !

« Ainsi donc, voici ma proposition : je vous invite tous chez moi, en Toscane, pour des vacances extraordinaires ! Toi, Sagamore, tu te feras un peu oublier des services de police, ce qui t'évitera le risque d'être interdit de séjour. Là-bas, tu ne seras interdit ni de séjour, ni de cuisine, ni de chambre, ni de terrasse, ni de collines à perte de vue, ni de couchers de soleil, ni de ciel bleu sans nuage. Tu pourras faire le clown ou la statue sans qu'on te demande tes papiers d'identité, plonger dans la piscine sans qu'on t'interroge sur tes sources de revenus, jouer de la flûte toute la nuit, sans que personne ne s'avise de te faire taire ! En plus, tu auras l'embarras du choix, si tu tiens à poursuivre tes rêveries nocturnes perchées : il y a des arbres centenaires somptueux tout autour de la propriété !

Alors, mes amis, qu'en dites-vous ?

29.

La Cittadella

Les vieux rails exhalaient des vapeurs de chaleur. La petite gare semblait reconstituer un décor d'un autre âge. Une horloge disproportionnée ornait une façade que le soleil avait fini par jaunir, tandis qu'une glycine délurée rampait sur la façade comme la touche de coquetterie d'une vieille dame prompte à raviver sa beauté de naguère. Deux gamins jouaient bruyamment à actionner la manivelle de la fontaine en fonte pour s'asperger d'eau. Quelques personnes, simplement vêtues — des gens de la campagne, visiblement — stationnaient sur le quai avec l'air fataliste de ceux qui sont prêts à attendre sans rechigner le temps qu'il faudra. Le visage rendu un peu hagard par la chaleur caniculaire, l'œil figé sur le ballast chauffé à blanc comme un pierrier de haute montagne, le chef de gare semblait anéanti par la chaleur accablante, et restait avachi sur un banc de bois écaillé.

Devant la gare, un attelage à cheval attendait. Un homme jeune, coiffé d'un panama, se préoccupait de donner à boire à ses chevaux. Sur la place, en ce mezzogiorno, pas âme qui vive : les volets des maisons étaient clos, scellant une sorte de léthargie presque palpable ; la vie semblait suspendue, comme interdite de bruit et de mouvement ; les habitants se terraient pour échapper tant bien que mal à la fournaise du plein mois d'août.

L'arrivée du train fut précédée d'une rumeur qui enflait. Enfin, la vieille micheline s'immobilisa au terme d'un crissement métallique strident et souffla comme un hippopotame exténué. Les vieilles portes en bois des wagons pivotèrent pour libérer les passagers de la chaleur étouffante qui n'avait pas eu raison de leur bonne humeur. Tommaso souleva son panama pour saluer ses hôtes de loin, et s'approcha promptement à la rencontre de la joyeuse équipée.

— Il y a de l'abus ! fit mine de grommeler Mamika : 40° à l'ombre ! Théophane, voulez-vous m'aider à descendre ? Bonté divine ! Ces marchepieds ont été conçus pour des jeunes filles alertes, et je crains d'avoir passé l'âge !

— Mamika, lança Tommaso sur un ton enjoué, profites-en pour te jeter dans mes bras !

— Ah ! Ces Italiens !

— Bienvenue en Toscane ! Bienvenue à vous tous ! Comme je suis heureux de vous voir ici… Sagamore, Joël, Nabil, O'Sullivan, Marie-Aimée et… Et Joy, où est-elle ?… Ah ! jolie Joy, te voilà enfin ! *Ma che bella !* tu as une robe ravissante, tu es magnifique ! Et il y a ici du soleil à revendre pour parfaire ton bronzage !

Joy n'eut pas à descendre le haut marchepied : Tommaso l'avait prise par la taille et la faisait tournoyer comme à l'accoutumée, selon le rituel des retouvailles. Joy riait avec ce petit rire flûté et charmeur que Tommaso revendiquait comme une récompense.

— Tous vos bagages sont là ? Joël, tu n'as pas oublié ton accordéon, au moins ? Il se prépare une de ces fêtes… je ne vous en dis pas plus. Marie-Aimée, si Joy n'avait pas épuisé ma cargaison de superlatifs, je dirais volontiers que vous aussi, vous êtes ravissante !

— C'est pas grave, minauda Joy, magnanime. « Ravissante », tu peux lui dire. Mais « irrésistible », c'est réservé pour moi.

Appellation contrôlée, d'accord ?

— Mon Dieu, fit Théophane en s'épongeant le front, je m'étais laissé dire que la Toscane était un paradis, mais à en croire les degrés celsius, on se croirait plutôt dans les feux de l'enfer…

Tommaso ne manqua pas la plaisante occasion de le morigéner :

— Frère Théophane, je croyais ta sagesse moins soumise aux fluctuations de ce monde : il faut parfois un mal d'un moment pour un grand bien qui dure ! Dans trente minutes, pas davantage, vous serez tous au paradis, c'est promis ! En route pour la Cittadella !

Une fois chargé de son équipage éclectique faisant se côtoyer pêle-mêle femmes, enfant, moine, jeunes gens et bagages, l'attelage s'ébranla, et s'éloigna peu à peu du village. Le convoi emprunta bientôt un chemin de terre qui courait à travers la campagne. Le paysage était parsemé de collines successives qui enchevêtraient leurs courbes dorées jusqu'aux lointains. Des cyprès droits et sombres soulignaient les crêtes, conférant au paysage une noblesse hiératique.

La Cittadella était une vaste propriété

d'origine seigneuriale nichée dans un bosquet. Située sur un promontoire naturel dominant un paysage désertique et d'amples horizons, on eut dit le fier emblème d'un bout du monde.

En clignant des yeux sur ces vastes étendues arides brûlées par le soleil, Sagamore y superposa des souvenirs de dunes sahariennes. Dans ce désert de collines douces aux manières de paysage biblique, la Cittadella ornée d'arbres centenaires apparaissait comme une forteresse improbable dans l'air tremblant d'août. Des cyprès géants semblaient faire une haie d'honneur au visiteur de part et d'autre de l'allée de terre battue qui menait au domaine. Une série d'annexes, dont une écurie, jouxtait le flanc de la maison. Un olivier très ancien étirait son feuillage argenté sur une terrasse bordée de lauriers roses. Il ressortait de ce lieu une paix ineffable, un sentiment de fière solitude dans une retraite bénie des dieux. En abordant ce lieu noyé de quiétude, on perdait la notion du temps. Il semblait bien que rien ne pourrait surpasser cette plénitude merveilleuse ressentie dès le prime abord à travers un sentiment très juste d'équilibre et d'harmonie exprimé par chaque touche du paysage, des ombres franches et de la lumière abrupte, des chemins sinueux et des lignes de crête ponctuées par la flèche noire des cyprès.

Un parfum d'eucalyptus flottait sur la terrasse, mêlé à la fragrance exquise des orangers.

Il y avait tant de beauté alentour que l'on ne savait plus où donner de l'émerveillement.

— Réjouissez-vous, mes amis, nous sommes arrivés ! Paix royale à vous tous ! Bienvenue à la Cittadella ! s'exclama Tommaso en parfait maître des réjouissances.

Dans le rôle du chevalier de lumière empli de mystique héroïque, Frère Théophane ponctua cette arrivée prometteuse de sa belle voix grave :

— Que le Seigneur soit pleinement remercié pour tout ce qu'il nous donne, pour tout ce qu'il nous a donné, pour tout ce qu'il nous donnera de vivre. Que Dieu bénisse la Cittadella et que la Providence accompagne tous les instants qui s'y préparent, et qu'il nous appartient d'aborder en plénitude !

Des gens de maison accouraient et s'affairaient de tous côtés, obéissant aux interpellations du maître des lieux et rendus un peu fébriles par cette arrivée en nombre qui bousculait quelque peu l'ordre paisible des jours.

— Giuseppe ! Occupe-toi des chevaux, il

sont en nage ! Angelina, voici nos hôtes ! Conduis-les dans leurs appartements, veux-tu ? Ils méritent du repos et voudront sans doute se rafraîchir. Mes amis, vous êtes ici chez vous. Mettez-vous à votre aise, oubliez les tracas de la civilisation, et souvenez vous de cette exclamation de Lord Byron : « Ah ! Italie ! Toi qui possèdes le don fatal de la beauté ! »

« Tout ici n'est que calme, douceur de vivre, élégance naturelle et sérénité ! Et si la chaleur altère votre bien-être, la piscine est là-bas, derrière l'allée de lauriers roses… Vous apprendrez vite qu'ici, il pleut tous les jours… mais de la lumière !

— Tout le monde fait quelque chose ici. Et moi, dans tout ça ? Je sers à quoi ? s'était offusquée Joy que fatiguait l'agitation environnante sur des sujets d'intendance dont elle se sentait exclue.

Comme personne, dans le feu de l'action, ne faisait attention à elle, Joy avait trouvé le moyen de disparaître à nouveau. Marie-Aimée s'était la première inquiétée de cette soudaine absence dans un environnement qui ne lui était pas familier.

— Impossible de se perdre ici ! répondit Tommaso avec une insouciance joyeuse. En revanche, il est un autre risque : se trouver !

Tommaso avait fait seller un cheval et s'en alla au galop en obturant d'un panache de poussière l'allée bordée de cyprès. C'était un peu comme la folle cavale du rêve à la poursuite d'une insaisissable réalité. Il aimait recouvrer sa liberté par ces chevauchées solitaires qui l'emmenaient sur les collines et les chemins de son enfance. Tommaso était un garçon du pays, très exactement de la petite ville voisine, où se trouvait la gare. La Cittadella n'était pas une propriété de famille ; elle était cette fière silhouette médiévale un peu inabordable qui ornait sa colline favorite lorsque, du temps de sa jeunesse, Tommaso s'aventurait dans l'arrière-pays avec ses camarades. Son regard d'enfant s'était toujours attardé à ce lieu, qui nourrissait ses rêveries chevaleresques. Lorsque, fortune faite, bien après que les fêtes de l'enfance et de la jeunesse soient passées, il apprit que la propriété de ses rêves d'enfant était à vendre, il remercia le ciel d'avoir pu y associer son destin. Cette maison lui correspondait bien : majestueuse et fière, solitaire, démesurée, à la fois extravagante et solennelle. Il rêvait d'y enfouir ses rêves de bonheur et de beauté, et surtout de ne jamais perdre la trace des premiers grands rêves de sa vie, les plus purs et les plus altiers.

Tout près de la Cittadella se trouvait une petite chapelle romane dédiée à la Sainte Vierge, et qui était un but de pèlerinage à l'Assomption. Les villageois des alentours s'y rendaient pour le 15 Août, bravant la chaleur caniculaire, et emplissant la petite église de leurs chants fervents et de leur piété populaire.

C'est là que Tommaso, ainsi qu'il l'avait imaginé, retrouva Joy. Sur le chemin d'arrivée, cette très vénérable Maison du silence-qui-parle, enchâssée dans le grand silence de la nature, n'avait pas manqué d'éveiller l'imaginaire mystique de la petite. Et dès que l'occasion lui fut offerte, elle s'était éclipsée discrètement pour y frôler la pierre et y contempler le vitrail. Elle ne sembla ni surprise ni fâchée de voir apparaître Tommaso. Celui-ci accrocha la bride de son cheval à un crochet qui semblait scellé à la pierre juste pour ça, et la rejoignit dans la pénombre de la petite chapelle.

— Elle est belle, n'est-ce pas ?

— Elle est émouvante ! rectifia Joy.

— Tu as raison. Je vais te raconter une histoire qui va t'amuser, jolie Joy. La première fois que j'ai mis les pieds dans cette église, j'étais un très petit garçon, disons : je devais avoir quatre ans et des poussières. Et j'ai tout de suite remarqué qu'il manquait quelque chose ici…

— Ah bon, et c'est quoi ?

— Je tirai ma mère par la manche et lui chuchotai avec véhémence : « Et le grand Jésus, il est où ? » Elle mit quelque temps à comprendre que j'évoquais le grand Christ en croix, familier de nos églises. En guise de lot de consolation, et probablement aussi pour contenir mes dissipations, elle m'indiqua les croix tréflées peintes sur les murs. Je me suis mis à faire l'inventaire des « petits Jésus » représentés de la sorte. Mais comme les enfants sont entêtés dans leurs questionnements, je revenais à la charge auprès de ma pauvre mère, qui finit par me chuchoter : « Mais Jésus, il est dans ton cœur, tu le sais bien ! » Cette réponse, qui manifestait une correspondance entre le dehors et le dedans, me troubla profondément. Moins cependant que l'idée selon laquelle Jésus-Christ le Magnifique pouvait être tout petit, et que c'est précisément pour cette raison qu'il était grand ! Moins on cherche à se grandir, et plus on est grand ! Ce qui est vraiment magnifique, chez Jésus, c'est cette divinité offerte en sacrifice aux tribulations humaines, l'infiniment grand qui décide de faire alliance éternelle avec l'infiniment petit. Au fond, le grand seigneur, c'est le serviteur ! Cette perception inversée des hiérarchies du monde a probablement orienté toute ma vie. Tu vois, je n'ai jamais poursuivi la richesse matérielle, je suis devenu riche par une faveur de la destinée. La Cittadella, c'est une propriété de riche et à la fois, elle abrite la pauvreté franciscaine : des groupes de pèlerins y font halte régulièrement, avant de poursuivre leur chemin sur les traces de François d'Assise. Et ils sont accueillis ici comme des gens de la famille ! Toi aussi, Joy, je suis heureux de t'accueillir comme quelqu'un de ma famille ! Tu as eu tort tout à l'heure de te sentir inutile. Tu veux que je te dise : c'est toi qui as le rôle principal !

— C'est ça, c'est ça ! Je suis aussi importante qu'un pot de fleurs, oui ! grommela Joy.

— C'est exactement ce que je voulais m'efforcer de t'expliquer, confirma Tommaso : tu es aussi importante qu'un pot de fleurs !

— J'imagine que je dois te remercier pour cette délicatesse très spéciale ? riposta la petite en croisant les bras.

— Non, c'est à moi de te dire merci. Si tu enlèves les fleurs, que reste-t-il de la beauté ? Et si tu enlèves la joie, que reste-t-il de la maison ? Tu sais, une maison, ça ne se résume pas à des murs et un toit. C'est la maisonnée qui compte d'abord, ce qui se vit à l'intérieur. Tu connais peut-être ce proverbe français : « Mieux vaut chaumière où l'on rit que château où l'on pleure ». Et si toi, tu apportes la joie, alors tu deviens l'âme de la maison !

— Tommaso, est-ce qu'une âme a le droit d'avoir faim ? Je veux dire pas seulement de Dieu, mais de quelque chose de savoureux à se mettre sous la dent ?

— En selle, jolie Joy, la Cittadella regorge de pareilles saveurs !

30.

« Se laisser vivre »

— Passons à table, si vous le voulez bien. Frère Théophane, aie la bonté de renouer avec nos traditions fondatrices !

Théophane bénit la table avant de joindre ses mains sur ses lèvres :

— Que la clarté d'en-haut nous accompagne en tout lieu et en toutes circonstances.

— Ce que j'aime, dans votre prière de table, dit Sagamore, c'est qu'elle réunit. On se sent vraiment ensemble !

Frère Théophane jubilait :

— Mais c'est exactement le but de la prière, Sagamore ! Exactement cela : réunir. Le sentiment de joie parfaite naît du sentiment d'unité parfaite. Et comme l'unité est sempiternellement menacée par les tiraillements de nos étranges cœurs, il n'est pas inutile de convier à notre table la grâce venue d'en-haut. D'ailleurs, ne dit-on pas : « former un vœu » ? C'est bien la preuve que nous devons donner forme à nos souhaits si l'on veut qu'ils se réalisent…

Cette explication n'eut pas l'heur de plaire à Joël :

— On n'a pas besoin de Dieu pour faire le bien…

Frère Théophane s'approcha de lui :

— Ce n'est pas grave que tu ne croie pas en Dieu et que tu penses pouvoir te passer de lui. Dieu, lui, croit en toi. Et il est probable qu'il n'ait pas envie de se passer de toi !

— Et qu'est-ce que vous en savez, d'abord ?

— Oh ! Ta manière de te laisser illuminer par un coucher de soleil. Il y a des regards qui en disent plus long que des mots. Si tu laisses la lumière et le silence t'envahir, tu reçois un grand éclat de Dieu en toi… comme une toute puissante présence.

— Mais ça n'a rien à voir, cela, rien du tout ! Qu'est-ce que c'est que ce trafic de grâces ! La lumière et le silence peuvent être tout à fait indépendants de l'idée de Dieu !

— Vraiment ? demanda le moine en plissant

les yeux. D'accord, d'accord, tu veux être quelqu'un tout seul. Mais avec l'amour, tu le sais, on peut être tellement plus que soi ! Quand on aime, le monde s'ouvre. Il n'y a plus de séparation entre ce que l'on vit et ce que l'on est…

Tommaso tenta de s'interposer afin de ramener la sérénité dans le lieu dont il était le maître.

— Allons, allons, Théophane, est-ce bien raisonnable d'aborder…

— Quoi ? Les choses de la foi ne sont-elles pas les choses de la vie ? Vous ne voulez pas parler des choses de la vie ?

— Ce n'est pas ça… mais j'ai l'impression que si notre cher poète maudit prend le train en marche, on ne va pas beaucoup dormir dans le wagon !

— J'hésite entre la susceptibilité outragée et la compassion bienveillante, s'écria Joël, et j'avoue avoir beaucoup de mal à me décider ! Joy, quelle case cocherais-tu ?

— Comme à la marelle ! Moi je choisis la case CIEL ! Et franchement, ce serait triste que Dieu n'y soit pas. Pourquoi tu veux tant que Dieu fasse semblant de ne pas exister, ça t'embête ? T'as pas envie d'un ami comme lui ? Tu préfères suivre tes vieux démons tout disloqués que l'amour du bon Dieu ? Ce qu'il te manque, c'est *l'émervaillance,* la vaillance de l'émerveillement. Moi, j'ai l'impression de grandir au fur et à mesure que je crois.

— Exactement, dit doucement Théophane en se lissant le menton : croire, c'est croître ! Dieu est toujours là, qui nous invite à grandir, c'est nous qui n'y sommes pas et qui rapetissons notre vie. Bah ! C'est le sempiternel débat entre l'instant et l'éternité ! À quoi bon ! À quoi bon monter l'une contre l'autre l'intensité et la durée, quand on peut en faire des alliées ? C'est peut-être le premier acte de foi : ne plus séparer l'instant que l'on vit et l'éternité qui se prépare…

— Ça alors ! fit Sagamore. On dirait une définition du bonheur ! Frère Théophane : c'est cela pour toi, le bonheur ?

— Tu sais, ce mot de bonheur, on le prononce peu dans la clôture des monastères…

— Vraiment ? Vous n'y croyez pas ?

— Oh ! Tout au contraire ! On y croit si bien que l'on a inventé beaucoup de mots pour l'aborder dans ses plus subtils miroitements. Quand quelqu'un a… comment dire, une incontestable intensité d'être, on ne peut pas se contenter… Tiens, Joy, par exemple : par quel mot commencerais-tu pour la définir ?

— Je ne sais pas, moi, hésita Sagamore… Jolie, taquine, impertinente… vivifiante, effervescente, exaltante, incorrigible …

— « Effervescente », merci ! On dirait un médicament qui fait des bulles ! s'offusqua Joy. Et « incorrigible », c'est quoi ? Moi, je préfère « exaltante ». Ça fait moins punition d'école !

— Une chose est certaine, poursuivit Théophane, assez sûr de sa démonstration : vous voyez qu'il est préférable de disposer de plusieurs mots en réserve pour qualifier Joy si l'on tient à garder tout à fait son amitié ! Eh bien, le bonheur, c'est pareil. Il faut s'attarder à ses différentes facettes si l'on ne veut pas qu'il nous échappe, si l'on ne veut pas rompre le charme. Il y a tellement de réalités sous ce même mot !

— Venons-en au fait, Frère Théophane ! intervint Mamika. Comment au juste dites-vous « bonheur » dans votre langue monastique, je veux dire en latin, en grec ancien, en copte, ou que sais-je encore ?

— Mon Dieu ! Il ne s'agit pas de faire savant. Il s'agit de dire vrai. Et la vérité est aussi simple qu'une goutte de rosée sur un brin d'herbe ! Nous les moines, nous évoquons volontiers l'unité de l'esprit, ou encore la paix du cœur.

— C'est plus long que « bonheur » ! déplora Joy avec un petit air froncé.

— Cela revient au même. C'est court et c'est long à la fois. Il faut une seconde pour que le mot arrive à l'oreille, mais peut-être bien des années-lumière avant qu'il n'atteigne l'âme…

— Mince alors ! Ça doit être drôlement long ! Ça fait combien, des années-lumière ? interrogea Joy.

— Hum ! Disons que c'est du registre de l'éternité, autant dire de l'amour éternel. Mais quand on aime, on ne compte pas, n'est-ce pas ?

— D'accord, mais c'est dur d'attendre tout ce temps, quand même ! On peut pas faire plus court pour être heureux ?

— Figure-toi que c'est tout le propos de ma thèse sur la joie parfaite ! déclara Théophane avec un petit air réjoui.

— Pououh ! s'impatienta Joël à la manière d'un passager qui vient de rater une correspondance. Vous m'emberlificotez tous avec vos mystères en forme d'évidences et vos évidences en forme de mystères ! Moi, en venant ici, je pensais que ce seraient des grandes vacances. Et badaboum ! j'ai l'impression de tomber dans un traquenard ! Je me retrouve dans quelque chose comme une université ou une abbaye…

— Mon vieux, une université d'été où l'on apprend à contempler les couchers de soleil, ça pourrait être pire, n'est-il pas ? se hasarda O'Sullivan avec son irrésistible gouaille irlandaise. Frère Théophane, quelle devise mettriez-vous au fronton de cette "youniversity" ?

— Aime et fais ce que tu veux !

— Bravo ! Alors ça, ça me convient. Ça correspond diablement à mon tempérament hédoniste ! reprit l'Irlandais sur un ton farceur.

— Taratata ! C'est de Saint Augustin !

— Hélas ! Rien n'est parfait !

— Assurément, Saint Augustin n'est pas du genre à lâcher la bride. Faire ce que tu veux, ça ne veut pas dire laisser faire !

— Dis donc, c'est drôlement compliqué, cette université d'été ! se risqua O'Sullivan dans un mouvement d'esquive. Est-ce qu'on ne pourrait pas se laisser vivre un peu…

— Justement… c'est exactement cela, jubilait Théophane ! Sais-tu ce que cela veut dire, pour moi, *se laisser vivre* ?

— My God, je m'attends au pire ! s'écria l'Irlandais. Frère Théophane, promettez-nous : plus une goutte de chartreuse, d'accord ? Cela vous met dans des transes mystiques…

— Allons, allons, je n'ai pas besoin d'alcool pour connaître l'ivresse ! déclama Théophane en levant les bras. L'ivresse de vivre, c'est Dieu qui la donne, n'est-ce pas ? Mon ivresse à moi, c'est l'or du couchant, la lumière qui transperce le vitrail pour se poser à vos pieds comme une divine offrande, c'est l'infusion de l'amitié bue dans le cristal de vos regards… c'est Joy quand elle s'exalte comme on dit d'une fleur qu'elle exhale son parfum ; c'est le murmure d'une brise légère dans le silence du soir…

— Retenez-le, retenez-le par le capuchon ! s'exclama Mamika, notre Frère Théophane va s'envoler !

— Tranquillisez-vous, mes frères ! Quand on est en présence de ceux qu'on aime — je veux dire quand on se rapproche vraiment de ceux qui nous sont proches —, on est déjà au paradis !

— Qu'en termes galants ces choses-là sont

dites ! apprécia Marie-Aimée.

— C'est bien gentil tout ça, reprit Joy, mais on ne sait toujours pas ce que ça veut dire : se laisser vivre !

— Encore une fois, déclara doctement le moine, c'est une chose que les hommes ont l'habitude d'aborder sous un angle facile, alors qu'il s'agit d'une folle exigence ! « Se laisser vivre », c'est délivrer en soi la fine fleur de notre être. Oui : il s'agit de faire émerger nos îlots intérieurs dans le vaste océan de la fatalité. C'est donner la parole à l'enfant spirituel que l'on bâillonne si souvent et qui souffre de voir que nous passons notre temps à nous éloigner de nous-mêmes par la prétendue force des choses ou les nécessités d'époque… alors qu'il ne cesse de nous indiquer le plus court chemin de soi à soi. Terre à paradis, c'est un jeu d'enfant, pas d'adulte. Pas vrai, Joy ? Il faut miser sur l'enfant spirituel qui est en nous, comme un précieux trésor secret qui est la richesse intérieure de tout être, et notre premier élan vital.

— Et moi, demanda Joy avec une coquette ingénuité, est-ce que je suis une enfant… spirituelle ?

— Dieu seul le sait, et il le sait très bien ! Mais quand je dis spirituel, ce n'est pas dans le sens de ton adorable brin d'humour, de ton regard mutin ou de ton charmant minois, c'est dans le sens mystique.

— Ah ! fit Joy avec une moue de déception. Et moi, alors, tu ne me trouves pas assez… mystique-spirituelle ?

— Joy, regarde-nous tous. Franchement, est-ce que nous avons l'air de petits enfants ? demanda Théophane.

— Franchement oui, même quand tu fais mine de parler savant !

— C'est intéressant, ça ! Et au juste, comment définirais-tu l'enfance ?

— D'abord, Frère Théophane, promets-moi un de ces délicieux chocolats italiens à la noisette si je donne la bonne réponse…

— Cache la boîte de chocolats, Tommaso, je crains le pire !

— …Eh bien, répondit Joy avec l'application qu'on attend d'une petite surdouée, l'enfance, c'est quand on s'émerveille, non ? C'est drôle à dire, mais quand on est petit, tout est grand ! Même ce qui paraît insignifiant pour les grandes personnes, eh bien pour nous, ça a de la valeur ! L'enfance, je dirais que c'est quand on se sent bien sans savoir pourquoi, et qu'on n'a besoin de rien ou de pas grand chose pour être heureux, juste un regard complice de côté pour savoir qu'on est aimé, ça suffit ! Le reste, on s'en fiche un peu et même carrément ! Je sais que c'est un peu bête comme réponse, parce qu'on n'est pas toujours heureux quand on est petit, mais c'est comme ça que j'ai envie de dire !

— Et tu trouves qu'on est des enfants comme tu le décris ?

— Ouais ! j'ai l'impression ! Même Joël, il fait mine d'être un avocat du diable, mais moi je vois bien que c'est un ami de Dieu… Quand il aura fini d'avoir des choses *à redire*, il trouvera le temps d'avoir des choses *à dire* !

— Alors ça ! Si Joy s'y met aussi… je ne vais plus savoir où me mettre ! lança Joël en s'essayant au lyrisme pathétique.

— C'est vrai quoi ! fit Joy pour justifier sa pique, tu es agaçant à la fin ! Pourquoi tu veux pas montrer que t'as un grand cœur plein de tendresse : t'as peur d'être encore plus fragile, ou quoi ? Mais si on montre pas qu'on s'aime, mille milliards de tendresse ! si on ne se dit pas qu'on est heureux d'être ensemble, alors à quoi ça sert que l'amour ait été inventé ? Pour en faire des confettis de *Je t'aime* ? Tu crois que l'amour, ça peut s'enfermer à la banque pour quand tu en auras besoin ? Et puis d'abord, il faut faire les choses seulement si ça te chante. Parce que si ça ne chante pas, c'est pas la peine !

— Je reviens à l'enfance, Joy, interrompit Théophane. Et sur ce sujet tu as raison et tort à la fois : c'est une question de perspective. Je m'explique. Dans cette pièce, tu es la seule, objectivement, à pouvoir être considérée comme une enfant. En ce sens, les autres personnes que tu vois sont toutes des ex-enfants. Cela peut paraître bizarre de présenter les choses comme ça, mais c'est différent de dire que nous sommes devenus adultes. Ex-enfants, cela veut dire que nous avons quitté l'enfance. Mais quelle enfance ? L'enfant historique, celui que nous sommes tous au début de notre vie ! Et effectivement, du temps a passé, et nous nous trouvons un jour plus grand, puis moins jeune, puis un peu plus vieux…

— Pourquoi pluvieux ? s'offusqua Joy. On peut rester ensoleillé, même si on est moins jeune ! Regarde Mamika, par exemple…

— Ah ! Ah ! Ah ! Il n'empêche… cela ne nous retient pas de vieillir ! En revanche, il y a quelque chose en nous qui ne vieillit jamais, et même… qui ne mourra jamais ! C'est l'enfance spirituelle. Joy a commencé à vous dire magnifiquement ce que cela voulait dire…

— Alors, j'y ai droit à mon chocolat italien à la noisette ?

— Joël, passe la boîte de *Perugina* à la signorina, si cela ne te coûte pas trop !

— Merci les grands enfants spirituels ! répondit Joy avec une jubilation impertinente en extirpant délicatement son chocolat de son joli papier bleu métallisé, et en se calant voluptueusement dans son fauteuil.

— L'enfance spirituelle, reprit Théophane, c'est exactement quand on s'émerveille ; lorsque l'élan d'enthousiasme, de confiance, de tendresse débordante nous porte à accomplir ce pour quoi d'abord nous sommes faits : aimer et être aimé. C'est l'élan inaugural par essence et par excellence ! J'allais presque dire : par évidence. Mais le naturel se révéle si peu évident qu'il ne faut jamais cesser de courir après ! Nous errons sur tellement de chemins de traverse, tellement de fausses routes et d'impasses avant de retrouver cette grande direction ! Vous savez, pour paraphraser saint Paul, j'aurais beau m'enfermer dans mon monastère, apprendre par cœur toutes les saintes vérités, dire « Seigneur, Seigneur ! » en me frappant la poitrine, butiner les rayons de sagesse de bi-bliothèques entières où est amassé le précieux suc des plus grands secrets de vie… j'aurais beau formuler de belles paroles, m'être assuré de la première place, être plus puissant ou plus riche que tous les autres… j'aurais beau me donner des airs d'initié, de savant, d'idole ou de grand de ce monde, s'il me manque l'amour, je ne suis rien ! S'il me manque l'amour, je ne suis que l'écho qui s'éteint, l'écho inaudible et presque méconnaissable de la petite musiquc intérieure qui m'est personnelle et que je n'aurais jamais dû cesser d'exprimer…

« Vous savez, j'ai suivi des enseignements théologiques, je me suis enfermé dans le silence et la solitude de ma cellule pour dévorer des tomes entiers de livres très savants et très édifiants, je peux vous parler avec des mots rares qui impressionnent, et cependant je sais qu'au bout de ma route humaine, toutes ces connaissances, tous ces mots se seront évaporés dans le ciel de ma mémoire. Il ne restera plus qu'une étoile suspendue au-dessus de ma vie, la seule qui brille depuis la nuit des temps et qui reste la secrète espérance dans la vie de tout homme. Je me tiendrai silencieux sur le seuil de lumière et je serai vacant, nu et libéré. Je découvrirai la plénitude dans un seul mot qui chassera tous les autres, et tous les doutes et la conscience même du temps. Car ce mot, déjà, emprunte à l'éternité. Il en est la clé, l'unique clé. Celle qui ouvre tout, et d'abord notre cœur. Ce mot-clé, c'est : Amour. Et c'est seulement si nous réveillons l'enfant spirituel… si, comme il est dit dans la Bible, nous redevenons pareils à des petits enfants, que nous pourrons aborder la plénitude promise…

— C'est le sermon selon saint Théophane, ou quoi ? s'exclama Joy. On dirait vraiment qu'on est dans une abbaye !

— Mais on est dans une abbaye ! sourit Théophane avec un air taquin. Demain, si le cœur t'en dit – car le cœur parle aussi ! – demain, je t'apprendrai à intérioriser le cloître…

— C'est aussi facile que la marelle ?

— Presque… C'est une autre manière d'accéder au paradis sur terre !

31.

Balade en joie parfaite

Tommaso brûlait de faire découvrir les somptueux panoramas qu'offraient les collines de son enfance. Aussi, dès le matin s'enquit-il auprès de ses hôtes de savoir si la nuit avait eu des effets assez bienfaisants pour dissiper tout à fait les fatigues du voyage et les rendre frais et dispos pour les excursions bucoliques qu'il avait prévues. Angelina avait préparé pour le déjeuner des provisions qu'elle avait glissées dans deux besaces suspendues de part et d'autre des flancs d'un cheval. Les gens de la Cittadella connaissaient bien les rituels de leur maître.

Mamika, encore fatiguée par le long voyage, préféra contempler lesdites collines à travers la perspective fixe de la terrasse ; Nabil et l'Irlandais optèrent pour le farniente et la proximité rafraîchissante de la piscine. Quant aux autres, ils acceptèrent de bon cœur l'invitation de Tommaso, qui lança une chanson de marche aux accents franciscains, qu'il avait jadis inventée avec ses amis lorsqu'ils parcouraient à pied les campagnes avoisinantes. Cela donnait une ritournelle qui s'accordait au rythme du pas, et que chacun se prit à fredonner en canon :

Frère Soleil et Frère Vent
Le sommeil est fervent
Il faut marcher droit devant
Aujourd'hui comme avant
Avancer jusqu'à la nuit
Aller vers l'Étoile qui luit
Soyons amis de la vie
Aimons ce qui réconcilie
Vivons le souffle de Dieu
Vers des lendemains radieux
Sur la terre comme dans les cieux
Goûtons aux instants précieux
L'Éveilleur est bien vivant
Aujourd'hui comme avant

Joël se prêta au jeu, sans se demander où tout cela allait le mener. Il lui semblait avoir mis le pied dans un autre monde. Plus encore que les collines de Toscane, ce qui le subjuguait, c'était les reliefs de certains paysages intérieurs qu'il découvrait en lui.

Tommaso raconta les marches estivales qu'il lui arrivait encore de pratiquer avec des Franciscains de la région. Joël était stupéfait d'entendre soutenir par un milliardaire que seule la divine pauvreté peut permettre d'atteindre la joie parfaite ! Au cours de cette randonnée pédestre, il n'avait pas fini d'aller de surprises en perplexités et de paradoxes en mystères ! Au terme d'un chapelet chanté, Joël s'était attaché à interroger Frère Théophane sur cette fastidieuse nécessité de répéter cinquante fois la même chose, alors que tout aussi bien – à moins d'avoir affaire à un Dieu sourd ou obtus – une prière suffisait !

D'un mouvement impromptu, le moine força Joël à mettre un genou à terre :

— Voilà, mon ami, tu viens de trébucher sur une méchante racine saillante, et ton genou te fait atrocement mal. Que fait celui qui t'accompagne et qui te veut du bien ? Il cherche à soulager ta douleur, s'empare donc d'un baume qu'il applique délicatement sur ton genou endolori et dont il fait peu à peu pénétrer les principes actifs par un long massage. Le baume va te faire du bien, au point de neutraliser peu à peu toutes tes tensions, toutes tes douleurs et te permettre à nouveau de te remettre en marche, ragaillardi. Eh bien, imagine que la prière soit pour ton âme ce que ce baume souverain est pour ton corps, et tu auras compris la force souverainement active qu'a l'Esprit sur tout être humain !

Autre chose, ajouta Frère Théophane : cette rumination incessante de la prière délivre peu à peu le goût de la joie parfaite. Sais-tu pourquoi ? Parce que tu t'aperçois que tu ne parles plus, mais que ce sont des paroles qui te montent aux lèvres ; à force de les répéter, elles te viennent presque malgré toi, disons qu'elles échappent à ta volonté au fur et à mesure qu'elles s'échappent de ta bouche. Et sais-tu ce qu'il se passe alors ? Eh bien, ce n'est plus toi qui pries, c'est Dieu qui prie à travers toi ! Au lieu de poser des actes selon ton bon vouloir, tu les places docilement dans la lumière de Dieu, de sorte que ces actes finissent par être davantage inspirés que choisis. Au lieu de passer ton temps à prétendument gérer ta vie, tu te laisses vivre ! C'est ce que je m'efforçais d'expliciter hier soir. Et crois-moi, au sens mystique de l'expression, « se laisser vivre » est probablement l'exercice spirituel le plus difficile qui soit, car il sollicite une attitude à laquelle notre ego se dérobe en permanence : la force de l'abandon.

— Vous voudriez prétendre qu'il faut renoncer à être maître de sa vie ? demanda Joël sur la défensive.

— Je veux dire plutôt qu'il faut renoncer à être esclave de sa petite volonté ! Lorsque tu prétends maîtriser ta vie, tu ne peux exprimer de toi que ce que tu as déjà expérimenté. Alors que si tu te laisses vivre, ta liberté est illimitée, car tu consens à te laisser conduire bien au-delà de ce que tu connais, à te laisser entraîner à toutes sortes d'élans avant même de savoir clairement où ils te conduisent. Comme dans l'amour. Et la foi n'est rien d'autre que du pur amour ! Tu quittes les territoires de l'intentionnel pour aborder le seuil de la disponibilité attentive à ce qui advient.

« L'attention : tout est là. Si tu n'as pas l'attention pour la personne que tu aimes, ton amour restera à mi-chemin. Si tu n'as pas l'attention pour les choses que tu fais, ces choses resteront imparfaites ou inachevées.

« Ne plus prétendre être maître de sa vie, c'est accepter de se montrer vulnérable, de se laisser surprendre, de demeurer dans l'émerveillement. Être émerveillé, c'est se laisser toucher par une merveille, un prodige. Il faut donc consentir à se détacher de soi, afin de permettre l'avènement de Dieu, de l'autre, de la merveille du jour au centre même de notre vie.

« Se laisser vivre, laisser s'épanouir en soi ce qui est notre irréductible vérité : c'est cela du reste, avoir la foi ! C'est croire avant d'avoir vu, s'engager sans garantie, mettre sa volonté au service d'un appel, s'en remettre au don divin du discernement ! Quand tu le fais de plus en plus et de mieux en mieux, quand tu finis par être animé par cet élan au point que cela te devient aussi naturel que de mettre un pied devant l'autre lorsque tu te mets en mouvement, alors tu es aux anges ! C'est comme si tu avais fondé au fond de ton cœur un monastère. Où que tu ailles, il t'est possible d'intérioriser le cloître, en créant en toi le lieu même de ton ressourcement. Quoi qu'il t'arrive, rien ne peut durablement ébranler ta construction intérieure, puisque Dieu en est le grand architecte et l'amour la clé de voûte ! Voilà ce qu'est la joie parfaite : laisser se dérouler le chant de louange, même dans la peine, même dans la contrariété, même dans la souffrance. Puisque ce chant de louange est le baume souverain qui, immanquablement, finira par guérir et revigorer ton être tout entier !

— Et ça marche à tous les coups, ce que tu racontes ? demanda Joël qui n'arrivait jamais à se départir tout à fait de son scepticisme.

— Homme de peu de foi ! Tu fais l'erreur commune, en exigeant que l'impact de ton action soit immédiat. Or, c'est un peu comme le bateau qui passe : les vagues viennent après, dans un second temps. Peut-être même quand tu ne l'attends plus, lorsque tu crois ne rien faire de bon dans ton existence.

« Il m'agace, ce Théophane ! pensa Joël. On dirait qu'il tire sur un bout des idées que vous tricotez, et en quelques secondes, on se retrouve tout nu ! »

— Moi, déclara Marie-Aimée en rajustant son chapeau de paille, il m'est arrivé d'attendre des réponses de Dieu qui ne sont jamais arrivées. Et pourtant, Dieu sait que je suis patiente !

— Malheureuse ! Dieu n'est pas un maître d'école ou un juge d'instruction ! Dieu ne donne pas de réponse, ne délivre pas de jugement ! Il place juste nos questions sous le faisceau de sa lumière. L'erreur fondamentale dans la foi, c'est de prier pour que les choses se passent conformément à nos vœux. En effet, prier, c'est tout le contraire ! Cela demande le courage de l'abandon, de la confiance inconditionnelle. Il faut prier sans savoir, sans savoir véritablement ce qui est bon et juste. Et le demander comme un enfant qui est dans l'attente d'un exaucement inconnu.

— Justement, toi, jolie Joy, quelle joie parfaite anime ton cœur en ce moment ? demanda Sagamore qui s'émerveillait toujours des sentiers buissonniers qu'empruntent les enfants pour atteindre les buts qui leur tiennent à cœur.

La petite jubilait :

— Regarde ce que je viens de découvrir. Mets-toi à côté de moi. Non, comme ça ! Voilà, tu vois à présent ? Si tu te places face au soleil, alors les ombres passent derrière toi ! À chaque pas que tu fais, tu marches dans la lumière !

Elle se ravisa, puis déclara avec une voix beaucoup plus grave, comme si elle était bien décidée à travailler dur pour passer dans la classe supérieure :

— À présent, je vais faire quelque chose d'unique au monde : je vais tenter d'aimer ceux qui ne m'aiment pas. Pour que toutes les ombres passent derrière !

— Alors ça, reconnut Frère Théophane, ça c'est de la joie parfaite !

— Regardez là-bas ! s'écria Tommaso. Nous arrivons à la fontaine des Trois Cyprès ! On dirait que Dieu à mis une source juste là pour prévenir la soif du promeneur !

Frère Théophane ouvrit ses bras vers le ciel :

— Bénis sois-tu, Seigneur, pour l'eau fraîche qui comble notre soif de bouche, et pour tes paroles rafraîchissantes qui comblent notre soif de cœur !

Au sein du groupe, à l'allure ralentie par la forte chaleur naissante, nul n'aurait su à cet instant exprimer joie plus parfaite.

Promeneurs ou pèlerins ? De fait, ils ne savaient plus trop ce qui les mettait en marche, s'il s'agissait d'apprivoiser ces collines bordées d'arbres et de ciel, ou ces contrées intérieures que chacun abordait en lui-même avec un étonnement neuf. Pour l'heure, le petit groupe avait fait halte sous l'ombre étroite des trois Cyprès auxquels une charmante fontaine devait le nom. Théophane bénit le pain, que chacun ensuite partagea en silence.

Au fil de la marche, la joie parfaite était devenue une sorte de jeu de vie où chacun abattait ses cartes. Tommaso rappela les termes de son accident providentiel en soutenant que le bonheur naît toujours d'une conversion du cœur, d'un inattendu même fâcheux que l'on transforme en appel ou en avertissement de la Providence.

— Frère Théophane, demanda Sagamore, si ce que je fais par devoir rend ma vie plus intense que ce que je fais par plaisir, est-ce cela, la joie parfaite ?

— Assurément, répondit Théophane.

— Alors, le prieur de ton monastère, quand il s'abîme les mains à arracher les ronces et les mauvaises herbes…

— Bien sûr ! Il connaîtra le soir venu une paix du cœur que ne saurait pas lui procurer une activité plus conforme à ses élans du moment, comme de se promener dans le cloître ou de s'adonner à la contemplation. Et sais-tu pourquoi ? Parce qu'il n'existe pas de travail ingrat qui ne puisse être une occasion d'approfondir sa propre vocation. C'est vrai pour l'artiste, pour l'athlète, pour le moine et pour tous ceux qui ont librement consenti une discipline à laquelle leur volonté est asservie et qui exige d'eux en permanence une tension et pour ainsi dire un sacrifice vers l'excellence.

— Si je comprends bien votre philosophie de vie, suggéra Joël, être heureux consisterait à s'obliger par devoir à réaliser ce que l'on n'a pas envie de faire ?

— C'est à peu près cela, mon ami, sauf que c'est exactement le contraire ! Le devoir de conscience ne saurait disqualifier le désir de bonheur. Transformer le travail ingrat en nécessité intérieure, l'habitude en rituel et l'ordinaire des jours en instants précieux, tel est l'art de vivre. Et c'est du grand art ! Sur le chemin du bonheur, mieux vaut désirer ce que l'on doit faire, qu'obtenir ce que l'on désire.

« Il faut vivre en bonne intelligence avec tout ce qui advient, et en tirer parti comme l'a fait Tommaso après son accident. Ne pas séparer. Ne pas comparer. Ne pas discréditer. On a besoin de tout, du petit et du grand, du salé et du sucré, du chaud et du froid. On a besoin des élans de l'enfance comme de la persévérance de la maturité pour restituer tous les arômes de la vie. On a besoin d'événements négatifs sur la route du succès. Et chacun sait, depuis l'invention de l'électricité, que la lumière naît de l'alliance du plus et du moins ! Tout, en définitive, a sa place et trouve son sens. Peut-être même le mal a-t-il pour secrète vertu de révéler tout le sens de notre parti pris pour le bien…

— Vous n'irez tout de même pas jusqu'à prétendre que le mal est nécessaire ? s'offusqua Joël.

Théophane sourit, comme si l'objection lui était familière, et il donna cette réponse surprenante comme un verdict inattendu :

— Si les abîmes du mal n'existaient pas, qui sait s'il existerait des sommets de bien ? Je n'aime pas le mal, dit Dieu, mais je n'en dis pas de mal, car il réveille si bien le bien qu'il m'arrive de me demander si le diable, par des moyens détournés, ne travaille pas pour moi !

« Mon ami, tu as l'immense liberté d'extraire de ta bouche des cris de guerre ou des chants de louange, de placer en ton esprit des intentions nobles ou vulgaires, d'entraîner ton cœur à donner ou à prendre, de faire de ta vie une navrante mélopée ou un cantique. C'est toi qui mets la saveur, c'est toi qui confères le sens et c'est toi qui donnes le ton. Souviens-toi que nous ne disposons que d'une seule source d'énergie. Si nous la dépensons en énergie négative, en gémissements et récriminations, que nous reste-t-il pour exprimer notre énergie pour une grande cause ?

« Comprenons-nous bien : la sérénité est le but le plus haut que tu puisses atteindre. Sans sérénité, point de paix dans ton cœur, et sans paix du cœur, point d'unité possible ! Et comment saurais-tu faire régner la paix dans ton cœur si, au premier souffle de vent contraire, tu te sens au bord du naufrage ? En vérité, ma philosophie repose sur une conviction toute simple : le manque conduit au désir, et le désir mène à la plénitude. C'est tout. Il faut savoir que le mal existe si l'on veut opter librement pour le bien. Il faut passer par l'épreuve du feu pour connaître le lieu de rafraîchissement. Il faut avoir souffert de soif dans le désert pour que l'eau des fontaines puisse devenir un enchantement.

— En résumé, dit Joy avec sa légendaire perspicacité enfantine, si l'on perd Dieu, c'est nous qui sommes perdus. Et si on laisse Dieu nous gagner, alors nous sommes gagnants… C'est ça ?

— C'est ça ! applaudit Théophane. Car alors,

comme l'exprime l'oraison bénédictine qui m'est chère, « dans les fluctuations de ce monde, nos cœurs restent fixés là où se trouvent les vraies joies ».

— Alors donc, manquer pour réussir, s'effacer pour être soi, trouver sa force dans sa vulnérabilité même, la grandeur dans la petite chose, le bien derrière le mal, la beauté derrière les apparences : tout ça, c'est de la joie parfaite ? s'extasia Sagamore entre émerveillement et incrédulité.

— Tout ça, c'est de la joie parfaite ! opina Frère Théophane. Regardez la splendeur de cette journée, le beau fixe et l'harmonie du paysage. À ton avis, Joy, est-ce de la joie parfaite ?

— Ça pourrait être pire ! répondit Joy facétieusement.

— En tout cas, rétorqua Frère Théophane, là n'est pas la joie parfaite. Parce que notre paix du cœur reste trop incertaine.

— Je sais ! répondit Sagamore en prenant la posture de l'élève appliqué qui croit avoir trouvé la bonne réponse : la joie parfaite, c'est de savourer toutes ces beautés et toutes nos chances au moment où elles se présentent, dans l'attention et avec intensité !

— Tu veux dire : vivre ici et maintenant !

C'est une joie de *savourance*, comme dirait Joy, et c'est une belle joie, mais telle n'est pas la joie parfaite, s'amusa Théophane. Quand il fait beau, il y a toujours quelqu'un – jusqu'à cette petite voix à l'intérieur de nous-même – qui vient jeter le trouble en disant : « Ça ne va pas durer ». Le fait de savourer la journée sans s'attarder aux nuages annonciateurs de variations, de turbulences et de changements climatiques inopinés, témoigne d'une bonne disposition du cœur assurément. Mais il faut aller plus loin dans cette fameuse *Espervérance* dont parle joliment Joy : la persévérance dans l'espérance. Il faut en arriver à trouver qu'il fait « beau » même sous une pluie insistante. Oui, parvenir à trouver la pluie belle, et se réjouir aussi de sa venue, même si notre attente préalable est contrariée, même si l'on espérait le régne sans partage du soleil. Alors, si l'on sait chanter sous la pluie aussi allègrement que sous le soleil, si l'on se trouve d'un égal entrain dans une humble chaumière ou dans un somptueux palais, si foncièrement l'on se sent aussi proche de nos proches quand ils sont d'accord avec nous que lorsqu'ils nous contrarient, si après un mouvement de discorde ou un grave éloignement, notre cœur est empressé de restaurer les liens de la paix, si l'on continue de s'ouvrir à l'autre après avoir subi l'offense ou l'indifférence, si nous ne faisons pas dépendre notre bonheur de conditions extérieures fluctuantes ou de critères dont nous n'avons pas la maîtrise, bref si nous n'avons de cesse de fixer en nous le sentiment de l'unité comme un clair horizon, et de ne pas nous en laisser distraire par telle contrariété ou telle sombre humeur passagère, alors nous sommes prédisposés à connaître ce quelque chose d'inaltérable qu'est la joie parfaite.

— Ben dis donc ! fit Joy, qui ne manquait jamais l'occasion d'un bon mot, je me demande si ce ne serait pas plus simple de grimper directement au paradis le long d'une corde à nœuds !

— En réalité, rétorqua Théophane, la joie est toute simple comme une petite fille qui sautille à la marelle ! Si sa présence nous paraît si improbable ou inaccessible, c'est parce que nous avons inventé des jeux très tarabiscotés dans les relations humaines et que nous laissons trop souvent osciller notre cœur entre l'oubli de ce qui nous relie et la présence insistante de notre moi impérieux.

« Arrêtez-vous un instant, mes amis, cela mérite que l'on s'y attarde. Ma thèse sur la joie parfaite m'a conduit à aborder les Béatitudes.

Et savez-vous d'où vient ce mot, qui évoque à la fois le bonheur et la bénédiction ? La traduction littérale de Béatitude en grec désigne « celui qui possède une joie intérieure incapable d'être affectée par les circonstances qui l'entourent ».

« Sur cette joie invulnérable, j'ai écrit une sorte de prière que j'aimerais partager avec vous… et avec François d'Assise qui, sur ces mêmes terres que celles que nous foulons aujourd'hui, mit tant de cœur à délivrer ce bonheur ardent né de l'osmose entre le Créateur, la Création et les créatures que nous sommes.

Théophane ferma les yeux avant de joindre ses mains lentement et commença :

— Ma force réside toujours dans la faiblesse, dit Dieu, car ma puissance est de conversion.

Confiez-moi le mal, je réveillerai le pardon.

Confiez-moi l'injustice, j'irai chercher la miséricorde.

Confiez-moi la crainte, je la lierai d'amitié avec l'espérance.

Confiez-moi l'insensé, sur ses contreforts, je bâtirai ma sagesse.

Confiez-moi un monde en ruine, je le ferai renaître de ses cendres.

Confiez-moi un manque, j'en ferai un plein, peut-être même une plénitude.

Confiez-moi du fumier, j'y ferai s'épanouir une rose.

C'est Joy qui formula le mot de la fin :

— Confiez-moi votre vie fragile, je vous donnerai la joie complète !

Détenait-elle ces paroles de sa propre inspiration ou d'une confidence préalable du moine ?

Frère Théophane laissa le petit groupe en suspens sur cette oraison pleine d'Espervérance, puis se remit en marche avec vigueur en lançant : « Réjouissez-vous et soyez dans l'allégresse ! »

32.

Révélation

Joël avait décidément bien des raisons de s'interroger sur cette curieuse université d'été où l'on passait son temps à discourir de Dieu, du bonheur et de la joie parfaite, avec la même aisance enjouée que d'autres parlent d'automobiles, de météorologie, de gastronomie ou de voyages. Il se demanda si ce n'était pas un jeu de piste grandeur nature auquel il avait été convié.

Son esprit commençait à prendre cette tournure mystique qui consiste à faire coïncider les signes du ciel et les événements de la terre dans une logique à la fois naturelle et insoupçonnée.

La Cittadella lui fit subitement songer à la citadelle intérieure évoquée par Goethe, siège de la liberté de l'esprit. Seigneur de ce noble lieu, Tommaso apparaissait comme le héros moderne ayant réussi l'exploit de transmuer les icônes d'ordinateurs en icônes byzantines, de convertir une vie de riche en richesse de vie, en rapprochant dans une alliance improbable et pourtant réussie la divine pauvreté à une destinée de milliardaire. Pour sa part, Sagamore, le petit seigneur des ruisseaux et des sources, n'était-il pas venu de manière providentielle pour rappeler qu'il nous faut être de bons sourciers dégageant la source afin que l'eau puisse jaillir ?

Quant à Joy, elle était, par son nom et sa nature, le symbole de la joie parfaite : sa santé fragile ne la désignait-elle pas comme une passeuse d'espérance indiquant que, oui, c'est par le chemin de ronces que l'on atteint la clairière de la joie, le seuil où tout s'ouvre et où les perspectives s'élargissent ? Elle incarnait véritablement la joie de l'enfance et l'enfance de la joie.

Joël se demanda par quelle maligne distraction il avait pu passer si longtemps à côté de vérités aussi proches de ses idéaux sans les remarquer ni les reconnaître. Comment il avait pu se détourner d'évidences mystiques qui s'inscrivaient depuis toujours dans sa vie et que, par orgueil ou entêtement, il s'était ingénié à méconnaître. « La vérité surplombait ma vie, se dit-il, et je ne le savais pas, car je ne portais pas mon regard vers le haut. »

Aussi ce soir-là, fourbu par ces longues marches à travers les campagnes sauvages et oubliées de contrées bénies des dieux, Joël accorda-t-il une attention inhabituelle au bénédicité de Frère Théophane :

« Seigneur, mets la légèreté dans notre corps, l'amour dans notre cœur et la détermination dans notre esprit ».

Il s'enquit de mettre en œuvre ce programme à la lettre, comme s'il se fut agi d'un régime dont sa santé dépendait. Ce qui n'était pas tout à fait faux.

Alors qu'elle s'apprêtait à s'endormir, Marie-Aimée entendit un léger bruissement et alluma subitement la lumière. Elle détestait, dans les maisons de campagne, la promiscuité des souris et des loirs, et craignait fort que ce bruit feutré ne soit l'indice de cette peu avenante engeance. En auscultant les recoins de sa chambre d'un œil rapide et effarouché, drap remonté jusqu'au cou, elle découvrit bien autre chose : une enveloppe furtivement glissée sous sa porte. Était-il si sûr que cette intrusion soit plus inoffensive que celle qu'elle redoutait d'abord ? Dans le silence de la grande maisonnée et surtout dans l'espace plein de résonances de sa maison intérieure, elle crut entendre Frère Théophane : « Veiller, c'est se tenir prêt. La veille réclame des qualités oubliées : la disponibilité intérieure, l'attention vigilante, la quête de la paix du cœur, le calme après le tumulte ».

Son cœur se mit à battre la chamade : sur l'enveloppe, elle venait de reconnaître l'écriture du correspondant anonyme qui l'avait poursuivie de ses platoniques assiduités durant plusieurs années. Détenait-elle enfin la clé de l'énigme ? Ses mains tremblèrent au moment où elle découvrit le message suivant : « Merci d'exister. Et d'exister si joliment ! » Au fond de l'enveloppe se trouvait un papier indiquant : *impalpable et très précieuse poussière de soleil recueillie sur les chemins de lumière d'une journée de bonheur en Toscane, Italie.*

Marie-Aimée resta figée sur place.

« Est-ce possible ? » se dit-elle. Jamais elle n'aurait imaginé pareil dénouement. Des larmes lui montèrent aux yeux. Son cœur s'emballait. Tant de sentiments se bousculaient en elle ! Elle sortit précipitamment de sa chambre. Tout au bout du long couloir, dans l'embrasure d'une fenêtre grande ouverte, une silhouette, qu'elle n'eut pas de mal à reconnaître, se détachait sur un fond de nuit étoilée. Elle courut pieds nus, simplement vêtue d'une chemise de nuit romantique en coton blanc. Elle s'immobilisa un instant, comme saisie de panique ou d'émotion ; la silhouette fit volte-face et Marie-Aimée se jeta dans les bras de Tommaso qui l'étreignit éperdument.

« Impossible de se perdre ici, s'était-il exclamé la veille au sujet de Joy, en revanche il est un autre risque : se trouver ». Tommaso avait-il conscience du caractère prémonitoire de cette expression, ou s'était-il simplement *laissé vivre* ?

Tommaso et Marie-Aimée passèrent une bonne partie de la nuit debout devant cette fenêtre ouverte sur l'incommensurable, à se raconter, à se chuchoter des confidences et des serments, à caresser leurs visages, à se boire du regard, à entremêler leurs mains, à s'émerveiller l'un de l'autre comme deux adolescents romantiques d'un siècle passé, mêlant à leur histoire d'amour toute la mystique des Noces Éternelles.

En parcourant en quelques secondes tout l'étage de la Cittadella, Marie-Aimée avait eu le sentiment de remonter le couloir de l'espérance et d'abolir la frontière entre distance et proximité, présence et absence, humilité et richesse, désir et accomplissement. Comme si de son cœur jaillissait une source qui, par son intarissable prodigalité, réconciliait tous les contraires au point de faire danser ensemble l'instant et l'éternité. « Nul ne sait le jour ni l'heure », avait prophétisé Théophane. Et ce jour, enfin, dans l'ordre de l'amour, était arrivé avec l'imprévisible évidence d'un rendez-vous préparé de toute éternité.

Joy avait remarqué qu'en remplaçant dans un texte le mot CROIRE par le mot AIMER, le sens du texte restait inchangé. N'était-ce pas le signe qu'il est impossible de croire sans aimer ni d'aimer sans croire ? N'était-ce pas la preuve que le *Je t'aime* des amoureux peut être traduit ainsi : *Je crois en toi* ?

Ce sont justement les premiers mots que Tommaso avait chuchoté à l'oreille de Marie-Aimée : « Je crois en toi ». C'était la première fois qu'il la tutoyait. La première fois aussi qu'il s'était décidé à lui exprimer ses sentiments, avec une sorte de timidité d'extrême-adolescence qui contrastait étonnamment avec l'homme madré qu'il était supposé incarner dans ses pérégrinations mondaines. Tommaso se trouvait dans l'inaugural, dans l'extrême vulnérabilité de ceux qui ouvrent leur cœur tout grand, au risque d'y voir s'engouffrer la déception en même temps que l'espérance.

Le milliardaire qu'il était allait explorer la pauvreté radicale du cœur lorsqu'il fait dépendre son bonheur du bonheur d'un autre. Ce faisant, il allait découvrir l'immensité des richesses du dedans.

33.

La fête toscane

Le lendemain de ces fiançailles secrètes, la ferveur des retrouvailles battait son plein. Nombre d'amis de Tommaso, des camarades de jeunesse, avaient répondu à l'appel du seigneur et maître de la Cittadella. Beaucoup d'entre eux étaient mariés et étaient venus avec femme et enfants. Un joyeux charivari festif emplissait la cour, amplifié par la vitalité babillarde des enfants et la mélopée cadencée des grillons. L'esprit de la fête partageait ses faveurs entre le délassement, le jeu et l'allégresse. Des exclamations ponctuaient les rencontres ou l'évocation d'instants mémorables. Lorenzo, l'ami d'enfance qui n'avait jamais quitté la région, galégeait comme un frère avec Tommaso et, bras autour de l'épaule de son ami pour mieux recueillir ses confidences, l'interrogea avec une taquinerie juvénile sur la très jolie brune qui l'accompagnait, et qui n'était autre que Marie-Aimée. Tommaso répondit de manière équivoque qu'ils s'étaient rencontrés la nuit précédente, et s'empressa d'ajouter qu'il lui faisait la cour depuis plus de deux ans, de manière clandestine. Lorenzo lui fit remarquer que la *buona fortuna* l'accompagnait toujours depuis son enfance, et qu'il n'avait jamais douté que la fortune de cœur apparaîtrait dans sa vie de manière aussi éclatante que sa fortune d'argent. Tommaso lui confia aussi que Joy avait été son garde-bonheur et que s'il s'était si bien remis de son accident, c'est probablement que cette petite fée, détentrice des plus purs secrets de la vie, avait bouleversé son cœur et réformé définitivement sa manière de considérer l'existence. La devise que Tommaso avait faite sienne ne lui avait pas été inspirée par quelque grand penseur, mais par cette gamine toute frêle et toute blanche sur son lit d'hôpital : « Mieux vaut richesse dans ton cœur qu'au bout de tes doigts ! » Il avait fait graver cette devise sur la pierre d'une fontaine dans le jardin de la Cittadella, comme il avait fait graver le galet de joie parfaite pour Joy.

Tommaso était un homme de serments ; c'était une manie chez lui de vouloir éterniser des mots, tout comme de se référer aux paroles d'une éternelle actualité émanant des livres saints.

— Peut-être, déclara Tommaso, est-il dans la nature humaine de toujours se projeter dans l'avenir. Quand on est enfant, on dit : « Quand je serai grand… ». Plus tard, on dit : « Quand je serai riche… » Ce qui revient sensiblement au même. Cette tentation, toujours, de se hausser au-dessus de soi-même, de dépasser sa condition du moment. Joy, pour sa part, vit dans le présent, mais sait aussi y mêler de l'éternité. Elle n'est pas dans l'inquiétude des lendemains, puisqu'elle sait s'abstraire du temps et, comme elle le dit, « vivre au temps de Dieu ».

Tommaso et Lorenzo s'éloignèrent dans le parc, brûlant d'approfondir quelques-uns des thèmes essentiels qui avaient décidé jadis de leur amitié.

Joël émergea dans la cour tandis que le soleil était à peu près à son zénith. À l'heure où, nuitamment, Tommaso découvrait ce que Joy appelait « son amour fou », Joël abordait lui aussi à sa manière une autre existence, une autre folie d'amour. Assoiffé de sens et de lumière après cette promenade où la beauté du dehors venait revivifier celle du dedans, il avait passé la nuit dans la bibliothèque avec une notion renouvelée du temps, ce temps que saint Augustin définissait comme « l'image mobile de l'immobile éternité »... Il venait de prendre conscience que la proximité de Dieu donne une force, une audace et une sérénité incroyables ! Frère Théophane, qui l'avait dérouté ou agacé plus d'une fois par ses emphases d'illuminé, devenait pour lui comme un éveilleur de conscience. « La foi est pour moi, l'élan d'un assoiffé d'amour à la recherche de la source oubliée et du trésor perdu », lui avait confié le moine. Et il se reconnaissait dans cet assoiffé-là. La veille au soir, tandis que Joy avait souhaité à tous une « bonne et heureuse nuit », le moine avait rejoint ses appartements après avoir lancé avec une vigueur joyeuse cette exhortation de saint Paul :

— « Frères, soyez toujours dans la joie. Priez sans relâche, rendez grâce en toute circonstance ! »

En le perdant de vue dans l'escalier, on eut dit que c'est au paradis qu'il montait.

Et Joël, malgré la fatigue de la journée, s'était

senti mu par une extraordinaire énergie intérieure. Impossible pour lui de s'abandonner à la clarté des songes. Il n'était pas tout à fait sûr d'avoir l'éternité devant lui. Il lui semblait qu'il avait perdu tellement de temps à vivre à côté de lui-même ! Cerné de toutes parts par ces apôtres du réenchantement, Théophane en tête, Joy en chœur, il s'était laissé prendre au jeu de la joie parfaite. Et dans ce jeu, il le pressentait, il avait tout à gagner.

Après cette balade en « joie parfaite », cette contrée méconnue et secrètement enfouie de notre arrière-pays intérieur, Joël s'aperçut à quel point il s'était mépris sur la bonne religion. Il découvrait, ébahi, la *vita illuminativa* qui relève de la sobriété du regard et de la flamme de l'esprit. Il apprenait à saisir le divin jusque dans le vin de la fête, et partout ailleurs : dans la clé de voûte comme dans la pierre qui recueille l'eau des fontaines, dans les fruits gorgés de saveur et de soleil, dans les paroles de Frère Théophane comme dans cette densité particulière du silence entre la veille et le sommeil. « L'ombre de Dieu, avait dit Frère Théophane, est comme celle du vitrail : c'est de la lumière encore. Il n'est donc pas de recoins obscurs en nous où ne puisse s'immiscer la lumière. »

Sagamore aimait ce groupe qui, dans la ferveur méditerranéenne, savait concilier tous les contraires, pourvu qu'ils expriment une vérité vivante et savoureuse : le feu de l'action comme celui de la méditation, les joies du dehors comme celles du dedans, l'enivrement dionysiaque et la silencieuse sérénité contemplative. Il s'étonnait de constater la joie débordante de Frère Théophane qui prétendait ne trouver sa plénitude que dans le silence du monastère, et qui manifestait tant d'aisance à s'insérer dans le monde. Était-ce cette faculté « d'intérioriser le cloître » qui lui permettait d'être ici tout en étant ailleurs, de se montrer pleinement présent aux autres sans jamais s'éloigner de la Présence, d'exprimer en somme tout son élan fraternel, que ce soit derrière le calice ou devant un verre de Chianti ?

L'amitié fut si chargée en éloquence et en partage en cette journée que le repas du midi faisait la jonction avec le repas du soir sans que l'on s'en aperçoive.

À l'heure où les murs de la Cittadella s'illuminaient sur un fond de collines d'or bruni et que la terrasse était sublimée par une lumière diaphane et ambrée, des enfants alertèrent Tommaso de l'arrivée de plusieurs automobiles sur le chemin d'accès de la propriété. Des bruits de moteur, de plus en plus perceptibles, annonçaient en effet l'arrivée de plusieurs véhicules, qui firent halte à l'entrée du parc.

— Alors, vous êtes venus ! s'exclama Tommaso. Comme au bon vieux temps ! Venez mes amis, restaurez-vous ! Il n'est plus rien à attendre pour être heureux : que la fête commence !

La fête avait commencé le matin même, mais elle redoublait à présent, grâce à l'arrivée de villageois qui connaissaient Tommaso depuis son plus jeune âge et qui n'avaient pas leur pareil pour animer la fête de leur joie de vivre et de leurs instruments de musique. Quand Sagamore et Joël virent s'animer mandolines et banjo, ils semblèrent se passer le mot et coururent chercher qui son accordéon diatonique, qui sa flûte de roseau. Et au fur et à mesure de la tombée du soir, la musique montait en puissance et en rythme. Sagamore fit tournoyer Joy, puis une grande farandole se composa spontanément. L'Irlandais, qui avait apprivoisé le Chianti avec la même allégresse que les Châteauneuf-du-Pape goûtés à Paris, entraînait dans la danse la jolie

Angelina, tandis que Nabil parvenait à convaincre Mamika de jouer un air au piano. Marie-Aimée, radieuse et attendrie, semblait contempler tous ces visages comme les fragments lumineux d'un kaléidoscope qui restituait les images changeantes d'un même bonheur.

Nabil était allé glisser un mot à l'oreille de Tommaso, qui demanda un instant de silence après avoir invité Marie-Aimée à le rejoindre. Prenant celle-ci par la main, Tommaso déclara avec la solennité un brin théâtrale que chacun lui connaissait :

— Mes amis, je ne peux vous tenir plus longtemps à l'écart des grandes nouvelles de ce monde ! Je vous présente ma bien-aimée, celle qui, au terme d'une cour à la fois assidue et distante de ma part, a consenti à m'accepter comme compagnon d'éternité !

Une ovation accueillit la nouvelle, tandis que Nabil avait ouvert les fenêtres du salon afin que chacun pût entendre Mamika jouer au piano un air délicat et nostalgique : *la Valse du Recommencement*. Tommaso se mit à danser avec Marie-Aimée, et chacun admira rêveusement ces deux-là, beaux et racés comme des êtres rares élus par la Providence et qui dansaient l'amour avec tant d'élégance.

— Jamais une femme ne paraîtra plus belle que dans le regard de celui qu'elle aime, sourit Mamika.

Joël se hasarda à accompagner l'air de son accordéon, et Sagamore ajouta les notes de sa flûte. L'atmosphère entraîna les autres à ébaucher eux-mêmes des pas de danse, et la fête reprit de plus belle. Au terme de cette valse fameuse, Lorenzo interrompit à son tour la joyeuse assistance, que rejoignait Mamika sous les applaudissements nourris des musiciens accompagnateurs. Il tenait à rapporter à Marie-Aimée l'une de ces moralités légendaires qui avaient beaucoup marqué Tommaso, et qui venait d'un petit village au bord du Lac de Garde. Il s'agissait de l'éloquent dialogue entre un petit pêcheur modeste et son cousin, riche homme d'affaires milanais qui l'interpellait avec condescendance :

— Tu devrais acheter des filets, tu pêcherais plus de poissons !

— Eh ! Pour quoi faire ?

— En pêchant plus de poissons, tu pourrais t'acheter une petite barque et en pêcher encore davantage, au large…

— Peut-être bien. Et cela m'avancerait à quoi, au juste ?

— Eh bien, tu aurais les moyens d'acquérir un vrai bateau de pêche et de multiplier les prises !

— Et après ?

— Après, gros nigaud, tu pourrais accroître le nombre de tes bateaux, devenir patron et capitaine, et constituer petit à petit une véritable flottille. Tu imagines : le pactole !

— Ma foi, oui. Et alors ?

— Alors ? Mais tu deviendrais riche, très riche, au lieu de taquiner misérablement le bouchon en passant tes journées assis sur un quai. Tu pourrais t'offrir tout ce qui te fait plaisir, tu serais estimé, envié, respecté…

— Bon. Et après ?

— Mais enfin, réfléchis ! Tu aurais une place au soleil, tu pourrais vivre heureux, libre et tranquille, prendre du bon temps, faire ce que tu veux, tout ce dont tu as toujours rêvé…

— Ah ! répliqua le petit pêcheur au sourire lumineux. Et qu'est-ce que tu crois que je suis en train de faire en ce moment ?

Le sketch était excellemment interprété par Lorenzo et toute l'assistance se mit à rire de bon cœur.

— C'est ce grand bonheur tout simple que

je vous souhaite ! ajouta encore l'ami d'enfance en levant son verre en direction de Tommaso et de Marie-Aimée.

Sagamore s'approcha de Mamika qui admirait rêveusement les scènes d'amitié et de tendresse, en songeant à un tableau de Monet, et à ces propos du célèbre peintre : « Ce que je rapporterai d'ici sera la douceur même. Du blanc, du rose, du bleu. Le tout enveloppé dans un air féérique ».

Frère Théophane se tenait un peu en retrait de cette liesse collective. Il goûtait à la montée du soir et à la fraîcheur revenue, dans l'ombre généreuse d'un pin parasol.

— Frère Théophane, le pauvre de moi a besoin de se sentir millionnaire en sentiments. Donne-moi une parole, une parole très riche !

Tommaso, le milliardaire mendiant d'amour, se tenait devant lui et Théophane n'avait pas la moindre idée de ce qu'il allait répondre dans une semblable circonstance.

Le moine pensa à tous ces petits riens que *trésorisait* patiemment Joy, à sa collection de sourires, à sa plume de tourterelle et à son galet ovale. Il pensa à cette excursion merveilleuse dans l'arrière-pays de la joie parfaite. Il contempla tout le sens de la présente fête, le vin qui coulait à flot, les plats délicatement présentés, les fruits savoureux qui débordaient des coupes, le rire clair des enfants, les sourires d'amitié qui se glissaient dans les regards complices, et puis la pétillante jubilation des musiciens qui s'évertuaient à mettre toute cette joie en rythme et en harmonie.

À l'attente fébrile de Tommaso, Frère Théophane s'entendit répondre par cette étrange question :

— Quel total d'amour fera la somme des choses qu'on ne compte pas ?

34.

La souffrance et la grâce

— C'est incroyable tout ce que l'on peut vivre dans deux ou trois toute petites journées ! Un jour, parfois, c'est comme dix mille ans !

Rien d'étonnant, après de telles paroles, que Joy se sentit fatiguée ! Une fois de plus, sa santé chancelante lui jouait des tours.

— Tu te rends compte : c'est la nuit à l'envers ! Après ma nuit à la belle étoile, je dois regagner mon lit…

Ce ton badin dissimulait mal la grande fatigue de Joy. Après un temps de silence, elle consentit à s'ouvrir des perplexités qui occupaient instamment son esprit :

— Théophane, je voudrais que tu me répondes franchement. Est-ce qu'on peut mourir de vivre, tu crois ? Je veux dire : est-ce que si l'on vit trop intensément, on ne risque pas de se couper du monde, de se sentir happé par l'infini, par une dimension autre, plus complète ? Parfois, j'ai l'impression de tellement aimer la vie que ce sentiment ne peut tenir dans ma toute petite poignée de vie. J'ai l'impression qu'il faut qu'une main s'ouvre pour libérer tout ce qui ne peut être retenu, pour que cette surabondance s'accomplisse pleinement. Et j'ai le sentiment curieux que certaines choses ne pourront éclore que dans la mort... Est-ce que c'est juste, ce que je dis, ou est-ce que je suis un p'tit peu folle ?

— Tu es dans la nostalgie de l'exil, Joy : tu as envie de rentrer au pays, de retourner à Dieu comme on rentre chez soi. N'est-ce pas un peu cela ?

— Un p'tit peu, oui. Et ce n'est pas trop noir, comme idée ?

— Mon Dieu, je dirais que c'est plutôt une vision d'illuminé, de quelqu'un qui pressent ce que doit être la pleine lumière, sans pouvoir en soutenir l'éclat... Il ne faut pas t'interdire de penser à des choses comme ça.

— Tu sais, Théophane, ça dilate le cœur, on se sent très très heureux, mais à la fois on a très mal aussi ! Et contrairement aux piqûres d'orties, eh bien même si on serre les dents, la douleur ne passe pas… Il faudra lui dire, au prieur, que la souffrance est peut-être l'empreinte en creux de la joie. Il n'est pas dit qu'il faut la faire disparaître…

Visiblement très ému, Frère Théophane avait pris les deux mains de la fillette et la scrutait avec un étonnement admiratif :

— C'est une vision très pure que tu as, Joy, très pure vraiment…

— Tu parles ! J'ai encore beaucoup de choses à apprendre ! Tandis que toi, impossible de passer dans la classe supérieure : tu es déjà un moine parfait !

Théophane avait toujours cherché à transmettre le sens par effusion. « Par infusion » avait compris Joy qui ne croyait pas si bien dire : laisser infuser pour délivrer la pleine saveur…

Joy avait eu son petit sourire ravissant, avant de reprendre gravement :

— Tu sais, ce n'est pas la mort qu'il faut redouter, c'est la mort de l'amour. Il faut veiller jour après jour sur l'amour. C'est le travail le plus important du monde ! L'arc-en-ciel, quand j'étais toute petite, je pensais qu'il était venu décorer le ciel pour toujours, et que ce serait toujours comme cela, en face de la maison. Quand on est petit, on croit que les choses que l'on découvre sont installées depuis toujours et pour toujours. On a de la peine à concevoir que ce qui apparaît puisse disparaître aussi.

« Lorsque tu parlais de la joie parfaite l'autre jour, il suffisait de lever la tête pour voir le chemin monter vers le sommet de la colline. Il y avait un grand arbre sur la crête, disons l'arbre de vie, qui se détachait dans le ciel, et le chemin s'arrêtait. Non, il se poursuivait dans un nuage. On aurait dit qu'il continuait là-haut ! Mon Dieu, si tu savais comme j'ai rêvé en plongeant mes yeux dans les merveilleux nuages ! Il me semblait voir des formes qui ne ressemblent à rien de ce que l'on voit sur terre, et c'était attirant comme un aimant. Tiens, ça m'est arrivé avant-hier de m'arrêter devant un panorama et d'avoir l'impression d'être tout à fait au bout du monde. Je me demandais comment résister à cet appel de l'univers entier et si, un jour, je n'allais pas être emportée par le vent, le ciel, l'immensité des sphères ! Tu vois, ce qui est arrivé à Marie-Aimée, d'être emporté par l'amour, après avoir reçu des signes mystérieux pendant des années, eh bien je crois que ça peut arriver de la même façon avec l'amour de Dieu !

Après avoir doucement frappé à sa porte du bout de l'ongle, Tommaso entra dans la chambre de Joy, suivi de Marie-Aimée.

— Joy, apporte-moi la balayette, je te prie. Il y a encore des éclats de rire qui traînent sous la table ! tenta de plaisanter Tommaso.

— Oh, Tommaso ! répliqua Joy tout attendrie. Comme tu étais beau avec Marie-Aimée ! Comme je suis heureuse de tout cela ! Il y a des moments où je craque de joie. Et la fête était si réussie !

Joy serrait dans sa main le galet ovale qui lui servait à jouer à la marelle et que Tommaso avait fait graver à son prénom.

— C'est l'histoire d'un petit caillou tout gris, très triste parce que personne ne fait attention à lui… jusqu'au jour où une petite fille le saisit dans sa main et le regarde si joliment qu'il se prend pour une pierre précieuse. N'est-ce pas, Tommaso, que c'est la pierre de la joie parfaite ?

Tommaso posa sa main sur la main de la petite :

— Jolie Joy ! J'ai une faveur à te demander. Tu l'as compris, Marie-Aimée va devenir

Marie ma bien-aimée. Nous aimerions célébrer notre alliance dans la petite chapelle. Et nous avons pensé demander à Sagamore et à toi d'être nos témoins.

La petite se mit à pleurer.

— Tu es contrariée ? demanda doucement Marie-Aimée.

— Non, répondit Joy entre deux hoquets, je suis épouse… épous… époustouflée ! Et Frère Théophane… il a accepté ?

— À ton avis ? Sais-tu ce qu'il nous a dit ? Après deux ans de réflexion, deux jours pour se décider c'est presque trop long !

— En plus, après tout ce que l'on a échangé sur la joie parfaite, vous avez peu de chances de rater votre examen de mariage ! s'exclama Joy. En tout cas, c'est drôlement chic d'avoir pensé à moi ! J'essaierai d'être une petite fille d'honneur parfaite. Mais il faudrait que ce ne soit pas trop long, car je ne tiens pas vraiment debout !

— Rassure-toi : ce sera dans l'intimité de la cour de Rohan ! Comme on ne fait pas les choses comme les autres, la fête, on l'a déjà célébrée ! C'était hier soir. Il y a autre chose qui ne se fera pas comme les autres…

— Chouette, alors ! Et c'est quoi ?

— Eh bien, disons… En deux ans, on aurait pu y penser, mais voilà : on n'y a pas pensé !

— Mais c'est quoi ? insista Joy, vaguement inquiète.

— Les alliances. Elles ne seront pas prêtes pour la cérémonie !

— Alors ?

— Eh bien alors, nous avons une autre faveur à te demander…

— Dis toujours !

— Il faudrait que tu ailles sur la colline, que tu penses très fort à la joie parfaite, sans te laisser distraire, et que tu cueilles deux longs brins d'herbe, pas forcément les plus beaux, ceux qui te viennent sous la main lorsque tu te penches, comprends-tu ?

— J'ai compris ! C'est pour fabriquer des anneaux d'espérance… C'est d'accord ! Seulement je vous préviens, les amoureux, vos brins d'herbe, ils ne vont pas durer longtemps ! Faudrait pas trop tarder à trouver l'anneau d'or des Noces Éternelles !

Marie-Aimée et Tommaso pouffèrent de rire :

— C'est promis, Joy ! On y pensera !

Et comme il était dit qu'ils ne feraient décidément pas les choses comme les autres pour ces noces célébrées dans l'intimité, Marie-Aimée apparut au coucher du soleil dans la petite chapelle romane, pieds nus et dans sa chemise de nuit blanche, le front ceint d'une simple couronne de lys blancs tressée par Mamika. Elle ressemblait ainsi à une nymphe gracieuse surgie d'un conte ou d'un rêve. Cette fraîcheur, liée aux sources vives et jaillissantes, à la végétation luxuriante des forêts, à l'ombre fraîche des grottes, à la verdure fleurie des prés, correspondait à l'imaginaire de Tommaso et à son désir d'authenticité originelle. Celui-ci avait revêtu pour l'occasion la noble redingote d'un aïeul, qu'il avait conservée jusqu'alors comme une précieuse relique.

En guise d'offrande, Angelina avait confectionné un grand pain de campagne en forme de couronne estampillée d'une croix farinée. Sagamore, lui, avait composé un surprenant bouquet de fleurs des champs qu'entourait, dans une sorte de mouvement affectueux, la branche sèche et extraordinairement sinueuse d'un genévrier.

Théophane prononça des mots étranges et beaux. Il annonça que le bonheur consiste à transformer la mélopée de la routine par la musique du rituel. Il dit que la vie, peu à peu, se charge de mettre en place les matériaux et les moyens, et que nous, nous sommes conviés à la mise en œuvre… Il déclara que ceux qui ont faim de Dieu sont une nourriture pour le monde. Il rappella les vertus de l'attention : « Aimer quelqu'un, ce n'est pas seulement l'aimer ici et maintenant. C'est l'aimer dans son devenir, et jusqu'à son imprévisible. Et donc, être fidèle n'est rien d'autre que réinventer sans cesse l'enthousiasme originel d'une alliance entre deux êtres. »

Il évoqua aussi le Front de Libération de la Joie de Vivre en déclarant : « Libérons la joie de vivre. Car elle est captive, elle souffre de trop d'accaparements jaloux et de cercles fermés. Il est dans la nature de la joie de se propager, de se partager, de s'étendre. Plus la joie fait don d'elle-même, plus elle est abondante. »

Et il conclut par cette sobre et obligeante exhortation : « Soyez heureux. Restez heureux. Rendez heureux. Que demeure entière votre joie, ferme votre espérance et constante votre charité. »

Le moment venu, Joy, le visage tout éclaboussé de bonheur, tendit sur une petite coupelle en argent les deux anneaux confectionnés avec des brins d'herbe cueillis sur la colline et qu'elle avait délicatement torsadés.

Tommaso, rayonnant, ajouta à la collection de sourires de Joy, des specimens tout à fait rares. Joy découvrit Marie-Aimée « en émerveillance » et se plut à reconnaître dans son profil de madone quelque chose de la statue de sainte Thérèse de Lisieux qui, à l'église Saint-Germain, l'avait tant fascinée.

Le singulier cortège dont le soleil couchant projetait l'ombre chinoise, parcourut ensuite le chemin de crête qui le séparait de la Cittadella, au pas lent des promeneurs du soir enclins à éterniser la beauté du jour.

Joy voulut offrir un cadeau d'alliance à Tommaso et à Marie-Aimée, et le plus beau présent qu'elle ait jamais su exprimer était celui de la joie. C'était aussi sa réponse de bonheur dans le débat qu'avait initié Tommaso sur la terrasse de son appartement parisien. Joy s'assura tout d'abord que chacun était prêt à accepter sa règle : recevoir sa réponse dans le creux de l'oreille puis la glisser dans l'oreille de son voisin. C'était sa manière de communiquer non pas avec tous, mais avec chacun.

Frère Théophane s'exécuta de bonne grâce, tendit l'oreille, transmis à Joël, qui chuchota à son tour à Tommaso, lequel sourit avec un air entendu avant de passer le mot à Marie-Aimée, et ainsi de suite.

C'était un tout petit mot, mais qui avait le pouvoir de provoquer un grand silence et qui s'apparentait davantage à un murmure qu'à une parole. Et ce mot murmuré, c'était : Chut !

La petite habituée de la Maison du silence-qui-parle connaissait le pouvoir des mots qui ne se disent pas, qui remontent librement dans le secret des secrets, en apaisant les contradictions désordonnées dont sont souvent tissées les discussions.

De par sa vocation monastique, Frère Théophane le savait plus encore que les autres : si la communication est un art, la communion est l'art suprême.

En invitant à déposer délicatement la parole dans l'écrin du silence, Joy en faisait le trésor des trésors, le désir dans l'attente, la méditation dans l'action, le puits dans le désert, l'immobilité triomphante dans le mouvement souverainement actif de l'Esprit.

En suscitant le silence, elle provoquait la

mise en repos des intentions et des volontés personnelles. Elle exigeait l'attention à l'autre, la tension vers l'autre.

Et tout cela se passait très bien de mots.

Joy se glissa entre ses amis et, d'une assistance éparse, fabriqua une chaîne de fraternité, simplement en plaçant les mains des uns dans celles des autres. Quand tous, à sa sollicitation expresse, se retrouvèrent main dans la main, Joy alla à reculons jusqu'au bout de la terrasse, afin d'avoir assez de recul pour contempler ses amis un par un. Elle était ravie et ravissante. Face aux hôtes de la Cittadella, elle fit onduler doucement sa main droite comme si le moment était venu d'initier une emblématique chorale de silence, un grand concert de connivence.

Cette manière d'inventer des rituels avec cette obstination généreuse ressemblait bien à Joy ! L'instant de la main dans la main ponctua un changement de décor. En abordant l'au-delà de la parole, un ange passa – ainsi qu'on l'y convie quand les bouches ne trouvent rien à dire – et s'attarda à cette scène surréaliste : sur la terrasse d'un palais toscan, par une nuit tout enveloppée de grillons et de mystères, une fillette d'une douzaine d'années tenait dans le respect du silence une assistance composée d'un moine au regard pur, d'un milliardaire au cœur tendre, d'une jeune provençale follement amoureuse, d'un troubadour impétueux, d'une exilée hongroise, d'un bon-vivant irlandais, d'un garde-du-corps marocain surnommé “le chevalier de l'Orient”, et d'un petit seigneur des ruisseaux et des sources parti un beau jour de son pays à la quête du bonheur. Jésus-Christ le Magnifique était sans doute là lui aussi, à sa manière, au creux de cette ferveur muette et immobile qui devait ressembler de si près à son éternité.

Frère Théophane fermait les yeux. Il avait au bord des lèvres un petit sourire extatique. La suprême relation, se dit-il, est un perpétuel et délicat ajustement dans le silence d'une relation toujours à l'œuvre. Il se promit de développer cette idée dans sa thèse sur la joie parfaite.

— C'est juste la bonne heure ! chuchota Tommaso à l'oreille de sa bien-aimée.

— C'est juste le bonheur ! répondit-elle dans un souffle.

Ce fut comme le parfum d'une présence dont on aurait voulu garder longtemps la réminiscence tant l'ambiance était douce, tant le silence était bon. Cette enfant n'avait-elle pas un nom prédestiné ? C'était le parfum de la joie qu'elle distillait ainsi par petites touches subtiles. Et chacun, en s'en imprégnant, finissait par respirer différemment et par s'en trouver changé. Sagamore lui-même, pourtant familier de cette petite musique des choses, commençait juste à comprendre que le chemin de la joie parfaite passait par cette grande et majestueuse forêt du silence.

Joy n'y allait pas par quatre chemins. C'était ce chemin précis qu'elle s'obstinait à suivre. Et elle entendait bien ne pas s'y aventurer seule.

Frère Théophane gardait les yeux mi-clos dans une béatitude priante qui le faisait murmurer en lui-même :

— Heureux ceux qui s'aiment assez pour savoir se taire ensemble et goûter dans le silence une proximité que nulle parole ne saurait combler. Béni sois-tu Seigneur de savoir mêler à nos instants un peu de ton éternité !

« Nous étions heureux, et en plus nous le savions ! » se dit Sagamore en devançant l'heure des nostalgies.

Au moment de s'endormir face à la fenêtre grande ouverte sur la nuit, Joy, mains sagement jointes sur la poitrine, subjuguée par l'infini béant et étoilé, murmura de manière à peine audible :

— Ce soir, je me suis sentie très heureuse et très éphémère. Merci mon Dieu, pour le monde !

Les grillons cadençaient la discrète petite musique de nuit. Une étoile filante s'était décrochée du ciel toscan avec la brièveté d'un clin d'œil céleste. Cette fois, Joy avait rejoint le pays des rêves pour de bon.

Le lendemain, à peu près à la même heure, tout sembla basculer vers les jours sombres. Les abords de la Cittadella était inhabituellement éclairés, et ce n'était plus jour de fête. C'était soir de tristesse : Joy n'allait pas bien du tout, et avait du mal à respirer. La Cittadella était trop loin du monde pour que Tommaso consente à prendre le risque de passer les jours suivants sans assistance médicale. Le médecin qui l'avait suivi après son accident était devenu un ami. Tommaso tenait absolument à ce que ce soit lui en personne qui se charge du sort de Joy, dont il connaissait déjà bien le passé médical. Tout avait été convenu par téléphone, Joy était attendue dans la nuit. Restait à rallier le sanatorium, à quelque quatre cents kilomètres de là.

Tommaso avait sorti de l'un des garages un bolide rouge dont le puissant moteur au feulement sourd faisait vibrer les fenêtres de la propriété. Le personnel de la Cittadella, rassemblé dans la cour, manifestait quelque inquiétude de voir resurgir le symbole d'un passé que Tommaso s'était longtemps attaché à exorciser. Joy fut sanglée sur le siège de la puissante automobile ; Tommaso enfila une valise dans la malle avant, donna d'ultimes instructions au personnel, embrassa Marie-Aimée sur le front et partit en trombe en soulevant un nuage de poussière. On entendit longtemps dans la campagne résonner le grondement sourd du moteur, puis tout s'apaisa à nouveau, et la Cittadella sembla gagnée entièrement par les profondeurs du silence.

Un souffle de mélancolie enveloppa l'âme des lieux. Dès le lendemain, Sagamore proposa à Marie-Aimée un projet dont l'approfondissement l'avait tenu éveillé pour ainsi dire toute la nuit. La jeune femme, qui n'avait pas oublié sa passion de libraire, trouva l'idée à la fois extravagante et splendide. Il s'agissait de rassembler tous les propos singuliers que Joy avait eu l'occasion d'exprimer sur la vie et d'en faire un livre. Marie-Aimée amplifia le rêve de Sagamore en suggérant de présenter l'ouvrage en question au Salon International du livre de Francfort, où se négociaient tous les droits étrangers, afin de propager l'esprit de Joy le plus largement possible.

N'était-ce pas dans la lignée des actions directes entreprises par le Front de Libération de la Joie de Vivre ? Sagamore, qui avait apporté dans leurs bagages le reste de la « petite fortune », fut tout à fait rassurée par Marie-Aimée sur la capacité de financer une pareille opération. Le but ultime, que l'un n'osait pas avouer à l'autre, était rien de moins que de maintenir vivante la petite Joy, en montrant à quel point sa présence au monde était bénéfique. Toujours en effet, les complications de santé qui l'affectaient succèdaient à un sentiment d'inutilité, de découragement, qui survenait comme le reflux d'une grande vague de ferveur.

Ils avaient un mois pour relever la gageure,

avant l'ouverture du Salon. Tommaso, averti du projet qu'il trouva excellent, était prêt à débarquer au pied levé à Francfort pour présenter le livre. Entre-temps, Joy se reposait dans le sanatorium situé à proximité du Lac de Garde, l'établissement même où Tommaso l'avait rencontrée pour se remettre de son accident.

La petite réclamait beaucoup Sagamore, et il fut décidé que celui-ci prendrait le train jusqu'à Vérone pour lui rendre visite. N'était-ce pas aussi l'occasion de recueillir quelques nouvelles intuitions de Joy, dans une perspective éditoriale ?

Frère Théophane accompagna Sagamore jusqu'à la gare, dans une voiture que lui avait préparée Giuseppe, l'intendant de la Cittadella. Hélas, peu familier du parcours, Frère Théophane mit beaucoup plus de temps que prévu pour arriver au village, au point qu'il était de plus en plus improbable que Sagamore puisse attraper son train.

— Je ne suis hélas pas un personnage assez important pour faire retarder le départ d'un train ! gémit Sagamore.

Déveine supplémentaire, une rue était barrée pour cause de travaux, de sorte que

Sagamore décida de sauter de la voiture pour tenter sa chance en courant à travers rues.

Malheureusement, il arriva après l'heure, et s'agrippa tout essoufflé au chambranle de la vieille porte vitrée qui donnait sur le quai. Le chef de gare l'interpella tranquillement :

— Eh ! Pas la peine de galoper comme ça ! Remettez-vous ! Le train a vingt minutes de retard !

Frère Théophane avait eu le temps de stationner son véhicule et déploya un large sourire en découvrant que Sagamore avait tout loisir de recouvrer sa sérénité et son souffle avant l'arrivée du train.

— Ce retard, c'est encore un coup monté de la Providence pour que tout se passe bien pour toi ! Tu vois que tu es un personnage important ! D'ailleurs, ne sommes-nous pas tous importants, puisque chacun d'entre-nous est unique au monde ! Tu rappelleras à Joy qu'elle aussi est unique au monde. Et tâche de lui faire prendre conscience qu'avec son livre, on n'est pas à l'abri d'un succès mondial !

35.

La présence dans l'absence

— Dis-moi quand, jolie Joy, quand tu as senti toutes ces richesses de la vie ? demanda Sagamore au chevet de la petite.

— Je crois bien que c'est le jour où j'ai entendu quelqu'un m'appeler « mon trésor ». C'est Mamika qui m'appelait comme ça. Je me suis rendu compte que j'étais unique et précieuse, un peu comme une note dans une symphonie. Bien sûr, si ma note se tait, la musique continue. Mais quelque part, quand je chante ma vie, ou bien mieux : quand ma vie se met à chanter, eh bien cela ajoute à l'amplitude du temps. Pas plus que le chant d'un rossignol, mais pas moins. Tout ce qui vit doit apporter sa petite harmonie au monde. Ce sont ces petites notes juxtaposées qui rendent l'air que l'on respire tout chargé d'espérance. Quand on aime la vie, c'est toujours le printemps du monde !

La fillette se plut à rapporter à Sagamore que leur rencontre avait tenu à un détail léger venu du ciel : une plume de tourterelle.

— Sans elle, je n'aurais peut-être jamais su que tu deviendrais mon ami ! Tu sais, j'aimerais te rencontrer à nouveau, comme la toute première fois. Te reconnaître avant même de savoir qui tu es. J'aimerais te redécouvrir dans ce qui avait toutes les chances de ne pas se produire et qui s'est produit pourtant : notre rencontre. Je me sens presque triste de ne plus avoir à marcher vers tout cela. J'aimerais revenir à ce temps d'avant. Juste avant de savoir que tu existes. Juste avant que tu saches toi aussi que j'existe. Et on ne saurait pas encore qu'on deviendrait amis. On le devinerait sans se l'avouer. C'est tout. Et ce serait beau.

« Tu m'as fait beaucoup réfléchir, petit seigneur des ruisseaux et des sources ! Parce que si tu y penses, tu vis dans ton jardin sans savoir. Sans savoir que peut-être sous tes pieds, il y a une source vive dans les secrets de la terre qui ne demande qu'à faire s'épanouir des milliers de fleurs, à faire fructifier, à rafraîchir, à combler la soif. Eh bien, tu remplaces ce que j'ai dit sur les sources souterraines par les sources pures qui jaillissent en toi. Et tu passes du petit bonheur la chance au grand bonheur la foi ! Il y a plein de gens qui continuent de vivre sans se douter que se trouve dans leur jardin intérieur une source invisible qui pourrait leur permettre de ne plus jamais avoir soif.

« ...Tu te souviens les roses que l'on nous refusait dans le métro... Il ne faut pas regretter. Tout élan d'amour est une graine destinée à fleurir quelque part pour ajouter à la beauté du monde. Et puis, même si les choses ne se passent pas comme on les avait prévues, eh bien ce n'est pas très grave, tu sais. Comme dit Théophane, il ne faut pas se cramponner à ses attentes ou à ses souhaits, mais se laisser renouveler.

Sagamore voyait bien que Joy s'épuisait à parler. Cependant, il ne pouvait se décider à l'interrompre. Son regard était brillant à présent. Elle déclara doucement :

— Ceux que tu aimes, même si tu pars au bout du monde, tu ne cesses pas de les aimer. Peut-être même que leur présence t'est encore plus précieuse dans l'absence. Regarde Aurore combien elle brille dans tes rêves ! Eh bien, si tu pars au bout de la vie, c'est un peu pareil. C'est comme un voyage qui t'éloigne de ceux que tu aimes, tout en te rapprochant d'eux par le cœur. C'est comme le désir et le manque, ou la parole dans le silence : c'est une joie et une souffrance à la fois.

« La joie parfaite, c'est l'unité parfaite, d'âme à âme. Alors, même si le corps s'en va, l'amour demeure. La joie parfaite n'est pas très loin. Juste derrière les larmes…

« Regarde dehors, mon Sagamore ! Emplis tes yeux des merveilles de la Création ! À présent, ferme les yeux. Tu continues de voir, n'est-ce pas ? La mort, ça doit être un peu pareil, je crois. Tu fermes les yeux, mais tu continues de voir. Autre chose. Un autre monde. Mais plein de lumière aussi !

Joy devait observer beaucoup de repos, et les visites lui furent interdites. Seul Tommaso, installé dans une pièce contiguë, bénéficiait d'un régime d'exception. En la quittant pour rejoindre Paris, Sagamore se demandait si ce n'était pas la dernière fois qu'il voyait Joy. Lorsque Sagamore quitta Joy, celle-ci somnolait en serrant dans sa main son galet-fétiche dont elle disait : « Il est né au tout début des temps, alors en le tenant dans ta main, c'est comme si tu étais en contact avec l'origine du monde ! »

La fameuse salutation de Joy, « Paix Royale ! », apparut soudainement comme une menace prémonitoire. Dans le train qui l'emmenait vers Paris, Sagamore découvrit une solitude non plus espérante mais mélancolique : tant d'incertitudes avaient succédé à tant de joies ! Quelle terrible chose c'était que la destinée, qui mêlait si intimement la souffrance et la joie, la vie et la mort, les champs de bataille et les chants d'amour ! Joy lui avait paru fragile et emplie d'une sagesse qui n'était pas de son âge, comme si le temps se précipitait pour elle afin de lui livrer ses ultimes secrets. À force de « brûler » en approchant si intensément les grands mystères de la vie, elle était bien près de se fondre dans cette *divinescence* qu'elle avait inventorié dans son imaginaire mystique comme l'état sublime par excellence.

En abordant la présence dans l'absence comme il avait éprouvé, à l'instigation de Joy, la parole dans le silence, Sagamore parvenait à cette conscience que la joie parfaite réside dans l'unité parfaite, et que cette perfection dans l'unité ne peut s'atteindre que lorsqu'il n'est plus de séparation et que l'amour est assez pur pour s'exprimer d'âme à âme, au-delà de la proximité visible et palpable de l'autre.

Sagamore se reprit, presque honteux de laisser d'aussi funestes pensées envahir tout son ciel intérieur. Il retrouva confiance à la simple idée que Joy aimait trop la vie pour imaginer que la vie puisse la quitter. Joy n'avait pas disparue, elle avait fait une nouvelle fugue, voilà tout.

« Ne pas se cramponner à ses attentes et à ses souhaits, mais se laisser renouveler ». C'était un programme digne d'un saint assez disposé à s'ouvrir au monde pour considérer qu'il n'est pas de plus grand amour que de donner sa vie pour ceux qu'on aime. Est-ce que la mort pouvait trouver sa place dans la joie parfaite ? Sagamore s'enquit d'en parler le plus tôt possible à Théophane.

Il retrouva avec soulagement tous ses amis de la cour de Rohan, qui avaient eux aussi regagné Paris.

— Frère, donne-moi une parole !

Théophane regarda Sagamore avec l'air intransigeant d'un professeur qui semble dire à l'élève : « Ne pose pas la question, approfondislà ! Et tu finiras toi-même par trouver mieux qu'une réponse : un apaisement radieux ». Le moine tenait de saint Augustin cette idée selon laquelle le mystère n'est pas ce que l'on ne peut pas comprendre mais au contraire ce que l'on n'a jamais fini de comprendre. Théophane s'éloigna. Il avait juste laissé un message sur le petit tableau noir de l'entrée chez Mamika :

« La contemplation n'est autre chose qu'une amoureuse, simple et permanente attention de l'esprit aux choses divines. »

St François de Sales

Ce n'était pas non plus une réponse ; cela s'apparentait plutôt à une invitation. Une invitation à se laisser renouveler.

Dans le marronnier qui avait abrité tous ses rêves de bonheur, Sagamore contemplait éperdument entre les branches le ciel sans lune. La cour de Rohan était étonnamment silencieuse. À quelques signes imperceptibles s'annonçait l'automne : la frondaison moins fringante du marronnier, la texture moins veloutée de l'air, et le ciel surtout qui ne parvenait plus à composer ce bleu nuit aux profondeurs sublimes, propices aux infinies rêveries. Le salon de Mamika était éclairé, non par les luminaires des grandes retrouvailles ou des conspirations des Réenchanteurs Associés, mais par une lumière ténue, presque une veilleuse. N'était-ce pas devenu sa vocation, à Mamika : veiller – veiller sur les morts comme sur les vivants. Quand il évoquait la mort, Sagamore ne pouvait s'empêcher, simultanément, d'évoquer l'amour. « La mort, l'amore ! » aurait dit Tommaso avec le lyrisme dont il savait se montrer capable. Du reste, quand Sagamore se prenait à imaginer la mort de Joy, c'était encore la vie qui se présentait dans son cœur, comme si quelque chose de cet enfant était résolument immortel.

Était-ce en rêve ? Une musique lui parvint, d'abord timide, presque hésitante, et Sagamore visualisa exactement la scène qui lui correspondait : c'était *la Valse du Recommencement*, celle qui avait embarqué le merveilleux équipage de la Cittadella, au cœur d'une nuit toscane, vers le grand large de la joie. Devant ses yeux humides passaient les visages de tous ceux qui avaient fait partie de la fête ce soir-là, et cela tournait comme dans un manège d'enfant ou une guinguette au bord de l'eau, sur un air allègre de harpe, de mandoline et d'accordéon. N'était-ce pas la farandole du bonheur ? Dans cette ronde emblématique, il y avait Mamika, touchée au cœur de son sentimentalisme, et qui avait sorti son sourire des grandes occasions qui la rajeunissait étonnamment. Il y avait Tommaso, le regard magnifié par le reflet d'une coupe de champagne, s'assurant en grand seigneur du parfait bien-être de ses hôtes. À ses côtés, Marie-Aimée découvrait le bonheur de l'amour comme une bénédiction. Il y avait O'Sullivan, séducteur invétéré qui avait invité la jolie Angelina à danser. Il y avait Nabil, un peu intimidé par ce privilège d'être là parmi des personnes qui l'aidaient tant à grandir en sagesse, et qui, lorsqu'on l'interrogeait, bégayait de superlatifs, tant il avait le sentiment d'être au beau milieu d'un rêve. Il y avait Frère Théophane, les sourcils en accents circonflexes et le cœur en alléluia. Il y avait les musiciens du village qui n'étaient jamais aussi talentueux que dans l'improvisation festive. Il y avait Joël qui déhanchait son accordéon en forcené de la joie de vivre, et qui oubliait la vanité de toutes choses pour ne retenir que la grandeur de quelques-unes. La fraternité par exemple, ce sentiment qui, au cours de cette mémorable soirée toscane, se passait de mots et s'exprimait si bien en musique.

Et puis, il y avait Joy, qui n'était pas tout à fait là. Elle était ailleurs, pas dans le même tableau. « Un p'tit peu » à l'écart de la route des oliviers, « un p'tit peu » hésitante à l'entrée de la chapelle romane. Joy était lovée dans ce *petit peu* comme dans un incognito protecteur et, paradoxalement, ce retrait la rendait magnifiquement présente. Elle ne riait pas ; elle était à contre-jour, toute absorbée de ciel et gardait les bras croisés, dans une sorte d'attente, à la fois curieuse et désirante : « Reconnaître Dieu là où il se révéle et non où on l'attend ». Elle connaissait déjà *par cœur* Jésus-Christ le Magnifique. Elle se tenait sur le seuil de lumière, juste à l'entrée de la petite chapelle à la dalle luisante, dans cet entre-deux qu'elle savait explorer avec tant de perspicacité : le monde du dehors et le sanctuaire du dedans, l'ombre du mystère et la lumière de la vérité, le feu de l'action et celui, plus pacifique, de la méditation. Ces thèmes qui n'étaient pas de son âge, elle les abordait avec une gravité attentive. Elle mêlait la tension à l'attention. Elle semblait vouloir dire : « Au même titre que l'attente ouvre le désir, la souffrance ouvre à la joie ». On eut dit que depuis la nuit des temps, elle attendait un nouveau jour.

C'est à elle que Sagamore s'adressa alors, comme on adresse une prière.

« Joy, où que tu sois, écoute-moi : je voudrais que te parvienne tout l'amour fou que j'ai *trésorisé* pour toi. J'ai parcouru le monde pour trouver le bonheur, et je sais aujourd'hui qu'il est nulle part. Nulle part ailleurs que partout. Partout où notre cœur est grand ouvert dans une disponibilité libre et joyeuse. Partout où l'on est présent à l'invisible Présence. Partout où l'on suit le fil d'or des rencontres et que l'on s'attarde au sens caché des événements.

Je croyais sans fin la ronde des jours heureux, l'insouciance des rires d'enfants, le frais murmure des rivières et le chant des grillons des si beaux soirs d'été. Je croyais éternelles les promesses de l'amour, et j'aimais ce lien subtil entre « à jamais » et « pour toujours ». Je croyais que les mots avaient été inventés pour réunir ce qui était séparé et que le bonheur était assez généreux pour relier les souvenirs heureux et l'espérance de ce qu'il nous reste à vivre.

Je croyais que « Aurore » était le nom de ma bien-aimée, et j'ai découvert que c'était aussi ce qui nous éveillait chaque matin à la lumière. Ce n'est pas le nom qui est unique, c'est la bien-aimée, et aussi l'aube nouvelle. Je croyais que tout ce que nous vivons de beau et de bon contribue autant à éclairer le monde que la lumière du soleil. Je croyais qu'à force de t'entendre appeler Joy, tu avais fini par incarner pleinement la joie, par l'exprimer de tout ton petit corps vibrant afin d'illuminer tout ceux que tu approchais. Et je croyais que cette joie serait invulnérable, qu'elle ne finirait jamais.

Je croyais tout cela, et aujourd'hui je le sais : j'avais raison d'y croire. En y croyant, je suis passé du dehors au dedans, de quelque chose à quelqu'un, du petit bonheur la chance au grand bonheur la foi ! J'ai découvert que mon trésor est dans mon cœur, et que le bonheur est dans le regard que l'on porte sur ce qui nous entoure ou nous advient. Vois-tu, il m'est apparu le lien subtil entre les sentiments qui nous habitent et les événements qui nous adviennent. Tu es arrivée dans ma vie comme un cadeau du ciel ; mon cœur voulait tant éclore à la joie ! Je suis parti très loin, faute de savoir me tenir près. J'avais une source vive en moi, et je ne le savais pas. Par la pureté de ta présence, tu m'as appris à nommer les choses et aussi à approcher le puits où se trouve la source pure..

Tout est signe, même les choses que nous ne voyons pas : il y a en nous une source cachée comme il y en a sous la terre ; aussi importe-t-il d'être jardinier-en-son-royaume et bons sourciers, pour libérer en nous cette surabondance de vie et faire fleurir en soi et autour de soi, y compris les printemps que l'on ne verra pas.

Cette divine quête du bonheur est simple et douce comme l'eau des fontaines : elle n'est rien d'autre qu'une attention particulière aux petits éclats de lumière de la vie ordinaire. Rien de plus simple, rien de plus sacré. Et si le sacré, c'était la vie tout entière contenue dans un calice, l'essentiel le plus dépouillé, réduit à la quintessence – la *divinescence* selon ton joli mot ? Toi, Joy, tu fais partie de ce dépouillement : il te suffit, pour réinventer le monde, d'un galet rond et d'une plume de tourterelle, de deux bouts d'aimants et d'un cœur aimant, d'une petite musique intérieure qui s'accorde à ton prénom. Tu possèdes le rythme et l'harmonie, et par là-même la clé de tous les mystères de la vie. Tu joues au jeu éternel de la marelle – l'enfance bien sûr est toujours entre terre et ciel.

Et puis, je ne parviendrai jamais à te faire taire, tellement tu es bavarde ! Même loin de moi, tu continues de vivre en moi, et je n'arrive pas à retenir ce flot ininterrompu de paroles, ta petite voix chantante… Te souviens-tu, la première expression qui m'a tant plu lors de mes premiers jours à Paris ? C'était : ENCHANTÉ. Je le plaçais, c'est le cas de le dire, à tout bout de *chant*. Eh bien, ta petite voix chantante est si présente en moi, que ma tristesse n'arrive pas à s'installer. Tu m'as laissé le cœur en joie. Le cœur en Joy ! Tu m'as laissé une « Paix royale »…

Enfin, bien sûr, je n'oublie pas ta collection de sourires ! Un jour, tu m'as dit : « As-tu remarqué ? Le sourire, cela provoque un plissement des yeux qui te permet de filtrer la lumière et de voir la beauté du monde, oui de voir les choses autrement, comme lumineuses et traversées d'une grâce légère ». Je te promets de m'exercer à voir toujours le monde ainsi : dans la lumière de cette grâce légère.

Tu m'as dit – parole d'Évangile – que mille ans sont comme un jour. Cela doit être vrai pour les nuits aussi : la nuit où tu as quitté la Cittadella m'a semblé durer mille ans. Mon

Dieu, cela doit être à des années-lumière, l'éternité ! Mais qu'importe, si ce sont des années de lumière !

Vois-tu, quand je pleure ta souffrance, mes larmes ont le goût de la joie, comme si tu voulais encore t'immiscer dans ma tristesse, pour me dire, toi Joy, avec ton brin de coquetterie : « J'ai l'air de m'être éloignée, mais tu sais bien que ce n'est pas vrai. Je suis aussi présente que quelqu'un que tu aimes et qui s'en est allé dans un pays lointain. Aucun mot, aucune distance ne pourra nous séparer. Puisqu'on est dans l'amour de Dieu, oui : puisqu'on naît et on renaît dans l'amour de Dieu ! Si tu es seul, je viendrais discrètement faire silence d'amitié avec toi. Si tu es présent, je serais présente aussi. Si tu es loin, je ne te parlerais plus de ma bouche à ton oreille, mais de mon âme à ton âme. De toute façon, on se retrouvera à la Maison du silence-qui-parle, comme promis ! Cet endroit où la parole remonte des profondeurs, ça peut être au fond de ton cœur si tu suis bien la méthode Théophane pour *intérioriser le cloître* ! Je m'inviterai directement dans tes pensées, comme ça tu n'auras plus jamais froid. Je serai ton éternelle connivence, la confiance qui n'en finit pas à force de recommencer, et je passerai mes temps morts à faire des miracles, en me mettant de mèche avec la petite flamme de l'espérance et en jouant de concert avec la Providence. Nous échangerons sans fin sur tout ce qui fait la beauté de la vie. Je te confierai même, en prime, des secrets d'éternité. Dans ces moments-là, les gens diront de toi : « Il a l'air ailleurs… » Ils ne croiront pas si bien dire ! Et puisque tu es un ami vraiment très cher à mon cœur, je vais t'offrir le meilleur de moi-même : la joie parfaite ! La Joy parfaite, c'est promis ! »

36.

Paix royale

« Si tu me perds un jour, avait dit Joy lors de leur première rencontre, tu n'as qu'à filer à la Maison du silence-qui-parle. Tu finiras bien par me voir apparaître ! »

Alors Sagamore était venu, il avait tendu l'oreille, il s'était tu. Il se mit à fredonner les premières notes de l'Hymne à la Joie, et il attendit dans le silence, comme on attend un miracle. C'est alors qu'il entendit siffler la suite, sans savoir d'où cela pouvait venir, car l'écho montait sous les voûtes et se dispersait un peu partout dans l'église. Interdit, il n'osa regarder autour de lui et resta bouche bée. Un silence plénier l'environna à nouveau. Sagamore baissa la tête sur le côté, comme s'il voulait s'assurer que son oreille ne lui jouait pas des tours. Il aurait pourtant juré… Une main se posa derrière lui sur son épaule. C'en était trop. Sagamore se retourna en tressaillant comme s'il avait été frappé par la foudre. Et il trouva, penché vers lui, le visage souriant de Joël.

— Alors toi aussi… fit-il, comme un amoureux éconduit.

Oui, Joël connaissait le code de connivence que Joy avait institué, cet Hymne à la Joie ébauché par l'un et poursuivi par l'autre. Et Frère Théophane aussi, et Mamika, et tous les autres. Pourquoi fallait-il s'en effaroucher ?

« Si tu te réjouis sans partager avec les autres, tu es un voleur ». Et la joie était précisément ce qui méritait le plus d'être partagé. Plus tu partages la joie et plus elle se multiplie ! aurait pu s'exclamer Joy. Sagamore venait de s'apercevoir que Joy continuait de vivre en lui et dans le cœur de tous ceux qu'elle avait illuminés de sa présence. N'était-ce pas du reste, tout le sens de la brièveté mais aussi des profondeurs insondables de la vie ? Nous sommes tous appelés à disparaître, mais quelque chose de nous, aussi, est appelé à s'éterniser.

Joël, disparu de la circulation depuis

quelques temps, avait fait une retraite à l'abbaye. Il en était revenu dans un grand retournement, dans le désir en tout cas de convertir sa liberté un peu désordonnée dans un engagement. Il se rendait le plus souvent possible à l'église Saint-Germain pour offrir son élan bénévole à toutes sortes d'activités pastorales. Il avait rassemblé une somme suffisante pour pouvoir acquérir une maison de berger perdue dans un coin sauvage des Hautes-Alpes entre lavandes et ravines, afin d'y vivre son amour de la nature, son goût de la poésie, son retour aux sources et aux racines de la foi. Entre poète, barde et prédicateur itinérant, il avait inventé sa vocation mais savait que le chemin de la sérénité serait encore long.

— Il y a des jours, confia-t-il à Sagamore, où j'aimerais prendre la poudre d'escampette et disparaître dans les coulisses du temps. Passer mes journées à contempler les choses de la nature, à lire de vieux livres de sagesse oubliés, passer mon temps à me sentir vivant. Prendre le temps de vivre pour me sentir vivant, pleinement vivant ! Me laisser vivre, au sens théophanesque de l'expression !

Frère Théophane avait regagné le silence de

son abbaye, pour – c'est le cas de le dire – y parfaire sa thèse sur la joie parfaite. Nabil avait rejoint les bancs de la faculté pour terminer sa licence de philosophie. O'Sullivan, l'Irlandais, poursuivait sa vie d'artiste un brin extravagant ; aux dernières nouvelles, influencé par le charme profond de l'atmosphère toscane, il avait réactualisé sa formation d'ingénieur du son pour capter ce qu'il appelait « la petite musique de la joie », en promenant son micro dans les rues et dans les campagnes pour mettre en boîte tout ce qui s'apparentait de près ou de loin à de l'émerveillement : des rires d'enfants autour d'une fontaine en fonte, des hirondelles vibrionnant d'allégresse, les cris des goélands ou des mouettes rieuses, les exclamations de joyeux convives, les alléluias et autres exultations liturgiques de la communauté monastique de Théophane, des merci-pardon-je t'aime dits par des jeunes, des hommes, des femmes et des enfants, des exclamations festives recueillies çà et là… sans oublier le son prometteur de l'Irish Whiskey lorsqu'il quitte le goulot du flacon !

« La Vie selon Joy » parut comme prévu. Tommaso présenta le petit livre au Salon International de Francfort, en compagnie de

Marie-Aimée. Malgré la clôture des inscriptions, on leur avait alloué un tréteau tout simple qu'ils avaient habillé de velours rouge. Côtoyant des éditeurs pléthoriques, ils n'avaient qu'un seul titre à présenter et tenaient assurément le plus petit stand du Salon. Il y avait, dans cette audacieuse modestie, quelque chose de très attachant qui attira l'attention d'une femme, laquelle après avoir pris connaissance du livre, passait chaque jour pour déposer une rose sur le tissu rouge. Au dernier jour du Salon, elle révéla son identité : elle était un important agent littéraire américain, et acheta les droits du livre pour le monde entier. Étrange et palpitante ironie du sort ! Plus Joy était en retrait du monde, et plus elle devenait universellement présente…

Le plus beau cadeau offert à Joy fut l'accomplissement de ce rêve éphémère tant attendu par elle, muse inspiratrice du Front de Libération de la Joie de Vivre, dont ce fut l'acte symbolique le plus fort. Tommaso avait enfin réussi à obtenir les autorisations préfectorales nécessaires. Et il finit par avoir lieu, ce rassemblement sur le Champ de Mars, de plusieurs centaines de milliers de Parisiens venus partager « le repas de la fraternité » offert par une petite fille qui voulait, selon ses propres mots, « ouvrir le monde, parce qu'il est trop fermé ». L'annonce de ce rassemblement avait été faite à la radio, à la télévision, et le Président de la République lui-même, ému par une initiative aussi généreuse émanant d'une enfant à la santé fragile, et qui n'avait pas oublié les soixante dix-sept roses offertes par Joy de la Cour de Rohan, avait été assez inspiré par Dostoïevski pour faire tenir son hommage en ce bref message : « La beauté de l'enfance sauvera le monde ». Ce que Joy n'aurait osé imaginer de son lit d'hôpital, c'est qu'elle allait chiper un instant la vedette à la Tour Eiffel, en faisant pointer sur son nom l'index des touristes et de la foule immense : à quatorze heures précises, cent mille ballons colorés furent lâchés dans le ciel de Paris, et sur chacun d'entre eux étaient simplement marquées ces trois lettres : J O Y. Cela correspondait bien à Joy, qui avait passé son temps à lancer des ballons d'amour dans l'azur et dans le vent.

Dans le même temps, sur l'Esplanade du Trocadéro, un orchestre philharmonique accompagnait une grande chanteuse lyrique, amie d'enfance de Marie-Aimée, qui interprétait l'Hymne à la Joie :

« Joie discrète, humble et fidèle
Qui murmure dans les eaux
Dans le froissement des ailes
Et les hymnes des oiseaux.
Joie qui vibre dans les feuilles
Dans les prés et les moissons
Nos âmes blanches t'accueillent
Par de naïves chansons.

Tous les hommes de la terre
Veulent se donner la main
Vivre et s'entraider en frères
Pour un plus beau lendemain,
Plus de haine, plus de frontière,
Plus de charniers sur nos chemins
Nous voulons d'une âme fière
Nous forger un grand destin

Que les peuples se rassemblent
Dans une éternelle foi
Que les hommes se rassemblent
Dans l'égalité des droits.
Nous pourrons tous vivre ensemble
La charité nous unira
Que pas un de nous ne tremble
La fraternité viendra.

Joie immense, joie profonde,
Ombre vivante de Dieu
Abats-toi sur notre monde
Comme un aigle vient des cieux.
Enserre dans ton étreinte
La tremblante humanité
Que s'évapore la crainte
Que naisse la liberté.

Joie énorme, joie terrible
Du sacrifice total
Toi qui domptes l'impossible,
Et maîtrises le fatal ;
Joie sauvage, âpre et farouche,
Cavalière de la mort,
Nous soufflons à pleine bouche
Dans l'ivoire de ton cor.

Joie qui monte et déborde,
Tu veux nos cœurs ? les voilà.
Et nos âmes sont les cordes,
Où ton archet passera
Que ton rythme nous emporte
Aux splendeurs de l'Éternel
Comme un vol de feuilles mortes,
*Que l'orage entraîne au ciel. » **

**Hymne à la joie (Hymne Européen) - Paroles : Schiller, Fr : J. Folliet. Musique : Ludwig Van Beethoven*

Une seule personne de marque avait préféré la solitude à l'allégresse de la foule : c'était Mamika, demeurée dans le silence de son appartement. Elle contemplait le grand marronnier avec un regard lointain, parfaitement absorbée par des pensées probablement douces et affectueuses qui étiraient ses pommettes et semblaient ouvrir son sourire à d'autres lumières. Dans un coin de la fenêtre, elle vit passer une nuée de ballons bariolés où elle put lire, écrit en grosses lettres noires, le mot : J O Y. Elle se leva, puis se dirigea lentement vers le piano à queue pour jouer *la Valse du Recommencement*. Elle connaissait ce sentiment étrange de la présence dans l'absence, de la parole dans le silence : ou plus exactement, elle avait mis longtemps à l'apprivoiser. Ce qui lui paraissait d'une mystique évidence, c'est que tous ces élans, toutes ces musiques, toutes ces clameurs, tous ces mots, toutes ces intentions délicates et pures, devaient parvenir de quelque manière à Joy sous forme d'ondes bénéfiques, qui n'allaient pas manquer de hâter sa guérison.

Aux yeux de Sagamore, Joy était partout. Partout où la lumière donnait la couleur et la vie. Sur le mur inondé de soleil, dans le reflet d'une flaque d'eau, dans le sourire d'une inconnue croisée dans la rue et que l'on ne reverra jamais. C'est alors que Sagamore s'aperçut que Joy habitait son regard et que le monde, désormais, il ne pourrait le voir qu'à travers ces éclats subtils, qui se montraient inexplicablement à la fois fugitifs et immortels. Il lui sembla que toutes les choses habillées de matière avaient dans le temps une importance beaucoup moins considérable que les infimes mouvements de l'esprit. Tommaso avait atteint les hauts lieux de la sagesse en donnant plus de valeur à un sourire d'enfant qu'à la possession d'un palais. Tout est promis à devenir un jour poussière, mais il s'agit parfois de la poussière d'or qu'un rayon de soleil fait naître dans une pièce obscure, et qui exécute une sorte de danse obéissant à un rituel immémorial. On débouche dans l'ordre de l'impalpable et de l'invisible, et cependant cette poussière de lumière est peut-être la plus claire manifestation de la joie parfaite.

Oui, Joy était dans son regard, c'était une blessure secrète qui obligeait Sagamore à se sentir violemment vivant. Et le bonheur était dans cette fusion entre les souvenirs heureux, déjà enfuis, et cette poussière de lumière qui continuait de danser et qui régnait souverainement sur l'esprit des choses comme une espérance tranquille. Tout était vécu et tout restait à vivre. Il lui semblait entendre la petite voix chantante de Joy : « Si tu veux que la vie t'aime, aime la vie ! »

Sagamore songea aux hibernations de la nature et à ces « morts fécondes » auxquelles l'avait initié son père et dont il découvrait à présent toute la portée spirituelle. Lui vint en mémoire l'image de ces tiges épineuses des *Rosa Rugosa*, les roses sauvages du Japon que son père cultivait en haies. Durant les mois d'hiver, ces tiges hérissées de grosses épines ressemblaient à de méchants bouts de bois secs et laids. Lorsqu'arrivait le printemps, il se produisait cette métamorphose improbable : ces tiges, qui s'apparentaient à un monde hostile, sans grâce, et pour ainsi dire sans vie, se mettaient à bourgeonner en faisant peu à peu apparaître des feuilles délicatement gaufrées puis de somptueuses fleurs à la couleur rubis et au parfum doux et poudré.

À l'image de cette rose, Joy lui apparut

comme un pur symbole de la beauté et de la joie, jaillie de manière inattendue d'un monde âpre, ingrat, épineux et pourtant nécessaire à son éclosion et à son épanouissement. Sagamore se souvint aussi que la rose sauvage du Japon est symbole de « guérison d'une grande souffrance » et de « beauté perpétuellement renouvelée ». Cette image lui parut extraordinairement propitiatoire. À peine l'avait-il formulée dans son esprit que Mamika l'interpellait de la porte-fenêtre de son salon :

— Sagamore, Sagamore, viens vite !

En entrevoyant le visage noyé de larmes de Mamika, Sagamore tressaillit et ne sut dire sur le moment si c'était de joie ou de douleur que celle-ci semblait terrassée. Son cœur battait à tout rompre. Il descendit de son arbre aussi vite qu'il put, monta les escaliers quatre à quatre et arriva tout essoufflé pour s'emparer enfin du combiné téléphonique que lui tendait Mamika.

— Paix royale, signor Sagamore ! proclama à l'autre bout du fil la très reconnaissable petite voix chantante.

Il reconnut la salutation traditionnelle de Joy, mais aussi, au ton de sa voix, une sorte de verdict victorieux. Joy avait recouvré la paix entière ; elle avait à nouveau la lumière à tous les étages : corps, cœur, âme, esprit.

— D'où... d'où téléphones-tu ? demanda Sagamore presque timidement, tellement lui paraissait improbable la vitalité retrouvée de Joy.

— Du paradis, pardi ! répondit-elle avec cet à-propos sémillant bien à elle. Et elle ajouta sur le même ton allègre, comme au soir de sa fugue : est-ce que tu m'as veillée fiévreusement ?

Sagamore avait le souffle coupé autant par sa course effrénée que par cette incroyable nouvelle du retour à la vie de Joy. Ses jambes tremblaient, sa vue se brouillait ; il restait interdit, dans l'incapacité de fixer son attitude, tant ces dernières semaines, la crainte et l'espérance avaient guerroyé en lui à armes égales dans un duel impitoyable. À la vérité, en entendant Joy, il avait tout bonnement l'impression de ressusciter.

C'est Tommaso qui s'exprima à la suite de Joy, avec tout l'excès de sentimentalisme et toute la fougue qui caractérisaient son tempérament :

— Ciao, Sagamore ! Joy est parfaitement guérie, m'entends-tu ! Est-ce que ça ne valait pas la peine de te faire dégringoler de ton hamac pour t'annoncer la nouvelle la plus importante du monde ? On met le cap sur la Cittadella demain matin : le soleil de Toscane est désormais la meilleure médication pour la petite. C'est le médecin qui l'a dit. Et c'est aussi le meilleur produit de beauté qui ait jamais été inventé ! Ah ! Ah ! Ah ! Ça, c'est moi qui le dis !

Tommaso suspendit un instant son exaltation volubile, et avec une voix soudain altérée par l'émotion, reprit sur un ton plus grave :

— Frère Sagamore, tu sais que tu es un invité permanent à la Cittadella. N'oublie pas que tu fais partie de la famille ! Tu sais à quel point tu es important pour Joy. Viens quand le cœur t'en dit... Tu nous présenteras la joie d'Aurore, et nous on te présentera la nouvelle aurore de la Joy ! Comment aimais-tu dire déjà ?... Si ça te chante ! C'est ça, n'est-ce pas ? si ça te chante ! De tout ce bonheur, on saura faire une symphonie fantastique, pas vrai ?

Sagamore s'endormit dans son hamac, le lieu le plus propice pour être entre terre et ciel et poursuivre son dialogue intime avec Joy. Il sentait qu'il ne serait plus jamais seul, et que Joy avait éclairé en lui une sorte de soleil intérieur. Il salua la nuit, la beauté cachée, la bonté de la Providence, le sens secret des choses, tous ceux que l'on aime et que l'on n'aime jamais assez, il salua tout ce qui s'offrait à son regard sous forme de souvenirs heureux et il éprouva le désir d'aimer comme si c'était la première fois.

Les étoiles ressemblaient à des petites veilleuses d'éternité ornant un royaume sans fort ni meurtrière, un royaume de nuit des temps ouvert à tous les vents, à l'infini vertigineux, à l'au-delà de tout. Un royaume empli d'amour, de cigales et de nuit.

Lorsqu'un beau soir, au terme de son voyage qui était d'abord un voyage intérieur, la silhouette d'Aurore lui apparut au bout du chemin dans la poussière dorée des brins de blé envolés, Sagamore eut l'impression de recevoir dans un souffle ou une caresse, toute la tendresse du monde.

Au même moment, dans les contrées un peu retranchées de la joie parfaite, Tommaso marchait lentement en tenant sa bien-aimée par la main. C'était devenu pour eux un rituel : ils se promenaient chaque soir sur le chemin de crête jusqu'à la petite chapelle romane. Pour rendre grâce. Une petite fille dansait devant eux, toute fringante comme le début du printemps. Son prénom coïncidait avec le plus beau des sentiments. Joy était revenue. À la vie, au bonheur, à la Cittadella. Des fumerolles orangées jaillissaient à l'horizon, comme venues d'un autre monde. Il y eut un bref éclat au-dessus des collines, tandis que tout le paysage alentour glissait dans les gris bleutés du soir. Et puis ce fut la nuit. Étrange, secrète et magnifique.

« Montjoie Sainte-Marie »
21 Août 2006

Notes de lecture

Voici quelques extraits qui permettront :
...au nouveau lecteur de plonger dans le petit monde de Joy et d'en aborder sans délai l'atmosphère, les reliefs, et la géographie intérieure ;
...au lecteur familier du texte d'en explorer le sens et d'en approfondir les messages, en abordant certains chemins sous une perspective nouvelle ou avec une disponibilté plus attentive.

■ Amour - Rencontre

(34) Quand tu aimes, tu es beau et éclairé, parce que tu es du bon côté du vitrail, le côté où tu vois la vie en pleine lumière et tout en couleurs. Tandis que si tu te disputes avec ceux que tu aimes, eh bien cela change le goût des choses. Il y a de la saveur qui s'en va...
(80/81) « Plus aimer pour mieux comprendre » : voilà en peu de mots – et son père parlait peu – la devise de ce qui constitua le royaume de son enfance.
(83) Le plus court chemin de moi-même à moi-même passe par l'autre.
(84) La rencontre a fait fleurir des vergers en nous, a réveillé une eau vive, des sources cachées et des chants de printemps. Vient la saison où nous portons des fruits, où notre vie trouve à la fois sa saveur, sa lumière et son sens. Où notre destin coule de source. Tout cela par la grâce fragile d'une rencontre.
(85) Nous n'en faisons qu'à notre tête, alors qu'il faudrait n'en faire que selon son cœur.
(90) Au-delà de la communication est la communion, cet après-silence qui relie les êtres mieux que ne saurait le faire aucun *Je t'aime*.

(93) L'amour est comme un feu. Il faut le nourrir si l'on ne veut pas qu'il s'éteigne.
(109/110) Joy s'amusait à démontrer à Sagamore que le même aimant, selon la manière dont il est tourné, peut repousser l'autre très vivement ou, au contraire l'attirer irrésistiblement. Elle en tirait d'édifiantes conclusions sur les relations humaines, en prétendant que tout dépend de la manière dont nous sommes tournés.
(166) L'amour, ce n'est pas seulement une personne à aimer, c'est un mystère à respecter.
(365) Quand on aime, le monde s'ouvre. Il n'y a plus de séparation entre ce que l'on vit et ce que l'on est…
(373) Mais si on montre pas qu'on s'aime, mille milliards de tendresse ! si on ne se dit pas qu'on est heureux d'être ensemble, alors à quoi ça sert que l'amour ait été inventé ?
(423) Aimer quelqu'un, ce n'est pas seulement l'aimer ici et maintenant. C'est l'aimer dans son devenir, et jusqu'à son imprévisible. Et donc, être fidèle n'est rien d'autre que réinventer sans cesse l'enthousiasme originel d'une alliance entre deux êtres.

■ Attention et délicatesse du cœur

(43) Ce que l'on fait, le faire bien. Et demeurer dans la constance de l'attention juste.
(127) Déficit d'attention, déficit de joie !
(165) Prenez un temps, régulièrement, pour exprimer votre gratitude aux petites attentions dont vous avez fait l'objet. Prenez un temps pour dire merci. Vous verrez à quel point votre bonheur se mettra à prospérer !
(166) Prenez soin de ce qui rend votre vie belle, comme s'il s'agissait de fleurs dont il faut favoriser l'épanouissement.
(173) Plus tu es dans l'immobilité, et plus tu es dans l'attention. Et cela déclenche une foule d'événements intérieurs.
(276) Il faut dire aux personnes les plus proches de nous qu'on les aime. À force d'être tout près, on ne les voit plus.

On ne les regarde plus à force de les voir. Si l'on n'y prend pas garde, au lieu de nager dans le bonheur, on laisse se noyer quelque chose qui ne refera plus jamais surface. Et c'est ce qui nous tue !

(382) L'attention : tout est là. Si tu n'as pas l'attention pour la personne que tu aimes, ton amour restera à mi-chemin. Si tu n'as pas l'attention pour les choses que tu fais, ces choses resteront imparfaites ou inachevées.

(417) Ce n'est pas la mort qu'il faut redouter, c'est la mort de l'amour. Il faut veiller jour après jour sur l'amour. C'est le travail le plus important du monde !

■ Espérance

(28) Si tu ne sais pas quelle est ton espérance, à quoi ça sert d'avancer ? Tu ne peux pas aller bien loin !

(103) N'oublie jamais que la lumière du soleil est aussi neuve ce matin qu'à la première aube du monde.

(113) L'Espervérance, c'est la persévérance dans l'espérance. La manière d'accepter les choses sans jamais se décourager, d'éduquer son regard à voir de la lumière même là où on croit qu'il n'y en a plus.

(113) Cherche pas dans le dictionnaire, c'est moi qui invente ! La *divinescence*, c'est l'incandescence des choses divines, c'est le feu de Dieu, si tu préfères. Plus tu brûles d'espérance, plus tu ressens la chaleur du feu. Alors ça te dit, de cultiver l'Espervérance ?

(437) Regarde dehors, mon Sagamore ! Emplis tes yeux des merveilles de la Création ! À présent, ferme les yeux. Tu continues de voir, n'est-ce pas ? La mort, ça doit être un peu pareil, je crois. Tu fermes les yeux, mais tu continues de voir. Autre chose. Un autre monde. Mais plein de lumière aussi !

■ Bonheur

(32) Le bonheur ? Ben pardi : il se trouve là où on le laisse entrer !

(270) On désire ce que l'on n'a pas. C'est ça qui cloche ! On devrait apprendre à désirer ce que l'on a. À vivre ce désir. Alors, ce serait comme si le bonheur nous précédait, au lieu de toujours se faire attendre !
(318) Le bonheur ? Ne pas s'écarter de la route… Ne pas déserter les chemins d'alliance… Ne pas troubler les sentiments de paix mutuelle…
(328/329) Le bonheur, c'est quand le monde est proche, tout proche, comme un amoureux. Et le malheur, c'est quand même mes proches me semblent lointains.
(444) J'ai parcouru le monde pour trouver le bonheur, et je sais aujourd'hui qu'il est nulle part. Nulle part ailleurs que partout. Partout où notre cœur est grand ouvert dans une disponibilité libre et joyeuse. Partout où l'on est présent à l'invisible Présence. Partout où l'on suit le fil d'or des rencontres et que l'on s'attarde au sens caché des événements.

■ Destinée

(46) J'ai le sentiment que nous passons notre vie à nous ajuster, à inventer notre image, ou peut-être à la découvrir en l'inventant.
(105) Peut-être les grandes questions de l'existence se posent-elles à nous dès le tout début de notre vie, et nous rejoignent-elles, plus tard, sous la forme d'événements épisodiques dont nous peinons à reconnaître le sens.
(214) Notre vie est à cette image. Nous n'avons rien à inventer. Nous avons à découvrir, à relier, à délivrer une harmonie qui fera de notre vie quelque chose d'unique.
(445) Il m'est apparu le lien subtil entre les sentiments qui nous habitent et les événements qui nous adviennent.
(451) Nous sommes tous appelés à disparaître, mais quelque chose de nous, aussi, est appelé à s'éterniser.
(460) Tout était vécu et tout restait à vivre. Il lui semblait entendre la petite voix chantante de Joy : « Si tu veux que la vie t'aime, aime la vie ! »

■ Rêve

(51) L'enfant retrouvé semblait lui murmurer : « Rêve, reprends tes rêves là où tu les as laissés, mais en les allégeant de toutes les pesanteurs inutiles, de toutes les rêvasseries stériles et de toute trace de vanité, avec le fervent désir de mettre tes rêves au monde, de leur donner la vie ».

(85/86) Chaque jour que Dieu fait, tu as la possibilité de réaliser ce qui, la veille, n'était encore qu'un rêve. Que cette conscience t'accompagne en tout temps et en tout lieu.

■ Intériorité, méditation et paix intérieure

(61) Chacun a une maison à l'intérieur de soi, mais beaucoup ignorent les trésors secrets et le bonheur que cette maison abrite.

(71) Tous les chemins mènent au grand silence intérieur. Et c'est bien comme ça. Parce que le plus profond de ton cœur coïncide avec le plus haut de ta joie !

(156) La voix qui vient du silence conduit au vide fertile du silence. La voix qui vient du bruit conduit au vide stérile des vitalités désordonnées et insatisfaites. Tout ce qui est séparé du divin est vain.

(301) Suis ta loi intérieure ! La constance de l'attention aux êtres et aux événements – autrement dit la fidélité – est la clé du secret des choses.

(345/346) Le feu de l'action est souvent un feu qui dévore. Le feu de la méditation est toujours un feu qui illumine.

(436) Il y a plein de gens qui continuent de vivre sans se douter que se trouve dans leur jardin intérieur une source invisible qui pourrait leur permettre de ne plus jamais avoir soif.

■ Émerveillement

(95) Vois-tu, ceux qui m'intéressent – et tu en fais partie – sont ceux-là même qui s'intéressent au précieux de la vie, à ce que la vie a d'unique, de fragile et d'irremplaçable.

(121) Ne déserte jamais les hauts lieux de l'émerveillement. Si tu y crois aussi fort que tu le rêves, alors c'est sûr : tu le réaliseras !
— Oui, mais en vrai, comment il faut faire ?
— Que ton attention s'exprime avec une particulière acuité lorsqu'il s'agit de saisir en toi le mouvement juste, l'accord parfait. Appelle-le intime conviction, conscience personnelle, vérité intérieure. Ou bien imagine-le comme une couleur somptueuse, un son d'un agrément extrême, ou un parfum subtil que nul mot ne saurait traduire. Nomme-le Dieu si tu l'oses, ou bien ne le nomme pas. Mais que dans l'intensité du silence, tu en ressentes la présence. Et que tes actes en portent le sceau.
(121) Dans sa tête, il faut faire le ménage et mettre de l'ordre. Chasser le mot "hélas" comme une poussière tenace et faire de la place au mot "heureusement", parce que grâce à lui, tout brille.
(150) La vérité la plus essentielle à expérimenter dans cette vie, c'est qu'il importe moins de réaliser des choses grandes et belles que d'accomplir des choses avec le sentiment de leur grandeur et de leur beauté. Rafraîchir notre regard sur les choses essentielles de l'existence. Apprendre à découvrir des choses inattendues dans ce qu'il y a de plus familier pour nous. Car les plus grands trésors qui nous sont destinés s'y dissimulent.
(150) Je lutte contre l'usure de l'émerveillement, c'est-à-dire contre ce qui rend le monde triste et sale. La malédiction première, celle qui nous dérobe le secours de la grâce, c'est le désenchantement.
(153) Au fond, ma mission est un peu celle d'un réenchanteur. Elle consiste à faire courir une rumeur. Une rumeur d'amour. Faire que des hommes répètent ce qu'ils ne savent pas encore, ou qu'ils ont égaré par inadvertance : qu'un amour les attend de toute éternité et qu'aller au rendez-vous, c'est simplement acquiescer à une force qui nous dépasse infiniment. Une force

aussi douce et enveloppante qu'une caresse et pourtant plus puissante que le décret d'un roi. Car sur cette force, le temps n'a pas prise. Voilà pourquoi je sème des paroles oubliées, je sème çà et là pour que les gens s'aiment les uns les autres. C'est tout.

(320) Le trouble est le fruit amer de la tiédeur. La grâce est le fruit succulent de la ferveur.

(383) Ne plus prétendre être maître de sa vie, c'est accepter de se montrer vulnérable, de se laisser surprendre, de demeurer dans l'émerveillement. Être émerveillé, c'est se laisser toucher par une merveille, un prodige.

■ Mystère de la Foi et force de l'abandon

(99) L'intelligence doit savoir abdiquer devant le mystère. Il faut accepter que des portes soient fermées à notre compréhension.

(119/120) L'Esprit est ce vent qui gonfle ta voile pour t'amener vers le grand large. L'Esprit est ce vent qui te murmure des secrets et dépose en toi des parfums d'ailleurs. L'Esprit est ce baume souverain qui t'aguerrit et qui abolit toute distance entre ta vie et la Joie.

(150) Tu sais, on réclame souvent des preuves formelles, c'est cela qui retarde tout dans la vie et qui fait même échouer de très beaux élans. On ne croit pas assez à ce qui se butine dans la grande ruche de l'invisible, et qui finit pourtant par être royal nectar pour notre cœur !

(168) Tu sais, il ne faut pas se cramponner à ses attentes ou à ses souhaits, mais simplement, en confiance et docilement, se laisser renouveler.

(204) Regarde une femme qui attend un enfant : l'enfant se forme en elle, elle a juste à donner la vie. Nous, c'est tout comme : on a juste à donner la vie aux bébés-événements qui se présentent !

(216/217) Il est beau d'accomplir ses rêves, mais il y a plus beau encore : c'est de laisser s'accomplir le rêve qu'a Dieu pour nous.

(217) Seigneur, donne-nous la sagesse de discerner ce qui est juste, l'ardeur de chercher la vérité où qu'elle se trouve, et la force de la défendre en toutes circonstances.

(315) La Providence intervient toujours au bon moment, c'est-à-dire au moment qu'on espère le plus et auquel on s'attend le moins !

(406) La foi est pour moi, l'élan d'un assoiffé d'amour à la recherche de la source oubliée et du trésor perdu.

(446) Tout est signe, même les choses que nous ne voyons pas : il y a en nous une source cachée comme il y en a sous la terre ; aussi importe-t-il d'être jardinier-en-son-royaume et bons sourciers, pour libérer en nous cette surabondance de vie et faire fleurir en soi et autour de soi, y compris les printemps que l'on ne verra pas.

■ Élan spirituel

(101) Une action que tu accomplis de tout ton cœur, c'est comme une prière en mouvement. C'est une "méditaction", comme dit Joy. En actes et en vérité.

(111) La double loi de gravitation mystique : primo, à force d'aspirer au bien, on finit par être aspiré par le bien. Deuzio, à force d'être aimant, on finit par aimanter l'amour.

(237) C'est seulement quand tu mêles aux événements du dehors un élan du dedans que ta vie devient belle.

(348) Cessons un instant de prier Dieu. C'est lui qui nous en prie : ne faisons les choses que par amour ! Tout par amour. Il n'a pas d'autre secret à vous livrer. Faites-en une vérité, une religion, une devise, un modus vivendi, un drapeau. Mais de grâce ! Faites-en quelque chose. Faites-le fructifier. Soyez des jardiniers d'amour ! Pour que votre vie donne du fruit en abondance. Que tout ce qui doit s'accomplir, s'accomplisse dans la paix du cœur !

■ Épreuve

(101) Le monde conspire toujours à séparer ce qui est uni.

(166) Il faut avoir eu le cœur lourd quelquefois pour acquérir le pas léger et la prestance des âmes fortes.

(333/334) Toujours, à quelque degré, les difficultés sont, au sens propre, des épreuves de vérité. Leur feu nous brûle — mais nous illumine aussi.

(340) Mourir à soi-même, est-ce que ça ne voudrait pas dire un p'tit peu : *mûrir* à soi-même ?

(344) En vérité, tout événement a un sens intérieur profond ! Et la Providence mêle toujours de la lumière à l'obscurité de nos échecs, de nos déroutes et de nos tragédies.

(344) Tu as réussi quelque chose de rarissime : tu as transformé un aléa en alléluia ! (...) Voilà bien l'art de vivre suprême : considérer les complications et les obstacles comme les matériaux en vrac d'un bonheur en préparation, transformer une contrariété en une possible félicité, et quelque chose d'accidentel en merveille des merveilles !

(388) Il n'existe pas de travail ingrat qui ne puisse être une occasion d'approfondir sa propre vocation. C'est vrai pour l'artiste, pour l'athlète, pour le moine et pour tous ceux qui ont librement consenti une discipline à laquelle leur volonté est asservie et qui exige d'eux en permanence une tension et pour ainsi dire un sacrifice vers l'excellence.

(389) Si les abîmes du mal n'existaient pas, qui sait s'il existerait des sommets de bien ?

(396) C'est par le chemin de ronces que l'on atteint la clairière de la joie, le seuil où tout s'ouvre et où les perspectives s'élargissent.

■ Richesse intérieure

(265/266) Misez, investissez tout sur l'amour ! Toutes vos actions prendront de la valeur. L'amour ne se dévalue jamais. Il fait de vous quelqu'un de riche pour toujours !

(404) Mieux vaut richesse dans ton cœur qu'au bout de tes doigts !

■ Don de soi

(114) — Il faut commencer par semer des mots-graines à faire fleurir. C'est simple : tu glisses dans le cœur des gens des mots qui les ouvrent à la vie. Il faut qu'ils repartent plus heureux après t'avoir rencontré.
— Mais comment savoir ?
— Il ne faut pas chercher à savoir, ça ne nous appartient pas. Au fond du cœur de chacun, c'est mystère et boule de gomme. L'important, c'est de donner sans savoir.
(126) Choisissez la meilleure part… et faites-en l'offrande à ceux qui vous sont chers. Cela lui semblait sonner très juste et donnait à sa démarche vers le bonheur une assurance prémonitoire.
(183) L'énergie, nous n'en avons qu'une : on peut la dépenser bêtement, la disperser dans des choses négatives ou stériles, ou bien en faire une prodigieuse force positive, la déployer, la propager, la faire grandir. La seule manière de renouveler son énergie, c'est de la donner. Alors, c'est comme un cercle vertueux, un cycle de bonheur : tu reçois au fur et à mesure que tu donnes ! Quand tu dépenses ton énergie pour quelque chose de positif, aussitôt t'est donné un surcroît d'énergie pour continuer.
(189) La parole est ardente, mais l'action est souvent faible. Soyons tout à fait dignes de ce que la destinée attend de nous !
(199) Si les gens savaient qu'on ne trouve son propre bonheur qu'en faisant le bonheur d'un plus grand nombre d'autres, ce serait le paradis sur terre !
(271) Partager ne consiste ni à diviser ni à soustraire, mais à multiplier.
(309) Le principe du Cercle parfait ? Plus tu es toi, plus tu donnes. Plus tu donnes, plus tu es toi.

(414) Quel total d'amour fera la somme des choses qu'on ne compte pas ?

■ Joie

(160/161) La joie est comme un arrière-pays préservé, plein de saveur, de senteurs et de secrets. Il nous arrive de nous en éloigner, de troquer cette paix toute simple contre une sorte d'exaltation furieuse qui caractérise le rythme de la vie moderne. Mais toujours, toujours, nous conservons dans l'arrière-pays de notre conscience, aux confins du rêve, cette part de bonheur, imprenable, cette faculté de plénitude qu'est la joie !

(165) La joie est le point final. Cherchez la phrase !

(165) Allez taquiner l'enthousiasme dans l'eau vive de la pensée féconde !

(166) Où étiez-vous quand Dieu, à votre oreille, jouait la musique de l'enfance ? La joie est une musique. Si vous voulez la trouver, cherchez l'harmonie !

(201/202) Ne dérangez pas l'autre pour l'assombrir avec vos soucis. Dérangez-le pour l'entraîner dans votre joie !

(210) Lorsque la joie plane sur un champ de conscience, c'est un heureux présage : la moisson sera bonne !

(343) Plus la joie est présente, plus la vie est vivante !

(362) Si tu enlèves les fleurs, que reste-t-il de la beauté ? Et si tu enlèves la joie, que reste-t-il de la maison ? Tu sais, une maison, ça ne se résume pas à des murs et un toit. C'est la maisonnée qui compte d'abord, ce qui se vit à l'intérieur. Tu connais peut-être ce proverbe français : « Mieux vaut chaumière où l'on rit que château où l'on pleure ». Et si toi, tu apportes la joie, alors tu deviens l'âme de la maison !

(423) Il est dans la nature de la joie de se propager, de se partager, de s'étendre. Plus la joie fait don d'elle-même, plus elle est abondante.

■ Plénitude et art de vivre

(203/204) Si tu accomplis les choses sous le regard des

autres, tu acquiers la reconnaissance. Si tu accomplis les choses dans le secret du cœur, tu acquiers la plénitude.

(212) Ce n'est pas le trop-plein qui conduit à la plénitude, mais le manque. Car le manque, c'est le désir, le bienheureux appétit de vivre.

(222/223) Tu sais, il y a un truc qu'on n'enseigne pas à l'école, et c'est dommage, parce que cette connaissance, on pourrait s'en servir toute la vie : c'est d'apprendre à faire clair en soi. Malgré les obscurités environnantes, il faut créer son clair de soi.

(227) Voilà qu'il s'apercevait que le grand but ne consiste pas à parer sa destinée de réalités multiples, mais à faire de sa vie véritablement quelque chose d'unique. Et, pour ce faire, de déserter le *no man's land* des réalités interchangeables pour rejoindre le lieu exigu et inoubliable des liens uniques.

(295) Tu n'imagines pas combien c'est doux, le moment de s'endormir, quand on finit la journée à rendre beau son jardin !

(325) La forme dégradée de l'habitude, c'est la routine. La forme sublimée, c'est le rituel. Et tout l'art de vivre au quotidien consiste peut-être à transformer la routine en rituel.

■ Liberté

(228) C'est un immense paradoxe, n'est-ce pas : nous sommes libérés par ce qui nous lie !

(231) Tu as en toi un monde intérieur. Il est fabuleux et tu l'ignores. Ou bien tu lui assignes des frontières. Or, tu as en toi quelque chose d'illimité ! C'est à toi de faire émerger ce monde intérieur, ces îles aux trésors qui t'offrent la grande paix du cœur au milieu de l'océan tumultueux des événements !

(389) Mon ami, tu as l'immense liberté d'extraire de ta bouche des cris de guerre ou des chants de louange, de placer en ton esprit des intentions nobles ou vulgaires, d'entraîner ton cœur à donner ou à prendre, de faire de ta vie une navrante mélopée ou un cantique. C'est toi qui mets la saveur, c'est toi qui confères le sens et c'est toi qui donnes le ton.

La Table aux 36 chandelles

AVANT-PROPOS : Les Deux Joies...................... 9
1. L'homme qui dormait dans les arbres........... 13
2. La Maison du silence-qui-parle.................... 21
3. Vous avez trouvé votre bonheur ?................. 36
4. Le Cercle de lumière...................................... 54
5. L'homme du juste milieu............................... 62
6. Le petit seigneur des ruisseaux et des sources........ 72
7. Les « trésorisations » de Joy........................ 92
8. Il n'est pas de plus grand amour................... 104
9. Le royaume de Joy.. 116
10. S.D.L.V. (Si Dieu le veut)............................ 130
11. Les tribulations de Sagamore....................... 138
12. Dialogues avec le déchiffreur d'invisible..... 149
13. La bienheureuse énigme de l'ange.............. 158
14. Le lieu qui est lien entre rien du tout et le grand tout.. 171
15. La bonne fortune... 177
16. Le Front de Libération de la Joie de Vivre......... 185
17. Qu'as-tu fait de beau ?................................ 195

18. Les petits déjeuners de silence 206
19. De paysages en visages 218
20. Maîtrise de l'Être : pardon-merci-je t'aime.. 225
21. L'immobilité triomphante 239
22. Les mystères de l'homme à la Rolls-Royce 249
23. La richesse du dedans 256
24. Petite échappée belle 276
25. La parabole des mauvaises herbes 289
26. Le don divin du discernement 303
27. Occasions de bonheur et bonheurs d'occasion..... 313
28. Le bonheur accidentel 330
29. La Cittadella 351
30. « Se laisser vivre » 363
31. Balade en joie parfaite 378
32. Révélation 396
33. La fête toscane 403
34. La souffrance et la grâce 415
35. La présence dans l'absence 434
36. Paix royale 450
Notes de lecture 466

✠ QUE LA LUMIÈRE QUI, PAR LA FOI, BRILLE DANS NOS ÂMES, RESPLENDISSE DANS NOS ACTIONS, AFIN QUE DANS LES FLUCTUATIONS DE CE MONDE, NOS CŒURS RESTENT FIXÉS LÀ OÙ SE TROUVENT LES VRAIES JOIES ✠ IN NOSTRO RESPLENDEAT OPERE QUOD PER FIDEM FULGET IN MENTE, UT INTER MUNDANAS VARIETATES, IBI NOSTRA FIXA SINT CORDA UBI VERA SUNT GAUDIA ✠

ÉDITIONS MONTE-CRISTO

ET SI L'ON PARLAIT
DU SENS DE LA VIE

www.montecristo-editions.com

ACHEVÉ D'IMPRIMER PAR L'IMPRIMERIE DARANTIERE À DIJON-QUETIGNY
N° D'IMPRESSION : 28-0209
PREMIER DÉPÔT LÉGAL DE CETTE VERSION : FÉVRIER 2008
- IMPRIMÉ EN FRANCE -